COLLECTION DES MÉMOIRES

RELATIFS

A LA RÉVOLUTION FRANÇAISE.

RELATION DU DÉPART DE LOUIS XVI.

RELATION

DU

DÉPART DE LOUIS XVI,

LE 20 JUIN 1791,

ÉCRITE EN AOUT 1791, DANS LA PRISON DE LA HAUTE COUR NATIONALE D'ORLÉANS;

PAR

M. LE DUC DE CHOISEUL,

PAIR DE FRANCE,

ET EXTRAITE DE SES MÉMOIRES INÉDITS.

PARIS.

BAUDOUIN FRÈRES, IMPRIMEURS - LIBRAIRES,

RUE DE VAUGIRARD, N° 36.

1822.

AVERTISSEMENT
DES ÉDITEURS.

Le premier mérite d'un Recueil historique est d'être vrai ; il obtient le succès le plus honorable dès qu'il inspire la confiance. Il faut que la Collection des Mémoires sur la Révolution française ait porté, dès ses premières livraisons, ce caractère de droiture et de bonne foi qu'on recherche dans tous les hommes, et qu'on apprécie davantage dans ceux qui s'occupent de l'histoire, puisque les écrivains de tous les partis, ceux qui ont agi, parlé, combattu pour des causes différentes, nous ouvrent leurs porte-feuilles avec une égale bienveillance.

Un homme illustre par sa naissance, éminent par sa dignité, honorable par ses sentimens de fidélité pour une cause long-temps malheureuse, M. le duc de Choiseul, pair de France, a désiré nous faire part d'un fragment de ses Mémoires. Il a vu beaucoup des faits dont il parle, et ce que nous publions concerne un des épisodes les plus attachans, on pourrait presque dire les plus dramatiques de la révolution. Les dépositions de M. le duc de Choiseul, sur les circonstances secrètes qui précèdent, qui accompagnent ou qui suivent le voyage de Varennes, paraîtront très-curieuses même après la relation que contiennent les Mémoires de Weber, même après le récit plein d'intérêt qu'a tracé M. le marquis de Bouillé.

Le caractère de M. le marquis de Bouillé est si noble et si pur, sa conduite fait éclater tant de dévouement, la fortune se plut par un si fatal caprice à tromper ses projets, à détruire ses plus chères espérances, qu'on peut le contredire, mais qu'il serait impossible de lui refuser les sentimens auxquels il a tant de droits. M. le duc de Choiseul, en différant avec lui sur plusieurs faits, rend hommage au général habile, au sujet fidèle, au chevalier rempli de courage et d'honneur. Si M. de Choiseul discute sur plusieurs points, s'il conteste quelques assertions, c'est dans le désir d'établir la vérité, et ce projet même n'eût pas déplu à la loyauté antique de M. de Bouillé. On sait que son fils, M. le marquis de Bouillé, lieutenant-général, n'a pas moins hérité de ses nobles sentimens que de ses qualités et de ses principes.

En recevant ces Mémoires des mains de M. le duc de Choiseul, nous nous sommes imposé la loi de les publier tels qu'ils nous ont été remis. Ce volume ne contient de nous que les seules paroles qu'on vient de lire : elles renferment l'expression de notre respectueuse estime et de notre reconnaissance pour M. le marquis de Bouillé et pour sa famille.

AVANT-PROPOS.

Cette relation fut écrite peu de temps après le voyage de Varennes, en août 1791, dans la prison de la haute Cour nationale d'Orléans, où je fus envoyé par décret d'accusation de l'Assemblée constituante. Mon intention n'était point de la rendre publique, elle se serait trouvée, après moi, dans mes papiers avec des notes et de nombreux Mémoires sur les événemens dont j'ai été le témoin et souvent l'une des victimes. A ma sortie des prisons d'Orléans, le feu Roi et la Reine lurent et rectifièrent cette relation; leur magnanimité approuva mon silence. Je croyais le devoir à ceux qui, comme moi, furent employés à ce célèbre et fatal voyage, et si ma position m'avait donné le triste et pénible avantage de pouvoir fixer les idées du public sur les fautes que quelques individus ont commises involontairement, il était loin de mon caractère d'en abuser. Lorsqu'on ne voit dans un devoir que le devoir lui-même, et qu'on le remplit envers des personnes augustes auxquelles on a voué sa vie, tout amour-propre s'évanouit; enveloppé, d'ailleurs, dans la même communauté de douleurs et de regrets, il n'était pas dans mon cœur de verser plus ou moins de blâme sur quelques personnes aussi respectables que malheureuses.

Voilà bien des années que j'observe ce silence, et je le garderais encore si des ouvrages justement recherchés et répandus ne m'obligeaient de le rompre et de rétablir l'exacte vérité.

J'étais depuis plusieurs années dans les prisons, lorsque les Mémoires de M. Bertrand de Molleville et ceux de M. le marquis de Bouillé me parvinrent; je les lus avec l'attention qu'ils méritent, et je fus plus qu'étonné des diverses relations qu'ils renferment du voyage du feu Roi et de son arrestation à Varennes.

Je l'avoue, je fis avec une amertume profonde le rapprochement de l'époque de cette publication avec celle de ma captivité; je m'étonnai qu'un silence de sept années, observé par toutes les personnes qui avaient coopéré à ce voyage, n'eût cessé que dans le moment où j'étais hors d'état de répondre et d'effacer les impressions données par des Mémoires aussi accrédités.

Ces sentimens douloureux m'étaient bien permis; en lisant les Mémoires de M. le marquis de Bouillé, je dus y voir l'intention évidente de rejeter sur moi un événement dont je n'étais nullement responsable, et qu'il m'aurait été même impossible d'empêcher ou de prévenir; toutes les chances étaient alors contre ma vie, et, par des circonstances nouvelles, il y avait même lieu de croire que j'allais être bientôt condamné. Je fus donc profondément blessé en pensant que M. de Bouillé, qui n'avait rien publié pendant la vie du Roi, ni quand j'étais libre, eût attendu, pour me charger de torts si graves et dont les suites ont été si désastreuses, l'instant même où j'allais probablement cesser d'exister. Je ne pouvais me défendre ni rien faire imprimer; privé de mes Mémoires que j'avais déposés à Hambourg deux mois avant mon naufrage, je n'avais que mes souvenirs. Je fis des notes qui ne purent franchir les murs de ma prison........ Enfin, après quatre ans et demi d'emprisonnement, je fus rendu à la liberté et déporté en pays neutre. J'allai en Angleterre; M. de Bouillé qui revenait des îles y était attendu; mon premier soin à son arrivée fut de lui écrire la lettre ci-jointe, et je fais aussi connaître sa réponse qui contient ses inculpations. Je pris la liberté d'en déposer copie (1) dans les mains de *Monsieur*, frère du Roi. — Ma relation allait paraître........ M. le marquis de Bouillé mourut....... Je respectai sa tombe, j'y déposai mes plus sincères regrets. J'avais reçu de lui l'assurance que l'époque de la publication de ses Mémoires n'était que l'effet du hasard. Cette persuasion fut pour moi un bonheur; il m'eût été trop pénible de m'affliger toute ma vie d'un procédé peu généreux, surtout de la part d'un homme aussi respectable, aussi recommandable par ses vertus, sa brillante valeur et ses talens militaires. Je me ferai toujours

(1) Voyez Pièces justificatives n° I.

gloire de les reconnaître, de les proclamer, et je n'avais d'autre ambition que de joindre mes souvenirs et mes regrets à ceux de cet illustre et malheureux général.

Les événemens les plus importans s'étant succédés depuis, avec une rapidité prodigieuse, ce n'était plus le moment d'occuper le public du passé lorsque la pensée même pouvait à peine suivre les actions de chaque jour; je dus donc attendre, et mon insouciance naturelle sur mes propres intérêts se trouvait très-bien de ce retard. Je sais risquer ma vie à la guerre, je sais encore l'offrir pour d'autres devoirs, et, en cas de revers, attendre la mort dans les prisons et même sur l'échafaud, ainsi que je l'ai fait plusieurs fois pour le service du Roi ; mais je sais peu parler de moi, et surtout je sais très-peu tirer avantage d'événemens et de dangers que d'autres feraient sûrement mieux valoir.

Maintenant que l'on a le temps de lire et que l'attention du public se porte particulièrement sur les ouvrages de la révolution, j'ai cru pouvoir joindre ma relation à celles que les Mémoires de MM. de Bouillé et de Ferrières viennent de reproduire. Je la donne telle qu'elle fut écrite en 1791, n'ayant d'autre mérite que l'exactitude des faits et la vérité des souvenirs.

Plusieurs détails pourront paraître minutieux; ils avaient alors leur intérêt et leur importance. Ces temps sont loin de nous; mais il n'y a pas de prescription pour la vérité; l'approbation de ma conduite a été manifestée par les marques infinies de bonté, de haute protection et de confiance, dont le feu Roi et la Reine m'ont honoré jusqu'à leurs derniers momens. C'est sous cette royale égide que je me repose; et si, après ces augustes suffrages, il est permis encore d'en invoquer, j'en retracerai un qui me laissera toujours un souvenir consolateur.

Ayant été chargé par le roi Louis XVI d'écrire à M. le marquis de Bouillé en décembre 1791 (1), relativement à des fonds qu'il ignorait alors avoir été remis à ses augustes frères, M. de Bouillé termina la lettre qu'il me fit l'honneur de me répondre (lettre destinée à être mise sous les yeux du Roi) par ces mots : « Je sais qu'on m'a desservi près du Roi; je » sais que ce n'est pas vous; mais des personnes, » qui ont des reproches à se faire, cherchent à me » donner des torts; si tout le monde eût fait son » devoir comme vous, nous ne serions pas dans la » position où nous sommes. »

Cette lettre sera à jamais pour moi le titre le plus précieux et le plus honorable.

Voici celle que j'ai annoncée avoir écrite à M. de Bouillé à son arrivée à Londres, en lui envoyant une réclamation de madame la duchesse de Choiseul, ma tante, sur l'opinion qu'il avait émise à l'égard du ministère du feu duc de Choiseul.

---

(1) Voyez les Pièces justificatives n° III.

Londres, le 12 août 1800.

« En sortant de la longue et dangereuse prison
» de plus de quatre années que j'ai subie en France,
» Monsieur, les premiers ouvrages qui ont dû
» m'occuper sont vos Mémoires et ceux de M. Bertrand de Molleville. En reconnaissant, dans les
» relations que chacun d'eux renferme, le sentiment d'honnêteté qui vous a engagé à ne m'indiquer que par une lettre qui n'est même pas
» l'initiale de mon nom, je n'ai pu me défendre de la
» plus haute surprise et d'une véritable affliction de
» la manière aussi injuste que peu fidèle dont vous
» parlez de ma conduite.

» Je devrais peut-être ne pas me plaindre, Monsieur, d'après le jugement que vous portez du
» feu duc de Choiseul, mon oncle, et dont je m'honore d'être le fils d'adoption. J'aurais réclamé
» personnellement votre justice à cet égard, si j'avais le malheur de survivre à sa respectable veuve;
» mais elle vit; elle m'a chargé de vous présenter
» ses réclamations, je les joins ici, Monsieur; et
» c'est pour moi un bonheur, vu la différence de
» nos âges et la vénération que j'ai toujours eue pour
» vous, de n'avoir pas à remplir le devoir triste,
» mais sacré, de relever l'opinion que vous avez
» voulu répandre sur son ministère. Un seul droit
» ne peut m'être ôté, Monsieur; c'est celui de défendre ma conduite, de rectifier vos récits, de les
» comparer les uns aux autres, et de rétablir avec

» modestie les faits qui me concernent, faits dénaturés par vous. C'est l'erreur de votre mémoire, » Monsieur, et non celle de votre justice : il n'est pas » surprenant qu'après six années, et après l'accu- » mulation des événemens divers, vous ayez oublié » ou mal rendu des faits qui n'ont peut-être d'im- » portance que pour moi seul.

» Si j'avais su votre projet d'entretenir le public » au bout de six ans de cette affaire, je vous aurais » supplié de joindre mes souvenirs aux vôtres; je » les aurais confiés à votre loyauté, et, si quelques » personnes ont pu avoir des torts involontaires, » ma réclamation se serait jointe à vos sentimens (1) » pour les couvrir; mais c'est pendant mon absence, » pendant que j'étais sous le couteau, et peut-être » dans une situation à n'en jamais revenir, que » paraissent des relations où tout le monde a raison, » et où seul j'ai tort. Ah! Monsieur, est-ce là votre » justice? est-ce là votre impartialité généreuse?

» A mon arrivée à Londres, vous étiez aux » îles ; votre absence me défendait de réclamer; » à votre arrivée, vous étiez souffrant, et je me » serais à jamais reproché d'avoir troublé les mo- » mens de tranquillité nécessaires à votre rétablis- » sement. C'est pourquoi j'ai attendu jusqu'aujour- » d'hui à vous présenter les réclamations de ma tante » la duchesse de Choiseul (2). Votre justice éclai-

(1) Voyez les Pièces justificatives, n° III *bis*.

(2) Voyez à la fin du volume la pièce B, à la suite des pièces justificatives.

» rée rendra le calme à son ame, en rendant hom-
» mage à la vérité.

» Je n'entrerai pas ici dans les détails de ce qui
» m'est personnel ; la relation que je publierai un
» jour répondra à tout. Permettez-moi de me
» borner ici à quelques simples observations.

» Il m'est reproché dans celles qui ont paru,
» d'avoir dit aux détachemens stationnés à Sainte-
» Ménehould et à Clermont de ne plus attendre le
» Roi. — Mais, Monsieur, ni M. de Goguelat, ni
» moi, n'avons passé dans aucune de ces deux
» villes ; c'est même avoué dans un autre endroit,
» en disant que je pris une autre route ; ainsi ce
» propos tombe de lui-même, la preuve en est que les
» détachemens étaient prêts : celui de Sainte-Mé-
» nehould, composé de quarante dragons de mon
» régiment, l'était si bien, que Drouet (de votre
» aveu même) n'osa pas tenter d'y faire arrêter
» le Roi.

» Il en fut de même à Clermont, et si ceux qui
» ont fait les relations y eussent été, ou eussent
» causé avec M. le comte Charles de Damas, ils
» n'auraient pas dit qu'il avait été dans le cas de
» supposer que c'était le Roi qui venait d'y passer,
» car il causa avec lui et avec la gouvernante des
» enfans de France, à la portière, pendant le temps
» qu'on relayait. Le seul détachement stationné à
» Varennes n'était pas prêt ; (celui de Dun passa la
» nuit à cheval.) Quel motif de sécurité plus puis-
» sant pouvait-on avoir, Monsieur, quand on pen-

» sait que c'était à quelques lieues de vous, et dans
» un poste où était le fils cadet du général, que
» le Roi allait passer? M. de Damas la partageait
» si bien, cette sécurité, qu'exécutant vos ordres
» de partir de Clermont une heure après le pas-
» sage du Roi, il n'éprouva pas la plus légère in-
» quiétude de la défection de son régiment, ne
» doutant pas que le Roi ne fût déjà parti et rendu
» près de vous, Monsieur.

» Pardon de réveiller en vous ces souvenirs si
» affligeans, de rappeler la fatalité qui rendit nul à
» ce poste le zèle des personnes chargées de votre
» confiance; mais je suis forcé de retracer la vé-
» rité. Je me serais trouvé bien plus heureux de
» n'avoir jamais à vous offrir que le tribut de mon
» dévouement, et il m'est douloureux d'être forcé
» de me défendre.

» Vous remarquerez aussi, Monsieur, que vos
» reproches ne sont nullement fondés relativement
» à l'établissement des relais à Varennes, puisque
» j'eus l'honneur de vous remettre à Metz un billet
» par lequel j'ordonnais à mes gens de vous obéir
» comme à moi-même; billet dont la personne
» chargée de vos ordres fit usage pour les placer.
» Car, étant à Paris et partant dix heures avant le
» Roi, selon ses ordres, je ne pouvais placer ces
» relais à quatre-vingts lieues de-là; aussi dites-
» vous ensuite que ce fut M. de Goguelat qui les
» plaça. Pourquoi donc m'en faire un reproche
» quelques lignes plus haut, puisque cet objet ne

» me regardait pas, et ne pouvait me regarder?
» De même, Monsieur, vous me reprochez de ne
» pas vous avoir fait avertir à Stenay, lors de l'arres-
» tation du Roi. Vous avouez ensuite que M. votre
» fils cadet partit pour aller vous joindre à l'ins-
» tant de l'arrestation du Roi, et que je n'arrivai
» à Varennes qu'une heure et demie après; ainsi
» M. votre fils avait une heure et demie d'avance
» sur l'homme que je vous envoyai au moment
» même que j'entrai dans Varennes. Vous dites
» que le Roi fut étonné en y arrivant de n'y point
» trouver ni M. de Goguelat, ni moi. Oh! vous
» vous trompez, Monsieur; non, ce n'est pas moi
» que le Roi fut surpris de ne pas y voir. Dans le
» procès-verbal que vous fîtes dresser, et que
» vous avez remis à M. Bertrand, il est dit: Que
» l'officier qui commandait le détachement à Va-
» rennes avait ordre de s'assurer de tous les pas-
» sages, de les faciliter par la force, de tenir sa
» troupe prête; rien de tout cela ne fut exécuté.
» Plus loin, dans le même procès-verbal, il est
» dit: Que le commandant de ce détachement, au
» lieu d'obéir à son supérieur, partit immédiate-
» ment de Varennes, disparut, et laissa sa troupe
» à un subalterne qui tint constamment ses hommes
» dans l'inaction. Je vois là, Monsieur, que le Roi
» a passé à tous les autres postes; que ce n'est qu'à
» Varennes où les précautions furent négligées et
» que la famille royale en fut la victime. Vous
» terminez l'exposé rédigé par vous-même, en di-

» sant qu'ayant demandé de mes nouvelles et de
» celles de M. de Goguelat, à peine put-on vous en
» donner, et que vous n'en entendîtes plus parler.
» Vous avez sans doute oublié, Monsieur, l'inquié-
» tude que vous daignâtes avoir lorsque successi-
» vement on vous dit que j'étais arrêté, blessé ou
» tué. Vous sûtes ensuite que n'ayant pas voulu
» quitter le Roi, qu'ayant préféré notre devoir à
» notre sûreté, M. de Damas, M. de Goguelat et
» moi fûmes long-temps entre la vie et la mort;
» que nous fûmes mis au cachot à Varennes, con-
» duits ensuite dans les prisons de Verdun, M. de
» Goguelat qui était blessé, dans celles de Mé-
» zières; que je fus mis en accusation par l'Assem-
» blée nationale et conduit dans les prisons de la
» haute Cour d'Orléans; que le Roi a dit hautement
» que, parmi les motifs d'acceptation de la consti-
» tution, il avait eu celui de nous sauver la vie,
» et que rendu près de sa personne, et n'ayant été
» séparé de lui qu'à l'instant où il fut mis au
» Temple, je n'ai cessé d'être comblé de marques
» de sa bonté, de sa confiance, de sa protection,
» ainsi que de celles de la Reine. Je n'avais pas
» démérité à leurs yeux dans cette occasion impor-
» tante, et leur suffrage est ma plus éclatante ré-
» ponse.

» Mais, Monsieur, puis-je oublier que j'eus le
» bonheur de voir ma conduite mieux appréciée
» par vous? Puis-je oublier cette lettre honorable,
» en réponse à celle que j'eus l'honneur de vous

» écrire de la part du Roi, relativement à des » objets pécuniaires, dans laquelle vous me dites : » *Je sais qu'on m'a desservi près du Roi; je sais » que ce n'est pas vous; mais des personnes qui » ont des reproches à se faire cherchent à me » donner des torts. Si tout le monde eût fait son » devoir comme vous, Monsieur, nous ne serions » pas dans la position où nous sommes.* »

» Croyez, Monsieur, que votre suffrage a été » et sera toujours pour moi une gloire et un » bonheur, et qu'il m'est bien pénible d'entrer » avec vous dans une discussion aussi affligeante.

» Acceptez, je vous supplie, l'hommage que » j'aime à rendre au général sous lequel j'ai été » heureux de servir, et l'assurance des sentimens » avec lesquels

» J'ai l'honneur d'être, etc., etc.

» *Signé* DUC DE CHOISEUL. ».

Copie de la Réponse de M. le marquis de Bouillé.

Londres, le 14 août 1800.

« J'ai reçu, Monsieur, les deux pièces que vous » m'avez adressées, relativement aux articles de » mes Mémoires qui concernent feu M. le duc » de Choiseul et vous, et je commencerai par ré- » pondre à ce qui regarde le premier.

» Je regretterais infiniment que ce que j'en ai » dit eût pu affliger madame la duchesse de Choi- » seul, dont personne, plus que moi, ne respecte » et n'honore les vertus, si je n'avais toujours » pensé que le jugement sur la conduite des » hommes en place est un droit du public, et si » je ne pensais qu'elle-même a dû en faire souvent » l'épreuve, pendant et depuis le ministère de » son mari. Le caractère politique des hommes » publics appartient à ce même public, et point à » leur famille; celle d'un ministre qui a gouverné » plus de trente ans, ne saurait plus s'offenser du » jugement que je porte sur son ministère, que » la mienne ne pourrait le faire du blâme qu'on » jetterait sur la petite carrière politique que j'ai » parcourue. Ce n'est que sous ce rapport que » j'ai parlé de M. de Choiseul; je n'ai point atta- » qué son personnel qui lui avait acquis, à juste » titre, des partisans et des amis; c'est à ceux qui » liront l'article de mes Mémoires qui concerne sa » conduite, à juger de l'opinion que j'en ai donnée. » Je ne rétracterai donc rien de ce que j'ai dit » dans mon ouvrage que j'ai livré avec réflexion » au public, et dans lequel j'ai cherché à dire » des vérités utiles, faisant abstraction de toute » personnalité. D'après cette résolution, je n'en- » trerai point dans les détails de la réfutation que » vous m'avez adressée de la part de madame de » Choiseul, quoiqu'il me fût aisé de la réfuter à » mon tour, et pour le prouver, Monsieur, je

» n'en citerai que l'article concernant les troubles » de l'Amérique. Il est allégué que M. de Choiseul » n'a pu y avoir part, son ministère ayant fini » en 1770. Tout le monde sait qu'ils ont commencé » en 1765, et la part que le ministère français y » avait, et j'ai été plus à portée qu'un autre de » le savoir étant gouverneur de la Guadeloupe » en 1768, et ayant eu, par ma place, des rapports » avec l'Amérique.

» Quant au compte que j'ai cru devoir rendre » au public de ma conduite dans le malheureux » événement du départ du Roi, j'entrerai dans le » plus grand détail pour cette fois seulement, ne » voulant me livrer désormais à aucune discussion » polémique incompatible avec l'état actuel de ma » santé, et qui ne convient ni à mon caractère, ni à » la situation que j'occupais lors des grands événe- » mens que j'ai rappelés et que je dirigeais.

» Tant que j'ai espéré que le Roi et la monarchie » survivraient à nos malheurs, j'ai gardé le silence, » mon intention étant de demander un conseil de » guerre pour juger les causes et les personnes qui » avaient nui au succès de cette importante affaire; » en conséquence, j'écrivis en 1792 à M. le baron » de Breteuil alors à Verdun, auprès du roi de » Prusse, et muni des pouvoirs de premier minis- » tre de Louis XVI. Je lui adressai un Mémoire » pour le Roi (qui doit être inséré dans l'ouvrage » de M. Bertrand), par lequel je sollicitais un juge- » ment, assurant S. M. que jusque-là je ne pren-

» drais aucun emploi dans le gouvernement. Les » événemens postérieurs m'ayant ôté la possibilité » d'obtenir cette satisfaction, et m'étant vu attaquer » par ceux même qui avaient dû coopérer sous mes » ordres, j'ai pris la plume, le seul moyen qui me » restait pour ma défense, que j'ai publiée dès que » d'autres occupations et le temps nécessaire pour » la rédiger mûrement me l'ont permis. J'ai parlé » avec la justice et la vérité qu'un général doit à ses » subordonnés, et je l'ai observée aussi exactement » à votre égard qu'à celui des autres.

» J'ai donc dû dire que vous aviez quitté votre » poste à Pont-de-Sommevelle, malgré les ordres » précis que je vous avais donnés d'y attendre le » Roi, et quoique, dans l'écrit que vous venez de » m'adresser, vous ayez passé cette faute sous » silence, j'ai dû la représenter comme d'autant » plus grave que vous saviez que ce poste que vous » occupiez était la cheville ouvrière de l'exécution » du projet, et votre détachement le principal » chaînon de l'escorte du Roi, qui n'eût pas été » arrêté vraisemblablement à Varennes, si cette » première disposition, d'où dépendait le succès de » toutes les autres, avait été exécutée. Votre pré- » sence à Pont-de-Sommevelle donnait de la tran- » quillité au Roi, qui a été étonné et déconcerté de » ne pas vous y trouver. Vous deviez le secourir à » Châlons, s'il y était reconnu et arrêté, ainsi que » nous le craignions; j'en étais convenu avec vous » et avec M. de Damas dans notre dernière entre-

» vue. Vous deviez protéger sa route en le suivant » jusqu'aux autres détachemens, que l'exemple du » vôtre aurait probablement entraînés. Vous de- » viez en laisser un sur la croisière du chemin de » Ste.-Ménehould à Varennes pour arrêter, d'après » mes ordres, tous les voyageurs et courriers, ce » que vous n'avez pas fait, et ce qui est cause que » l'aide-de-camp de M. de La Fayette est arrivé à » Varennes. Vous deviez enfin faire avertir tous » les postes du passage du Roi, ce qui donnait le » temps au relais de Varennes d'être placé à l'entrée » de la ville; c'était pour cet objet que M. de Go- » guelat et vous, aviez des relais de chevaux de » selle dans cette ville et sur la route.

» Toutes ces mesures, qui dépendaient de l'exé- » cution des ordres que je vous avais donnés, ont » été, je le répète, déconcertées par votre retraite » de Pont-de-Sommevelle; et si, dans tous les cas, » la désobéissance aux ordres d'un général est cou- » pable, elle l'est encore plus dans celui-ci.

» Cependant, Monsieur, j'ai allégué en votre » faveur les raisons que vous aviez données de votre » retraite, toutes mauvaises que je les trouve, et je » n'ai pas ajouté à votre charge que vous avez été » d'autant moins excusable de quitter le poste que » je vous avais confié, que n'ayant précédé le Roi » que de douze heures, vous étiez plus sûr qu'un » autre de sa résolution.

» Vous avez mal lu mes Mémoires, Monsieur, si » vous y avez trouvé que je vous reproche d'avoir

» *dit* aux détachemens de *Ste.-Ménehould et de* » *Clermont* de ne plus attendre le Roi. J'ai dit que » vous les aviez informés, et on informe verbale- » ment comme par écrit. Je sais très-bien que vous » n'avez pas passé ni à Ste.-Ménehould ni à Cler- » mont, et plût à Dieu que vous eussiez pris cette » route! Mais je sais aussi, par une personne très- » digne de foi, et à qui j'en ajoute comme à moi- » même, qu'elle a eu communication de l'avis » donné de votre part au poste de Clermont de ne » plus attendre le Roi. La parole, que j'ai donnée à » cette personne de ne point la nommer, et qui m'a » empêché de la faire connaître dans mes Mémoires, » m'impose la même loi aujourd'hui; mais, dans un » conseil de guerre, je n'eusse pas gardé le même » ménagement, et je l'eusse appelée en témoi- » gnage.

» J'ai dit que vous aviez l'ordre de délivrer le » Roi les armes à la main s'il était arrêté, et vous » ne pouvez contester cet ordre; (il a été donné à » M. de Damas qui en convient.) Cependant, au lieu » d'attaquer à Varennes le peuple qui l'y retenait, » vous avez mis bas les armes avec votre détache- » ment. Le Roi a pu, dans cette occasion, comme » dans celles que j'ai rappelées, vous excuser et » vous pardonner; mais moi, votre général, moi » chargé de la responsabilité d'un événement qui » roulait sur moi, j'ai dû dire vos fautes.

» Dans ce que j'ai dit sur la disposition de votre » relais, vous n'êtes ni le seul ni le plus inculpé; la

» circonstance que je vous ai attribuée est de peu » d'importance, et serait un tort léger; je ne l'ai » rappelée que pour rassembler toutes les causes » plus ou moins éloignées qui ont pu nuire au » succès de cet événement, et celle-ci est une des » moindres que j'aie dû regretter, que l'officier, que » je croyais chargé de diriger vos équipages, les » eût fait partir avant votre régiment, dont la » marche devait être combinée avec celle du Roi. » Si en effet ils n'étaient partis qu'avec votre régi- » ment, dont je fus forcé de retarder le départ de » vingt-quatre heures, à cause du délai inattendu » et fatal que le Roi apporta au sien, ils ne se se- » raient pas trouvés dans le cas d'attendre deux » jours à Varennes, et d'y donner des inquiétudes » tant par ce long séjour que par les mauvais pro- » pos qu'il faisait tenir à vos gens, ce qui gêna » beaucoup les officiers que j'envoyai auprès de ce » relais. Sans doute, Monsieur, il ne vous a pas été » possible d'avertir vos équipages; mais vous sentez » qu'il l'était encore moins à un commandant de » province, donnant un ordre pour la marche d'un » régiment, de spécifier ce qui concernait les équi- » pages du colonel, sans donner lieu aux soupçons. » Votre billet, pour soumettre vos équipages à mes » ordres, ne pouvait donc servir qu'à Varennes.

» J'ai dit que vous ne m'aviez pas fait avertir, » et peut-être ne l'avez-vous pas pu. Quant à mon » second fils, il est possible qu'il n'ait pu le faire » plus tôt. Vous ne pouvez connaître mieux que moi,

» Monsieur, les ordres que je lui donnai, ainsi
» qu'à M. le comte de Raigecourt, lorsque je les
» envoyai conjointement de Stenay; leurs instruc-
» tions étaient de laisser le relais où ils le trouve-
» raient; de se promener pendant le jour sur la
» route, ce qu'ils firent tant qu'ils le purent, sans
» donner de soupçons; de rentrer à la nuit et
» d'attendre près de votre relais le courrier ou
» M. de Goguelat lui-même qui devait venir les
» avertir de l'arrivée du Roi. Vous pouvez mieux
» que personne, Monsieur, rendre compte pour-
» quoi ce courrier ou M. de Goguelat ne se pré-
» senta jamais. Celui-ci, ayant placé lui-même ce
» relais, n'eût pas été embarrassé de le retrouver,
» et mon second fils ainsi que M. de Raigecourt
» avaient ordre de ne rien dire à l'officier com-
» mandant le détachement de Varennes, jusqu'à
» l'avis qu'il devait recevoir au moins une heure
» avant; cet officier m'étant peu connu et étant peu
» sûr, il en savait seulement assez pour être prêt à
» tout événement.

» Si vous aviez lu, avec une froide attention, le
» procès-verbal rapporté dans les Mémoires de
» M. Bertrand, vous m'éviteriez, Monsieur, de
» rappeler ces tristes et minutieux détails.

» Je n'ai point dit que le Roi avait été étonné de ne
» pas vous trouver à Varennes, mais qu'il l'avait été
» de ne vous avoir rencontré *nulle part* sur sa route;
» (*Astonished at haring never seen M. de N.*) Il eût
» oublié les dispositions que j'avais faites, et qui

» avaient reçu son approbation, s'il n'eût éprouvé » aucune surprise de ne pas vous trouver à *Pont-* » *de-Sommevelle.*

» Vous m'opposez, Monsieur, une lettre que je » vous ai écrite peu après l'événement; mais alors » j'ignorais tout ce qui s'était passé de l'autre côté » de Varennes, même la plus grande partie de ce » qui avait eu lieu dans cette ville; et, par consé- » quent, les causes qui avaient le plus contribué à » l'arrestation du Roi. Je vous savais bien traité par » le Roi et par la Reine, je devais supposer qu'ils » étaient satisfaits de votre conduite dans cette mal- » heureuse affaire, et je louais, ainsi que je le ferais » encore, votre dévouement à leurs personnes; je » ne pouvais me plaindre de l'inexécution de mes » ordres, puisque je ne la connaissais encore qu'im- » parfaitement, et je vous répondais dans le même » sens que vous m'aviez écrit, quoiqu'on m'eût » assuré que vous, ainsi que M. de Goguelat, me don- » niez tous les torts auprès de Leurs Majestés; mais » ayant vu depuis des personnes qui ont participé » à cet événement, ou qui en ont connu parfaite- » ment les détails et qui m'ont procuré les plus » grands éclaircissemens, j'ai pu fixer mon opinion.

» Quant au reproche que vous me faites, Mon- » sieur, d'avoir publié mes Mémoires dans un mo- » ment où vous étiez dans une position critique et » malheureuse, il serait fondé, si cette affaire en » était le seul objet, si je pouvais croire que j'aie » jamais à craindre que la vérité soit éclaircie, et

» si d'ailleurs je n'avais gardé envers vous tous les » ménagemens qu'exigeait votre position, en ne » vous désignant même pas par la lettre initiale » de votre nom, ménagement que je n'aurais pas » eu dans un autre temps.

» J'ai l'honneur, Monsieur, de vous répéter que » cette réponse est la dernière que je ferai à tout » ce qui pourra concerner cette affaire, sur laquelle » je suis convaincu avoir dit la plus exacte vérité. » Les preuves les plus évidentes de mon erreur » pourraient seules me faire rétracter; jusqu'ici je » n'en ai aucune. Sans doute les Mémoires que » vous comptez publier acquerront assez de cé- » lébrité pour effacer l'impression qu'auraient pu » faire les miens, et pour établir plus à votre gré » la part que vous avez eue dans cette trop mal- » heureuse affaire. Je me contenterai alors de » rendre publique la lettre que j'ai l'honneur de » vous écrire dans ce moment.

» Recevez les assurances des sentimens avec les- » quels j'ai l'honneur d'être, Monsieur,

» Votre, etc.

» *Signé*, BOUILLÉ.

P. S. (De la main de M. de Bouillé.)

» Je regrette de n'avoir pu vous écrire de ma » main, mais mon écriture est devenue illisible par » l'effet de mes infirmités, et j'ai bien de la peine, » dans ce moment, à tenir ma plume; vous excuse- » rez les incorrections qu'il y a dans cet écrit. »

Je crois faire preuve de franchise en imprimant ma correspondance avec M. le marquis de Bouillé; l'homme qui établit ainsi sa propre accusation mérite d'être écouté dans sa défense. Oui, j'aurais sollicité ce conseil de guerre, devant lequel M. de Bouillé eût désiré me traduire, ainsi que M. de Goguelat et les autres officiers employés dans ce voyage; je m'y serais présenté avec les récits de mon adversaire, avec ces relations toutes discordantes sur les heures, sur les distances, sur les faits et sur les précautions; je les aurais d'abord opposées les unes aux autres, comme il me serait facile encore de le faire, si je ne craignais d'abuser de la patience de mes lecteurs. J'aurais établi leurs contradictions manifestes sur les mêmes faits, et on aurait décidé quelle foi il est possible d'accorder à de pareils récits. Mais je m'y serais de plus présenté, à ce conseil de guerre, avec les ordres secrets du Roi, avec ceux de M. le marquis de Bouillé lui-même, et que sa noble loyauté n'aurait pu méconnaître; j'y aurais montré, non des récits semblables à celui de M. Boudet qui raconte ce qu'il n'a pas vu, à celui de M. le marquis de Bouillé qui n'y était pas, etc., mais j'aurais déposé les relations des personnes présentes, qui ont été employées dans les petites comme dans les grandes circonstances; qui, les ayant écrites peu de temps après ces jours malheureux, ont tracé ce qu'elles ont vu, ce qu'elles ont fait, ce qu'elles ont apprécié, ce que des milliers de voix ont alors unanimement répété; ce ne sont pas des récits arrangés pour dégager tout le monde, excepté un seul, ce sont les *dires* de témoins véritables, sans intérêts personnels dans cette cause et dont plusieurs existent encore ; je serais venu à ce conseil avec tous les procès-verbaux des autorités locales, avec les rapports multipliés qui ont été faits à l'Assemblée constituante, avec toutes les opinions résultant de cette clameur générale, d'où la vérité jaillit, et qui a partout proclamé que l'absence des précautions les plus simples, *à Varennes,* avait seule été la cause de l'arrestation du Roi. Ma défense eût été simple : j'aurais rappelé l'ordre positif du roi et celui de M. le marquis de Bouillé, d'éviter tout ce qui pourrait faire suspecter et reconnaître la famille royale, ou donner lieu au moindre trouble et au moindre rassemblement; de relever les détachemens s'ils en occasionaient, de conserver au Roi le plus strict incognito, et de ne point donner, par des précautions inutiles, un éveil dangereux et dont la faiblesse des détachemens n'aurait pu le préserver. La preuve que cette tranquillité était d'une nécessité absolue, c'est que le Roi a passé dans tous les endroits où aucun appareil militaire ne l'a troublée; que la seule partie dangereuse du chemin était de Paris à Châlons où nulle précaution ostensible n'avait pu être prise; que si j'eusse continué de donner par ma présence une vive inquiétude à Châlons et à Sommevelle, au lieu de tout calmer comme je l'ai fait en me retirant, et que la suite d'une stupide et coupable insistance eût été de faire fermer les portes de Châlons, en y arrêtant le Roi, et de mettre les campagnes en insurrection; c'est alors que M. de Bouillé aurait dit avec une juste véhémence que j'avais été la cause de l'arrestation du Roi en n'exécutant pas ses ordres. *Oui*, aurais-je dit au conseil de guerre, *j'ai quitté Pont-de-Sommevelle, j'ai dû le faire, et je le ferais encore dans les mêmes circonstances.* Il n'était nullement important que le *Roi fût étonné ou non de ne m'y pas trouver* (1), l'important était qu'il y passât, *et il y a passé;* l'important était de ne pas augmenter le trouble et les obstacles à Sainte-Ménehould, d'y apaiser les méfiances: aussi le *Roi* passa-t-il *à Sainte-Ménehould. Clermont* était pour moi un point sûr : M. le comte Charles de Damas y était; *le Roi y passa......* Où fut-il arrêté ?.... *à Varennes...... Je n'y commandais pas.*

Si l'officier qui y commandait n'a pu aider au passage du Roi; s'il n'a pu empêcher qu'il y fût arrêté; s'il avait des ordres tels, *que le général* (ainsi que le dit M. de Bouillé dans ses Mémoires) *en est le seul juge,* je n'ai rien à dire et ne suis pas chargé d'expliquer ce qui s'est passé à Varennes: j'en étais éloigné de seize lieues, et tout ce que j'ai pu faire de mieux, était d'y accourir et d'y partager au moins le sort de la famille royale. J'aurais encore demandé à ce même conseil de guerre, si, ayant été chargé de faire parcourir au Roi une

(1) Voyez la Lettre de M. de Bouillé.

route longue et dangereuse, il n'a point passé dans tous les lieux qui m'étaient confiés, et s'il n'a pas été arrêté dans un poste confié au fils cadet du général, à neuf lieues de son quartier-général, lorsque toutes les villes étaient passées, les dangers évités et les obstacles anéantis.

Voilà quelle eût été ma défense, voilà ce que le Roi, la Reine eussent eux-mêmes attesté, si, pour la gloire et le bonheur de la France, nous eussions obtenu la conservation de leurs jours. J'aurais montré ce résultat, d'avoir amené le Roi à soixante-cinq lieues de Paris, à neuf de M. de Bouillé, au milieu de quinze mille hommes rassemblés pour le recevoir; *et le Conseil eût prononcé.*

Ne voulant rien laisser sans réponse, je dois faire observer encore que si M. de Bouillé faisait dépendre le sort du Roi et celui de la France, de l'arrivée de M. de Goguelat à *Varennes* pour avertir M. son fils cadet, beaucoup de circonstances pouvaient empêcher cette arrivée; une chute de cheval, un coup de fusil, une arrestation dans une ville, la mort même. Est-ce sur ce faible et unique moyen que l'on peut établir la justification d'un officier et l'accusation d'un autre? Est-il raisonnable de dire que tel détachement devait arrêter les courriers de Paris, tandis que ceux de Sainte-Ménehould et de Clermont, qui en avaient l'ordre, n'ont pu l'exécuter? D'ailleurs, MM. Baillon et Romeuf ne sont arrivés à Varennes qu'à cinq heures du matin; le Roi y était depuis la veille onze heures et demie du soir, et certes, ce ne sont pas ces Messieurs qui ont arrêté le Roi et qui auraient pu s'opposer à sa délivrance, car les officiers commandant le poste de Varennes étant partis à onze heures et demie pour aller avertir M. le marquis de Bouillé, neuf lieues semblaient devoir être bientôt parcourues; cependant M. de Bouillé déclare que ces nouvelles ne lui sont parvenues qu'à quatre heures du matin......... quatre heures et demie pour faire neuf lieues à cheval!!.... Je me tais sur ce que je ne connais pas; mais quand on a, comme moi, la conscience pure et sans remords, on établit la défense avec la même franchise que j'ai mise à faire connaître l'attaque. Je publie les torts dont M. le marquis de Bouillé m'accuse, et j'y oppose la simple vérité des faits, et des faits irrécusables; si j'avais tort, je le dirais, et jamais, pour mon intérêt, je ne souillerais ma bouche ni mon cœur par un mensonge.

N. B. Je crois devoir indiquer dans les Pièces justificatives (n. XX) une lettre que j'écrivis, en 1806, à M. Dutems, auteur d'un ouvrage intitulé : *Mémoires d'un Voyageur qui se repose*, et dans lequel il raconte aussi le départ du Roi. Je ne cite cette réponse qu'afin de prouver que dans tous les temps, dans toutes les circonstances, je n'ai eu qu'une seule et même manière de m'exprimer sur cette époque désastreuse.

RELATION

DU

DÉPART DE LOUIS XVI,

LE 20 JUIN 1791,

Écrite en août 1791, par le duc de Choiseul, et tirée de ses Mémoires inédits.

Divers projets de départ avaient été proposés et soumis au Roi depuis long-temps. La première proposition date du mois de mars 1790, et avait pour but Bruxelles par Compiègne, dont M. d'Angivillers eut ordre de se procurer les plans qui ne se trouvaient plus dans ses bureaux. Un autre projet plus digne d'attention fut proposé au mois d'octobre de la même année, par M. le baron de Breteuil. En février 1791, le comte Auguste de La Marck, après en avoir conféré avec Mirabeau, fut à Metz en communiquer un à M. de Bouillé, et savoir de lui de quelle manière il pourrait y concourir. M. de Biron fit aussi un voyage pour le même objet, mais n'excita que des défiances; et le Roi, par une correspondance secrète, s'occupait avec M. de Bouillé des diverses probabilités de succès que chacun de ces projets pouvait offrir.

Je fus admis dans cette confidence vers la fin d'avril, avec défense expresse d'en parler, et ce ne fut que quinze jours avant l'exécution du plan arrêté que je fus chargé d'en instruire M. le comte Charles de Damas, dont le régiment, *Monsieur-Dragons*, était en garnison à Saint-Mihiel.

S'il avait pu rester encore quelque incertitude dans la résolution du Roi, de se soustraire, ainsi que sa famille, aux violences dont chaque jour il était l'objet; les outrages multipliés qui se renouvelèrent avec plus de force à cette époque, les insurrections fréquentes, l'avilissement du pouvoir royal; ses principes religieux et sa conscience sans cesse en opposition avec les décrets de l'Assemblée nationale, tout l'aurait confirmé dans le désir de s'éloigner de ce foyer de discordes et d'erreurs, tout l'aurait convaincu que pour le bien de l'État, et pour le bien même de l'Assemblée qui était déjà dans la dépendance des clubs et des insurrections, ce voyage était le seul moyen de rétablir le gouvernement et l'ordre.

Il est inutile de rappeler ici ce qui s'était passé le 12 février, lors du départ de *Mesdames*. L'insurrection dans laquelle le peuple se porta au Luxembourg, sous le faux bruit du départ de *Mon-*

sieur (1) ; insurrection que *Monsieur* calma par sa fermeté et sa courageuse présence. La mémoire en est trop récente pour en donner les détails.

Le désarmement qui eut lieu le 28 février, de toutes les personnes que leur zèle pour le Roi amenait sans cesse aux Tuileries ; l'insurrection du 18 avril qui obligea le Roi de descendre de voiture, et d'abandonner son projet d'aller à Saint-Cloud ; la démarche inutile que fit le Roi auprès de l'Assemblée pour se plaindre de cette insulte ; enfin, le dernier coup porté à sa conscience par la sanction forcée de la constitution civile du clergé, et par l'espèce de consécration qu'il fut obligé de faire de l'église constitutionnelle, en paraissant avec la Reine à la messe le jour de Pâques, à l'église Saint-Germain-l'Auxerrois, démarche qui lui avait été arrachée par la menace de faire périr autour du palais des Tuileries, dans un mouvement populaire, les évêques et prêtres dissidens de l'Assemblée, achevèrent de décider le Roi à s'éloigner de la capitale.

Je ne crois pas faire une indiscrétion en plaçant ici une circonstance qui me fut confiée par la Reine.

Monsieur ne voulant pas être contraint, le jour de Pâques, d'assister à la grand'messe paroissiale des prêtres constitutionnels, se décida à partir le samedi-saint. Les chevaux de poste étaient commandés pour minuit, sous le nom d'une dame

(1) Aujourd'hui S. M. Louis XVIII.

attachée à la maison de *Madame*. L'embarras du Roi et de la Reine fut très-grand pour faire changer cette résolution qui aurait fait échouer le plan du départ du Roi. Ce fut alors que le Roi confia à son auguste frère le projet qu'il avait de s'éloigner de Paris, lorsque tous les arrangemens seraient faits et tous les obstacles aplanis ; il lui donna sa parole royale de l'avertir afin qu'il pût partir le même jour, lui exposa combien son départ pourrait lui nuire, puisque ce serait attirer les défiances, et peut-être les mesures les plus violentes ; il obtint enfin de *Monsieur*, à neuf heures et demie du soir, d'écrire des Tuileries au Luxembourg, (qui était son palais,) à une personne qu'il honorait de sa confiance, de décommander les chevaux. La Reine m'a souvent répété qu'elle n'avait jamais éprouvé plus de contentement et de reconnaissance que lorsqu'elle eut obtenu de *Monsieur* de différer son départ.

Une remarque générale est encore à faire sur la nature et sur le but du voyage du Roi, attendu que beaucoup de circonstances de cette entreprise s'expliqueront par cette remarque. Le Roi ne voulait pas sortir de son royaume : dès-lors aucun des plans qu'on lui avait proposés pour aller soit en Belgique, soit en Angleterre, ne pouvait lui convenir. Il fallait donc choisir un lieu dans lequel il fût en sûreté contre les mouvemens insurrectionnels, où il fût entouré d'une force armée et fidèle, et où il lui fût possible, dans le calme et dans la sécurité, de se rendre, ainsi que plusieurs fois je lui ai entendu dire, l'arbitre de tous les partis, le régulateur de toutes les prétentions, et les faire ployer tous sous le joug de la raison et du bonheur public.

Ici se présente la question naturelle de savoir dans quelle partie de la France le Roi et sa famille pourraient trouver cette sûreté et cette sécurité. Où pouvait-il s'établir sans redevenir le prisonnier de ceux qui le retenaient en captivité depuis le 6 octobre 1789 ?

La plupart des officiers généraux, commandant les provinces, avaient quitté leurs emplois, et avaient été remplacés par des officiers dévoués au comité militaire de l'Assemblée. M. de Rochambeau, qui commandait en Flandre, n'était rien moins que l'homme du Roi. D'autres, que je me dispenserai de nommer, ne pouvaient inspirer aucune confiance. M. de Bouillé était resté à son poste; sa fermeté, l'habileté avec laquelle il avait apaisé l'insurrection dans son commandement, et particulièrement celle de Nancy; la confiance des troupes en lui, l'éclat de sa bravoure, le bonheur qui l'avait toujours accompagné, et, par-dessus tout, son dévouement pour le Roi, le rendaient presque nécessairement l'homme de la chose.

Il commandait dans les Trois-Évêchés (les départemens de la Meurthe, de la Meuse, Moselle et Marne), et avait, dans sa division, les seuls régimens peut-être restés dans l'ordre et dans la discipline. Il avait voulu plusieurs fois quitter la France et entrer au service de la Russie; mais, sur les ordres réitérés du Roi, il était resté, et le Roi lui fit alors connaître les vues qu'il avait sur lui pour se rendre, quand il en jugerait le moment convenable, dans un point de son commandement, et s'y environner des troupes les plus fidèles, *non pour combattre mais pour en être gardé* (1).

Il était certainement fâcheux que le commandement de M. de Bouillé fût si éloigné de Paris, et qu'il n'eût pas celui de Flandre où il aurait été bien plus facile de se rendre; mais le Roi ne pouvait faire sur cet objet aucun changement : le moindre déplacement d'un commandant de province eût fait naître les pensées les plus alarmantes, et un jour ayant dit au Roi combien il était à regretter d'avoir à faire quatre-vingt-dix lieues pour aller à Montmédy, au lieu de passer par la Flandre, il me répondit avec chaleur : « *Il faut bien que » j'aille dans le commandement du seul officier-gé- » néral qui soit resté à son poste et qui ne m'ait pas » abandonné. — Ah Dieu! Sire, répliquai-je, quel » procès vous faites à l'émigration!* »

Peu de personnes avaient une idée plus juste

---

(1) Je me rappelle que, lisant au Roi cette relation, la phrase était ainsi terminée : *Et s'y environner des troupes les plus fidèles*, le Roi ajouta avec force : *Non pour combattre, mais pour être gardé*. Je lui demandai la permission de l'ajouter devant lui; ce mouvement de son cœur ne devait pas être perdu pour ses peuples.

(*Note ajoutée par le duc de Choiseul.*)

que le Roi de la situation où se trouvait la France; il était persuadé que les maux de son royaume devaient se guérir par leur évidence même; il redoutait les horreurs de la guerre civile; il était convaincu de l'impuissance d'une guerre étrangère. D'après la connaissance qu'il avait de la politique des divers cabinets, il pensait que l'intérêt de chaque puissance prendrait la place de l'intérêt général de l'Europe; il pensait que les Français armés contre la France deviendraient l'objet de toutes les fureurs et l'aliment de toutes les discordes; il croyait que lui seul pouvait mettre une barrière à tous les malheurs qui devaient résulter de ces situations diverses; il en avait la conviction la plus profonde. Il sentait que le parti désabusé de l'Assemblée trouverait en lui un secours puissant et une digue contre l'entraînement populaire; c'était même le seul moyen d'assurer, par un consentement libre et authentique, les sacrifices qu'il avait toujours voulu faire et qui sont dans son cœur. Il se trouvait l'arbitre des intérêts des puissances étrangères, il stipulait pour tous; il obligeait tous les partis de ployer sous la volonté générale; il aurait accepté les propositions raisonnables venues de Paris, et en aurait prescrit l'obéissance à Coblentz. Tous ces principes étaient manifestés dans la déclaration solennelle (1) qu'il laissa à son départ,

(1) Voyez cette déclaration après les Pièces justificatives (lettre A).

et à laquelle il travailla avec l'amour du bien, de la justice et de la vérité.

Il avait choisi un point sur la frontière, sans crainte que l'on pût se méprendre sur ses motifs; il voulait que la crainte de la lui voir franchir, et par conséquent la crainte de la guerre civile, devînt un frein puissant contre la perfidie et la déraison. Il était résolu, lorsque les justes droits de l'autorité royale auraient été rétablis, que la constitution, librement discutée, aurait été sanctionnée par lui, de se rendre à Compiègne, d'y demeurer pendant long-temps, et d'y faire observer cette loi fondamentale de l'État, loin des entraves et des mouvemens de Paris, et d'y rester jusqu'à ce que la mise en activité de la Constitution fût entière.

Les scrupules du Roi, d'après son projet de départ, lui firent toujours différer de sanctionner le décret qui défendait au pouvoir exécutif de s'éloigner de vingt lieues du Corps législatif. Ainsi, même dans un plan si vaste et si au-dessus des vaines formalités, sa religieuse bonne foi ne voulait donner aucune atteinte à sa loyauté personnelle.

Le danger du voyage à part, l'on ne pouvait guère douter du succès d'un plan si sage et si digne de ce vertueux prince; car, si son arrestation a jeté la France dans un abîme de malheurs, le mouvement, qui eut lieu pendant son absence de trois jours, a prouvé invinciblement qu'aucunes de ses vues n'eussent été trompées. Dès que le départ fut connu, tous les hommes sages de l'Assemblée, sans se mettre en peine des discours de tribunes, des agitateurs et de leurs partisans, ni même de la chaleur momentanée du peuple, s'occupèrent sur-le-champ des moyens de profiter de cet événement pour ramener les choses à une situation meilleure. Des commissaires furent nommés dans le Comité de constitution pour aller vers le Roi lui porter des projets d'arrangemens. Des membres de tous les partis devaient former cette députation. M. de Cazalès était du nombre, et M. de Gouvernet, agréable à tous, était déjà choisi pour la précéder. Il devait partir à dix heures du soir pour annoncer au Roi, à Montmédy, l'arrivée des commissaires. Les chevaux de poste étaient commandés, il allait monter en voiture quand, à neuf heures, on apprend l'arrestation. Je prends ici à témoin tout ce que l'Assemblée nationale renferme de personnes éclairées, je n'en exempte que le parti qui cherchait à établir la république : tous furent consternés, tous virent s'évanouir l'aurore de l'ordre et de la tranquillité publique.

Le ministère était alors composé de M. Du Portail, ministre de la guerre, entièrement dévoué à l'Assemblée; de M. Duport Dutertre, ministre de la justice ; de M. de Lessart, pour l'intérieur; de M. Thévenard, pour la marine, et de M. de Montmorin, pour les affaires étrangères.

M. de Bouillé, général de l'armée de la Meuse, avait sous ses ordres un certain nombre de régimens qui avaient conservé leur discipline au milieu de l'insubordination générale, et plusieurs régimens suisses et allemands. Il prétexta plusieurs mois d'avance le besoin de défendre la frontière du côté de Montmédy et de Stenay, afin d'y placer plusieurs de ces régimens, tels que Nassau, Castella, royal-allemand, les chasseurs de Champagne. Il avait à Toul, les hussards de Lauzun; à St.-Mihiel, le régiment de *Monsieur-Dragons*, commandé par M. Charles de Damas; à Commercy, le 1er régiment de dragons que je commandais, et les premières mesures furent prises en conséquence.

M. de Bouillé m'écrivit de me rendre à Metz deux mois avant l'époque du départ, et me confia ses plans. Il me dit que le roi, comptant sur ma fidélité, m'avait choisi pour un des principaux officiers employés dans cette opération. Il me chargea de prendre les renseignemens nécessaires sur la route, me chargea de faire reconnaître le chemin de Clermont à Varennes, et me dit que son projet était de faire marcher mon régiment sur Mouzon, et de me diviser dans la partie de Dun à Varennes. Il m'autorisa quelque temps avant l'époque du voyage à mettre M. de Damas (1) dans la confidence, son régiment étant destiné à être placé à *Clermont* en *Argonne*.

(1) M. le marquis de Bouillé avait eu quelque éloignement à mettre M. de Damas dans cette confidence, à cause de l'amitié qui unissait des personnes de sa famille à M. de La Fayette; mais je détruisis bien promptement ses préventions.

J'exécutai les ordres de M. de Bouillé, je préparai les relais et divers détails qu'il m'avait ordonnés, et lorsqu'il m'eut permis d'en faire la confidence à M. de Damas, je lui écrivis à Saint-Mihiel pour le prier de venir chez moi à Commercy. Il vint sur-le-champ, et je laisse à ceux qui connaissent sa loyauté, sa chaleur, son amour pour ses princes, de juger de l'effet que fit sur lui cette confidence, et sa joie aussi exaltée que touchante. Je lui remis une somme considérable en assignats pour les faire changer en or ; j'en faisais changer de mon côté, j'en déposai une partie dans la caisse du régiment de Nassau ; le reste me fut pris quand on m'arrêta avec mes chevaux, mes effets et tout ce que j'avais pu réunir pour recevoir le Roi le mieux possible (1).

La fatalité qui a toujours régné sur ces événemens, s'empara de celui-ci, depuis le commencement et jusque dans les plus petits détails.

Comme je m'apprêtais en silence à terminer toutes les dispositions secrètes dont j'étais chargé, je reçus, à la fin de mai, l'ordre imprévu de M. Du Portail de partir avec mon régiment pour me rendre à

---

(1) Rendus à la liberté, nous empruntâmes, M. de Damas et moi, l'argent nécessaire pour rendre celui qui nous avait été remis et qui nous avait été enlevé. Nous le rendîmes malgré le refus du Roi de le recevoir.

Nos comptes ont été trouvés et même imprimés par ordre de la Convention nationale. (Voyez les Pièces justificatives, n. II et III.)

(*Note ajoutée par le duc de Choiseul.*)

Neufbrisac; j'étais alors au grand complet de guerre, et mon régiment un des plus beaux de l'armée. Je courus sur-le-champ à Metz. M. de Bouillé, très-étonné, envoya à l'instant un courrier à Paris pour demander contre-ordre, en disant que mon régiment était destiné à couvrir la Meuse ; le courrier revint ; M. Du Portail fut inflexible et accorda seulement que les malades et les chevaux de remonte resteraient à Commercy. Obligé d'obéir, je profitai de ce dépôt pour y garder 100 dragons sous divers prétextes, et M. de Bouillé me donna l'ordre exprès d'y rester de ma personne.

Ce départ changeant alors une partie des dispositions, il fallut songer à faire une autre répartition de troupes ; M. de Bouillé substitua à mon régiment 200 hussards de Lauzun qui devaient se rendre à Dun. Il m'avait primitivement réservé le poste de Varennes avec mes cent dragons, et à cet effet il m'envoya l'ordre de me préparer à faire marcher mon dépôt à Mouzon, et destina le régiment de *Monsieur-Dragons*, sous les ordres du comte Charles de Damas, à se rendre à *Clermont* en *Argonne*.

Je reçus le 8 juin, à Commercy, l'ordre de M. de Bouillé de me rendre sur-le-champ à Metz ; j'y arrivai le 8 au soir. M. de Bouillé me dit alors que ses dispositions pour un camp de 10,000 hommes étaient faites, les marchés, les approvisionnemens passés, et que les troupes allaient se mettre en marche ; qu'il était absolument nécessaire que le Roi prît une résolution positive; que par les dernières lettres en chiffres qu'il avait reçues, le Roi avait l'air de se décider pour le 19 juin; que le Roi avait d'abord voulu que ce fût le 12, ensuite le 17: mais le 12 étant le jour de la Pentecôte, il y aurait eu trop de mouvemens dans les rues; le 17 les dispositions militaires n'étaient point achevées, mais que tout étant prêt maintenant, il l'avait mandé au Roi et attendait à tout moment sa réponse et ses ordres définitifs.

Il reçut, le 8 à 9 heures du soir, cette réponse; elle disait que le Roi *espérait* partir le 19. Ainsi cette lettre n'était pas encore positive; elle ne fut même déchiffrée qu'après sept ou huit heures de travail par le comte Louis de Bouillé; M. de Fersen ayant oublié de mettre le point de remarque qui indiquait la page de chiffre convenu. Ce chiffre était le petit volume de la *grandeur et de la décadence des Romains*, et l'on peut juger du travail qu'il eut à faire pour essayer, non-seulement le haut de chaque page, mais pour y trouver dans une première ligne les élémens d'un chiffre propre à former un sens; cela se trouva enfin, grâce à l'intelligence et à la patience du jeune comte de Bouillé. Il était alors, je crois, trois heures du matin, et depuis huit heures du soir il était au travail.

Cette lettre n'étant donc pas positive, et de tels plans ne pouvant souffrir ni retards ni incertitudes, M. de Bouillé se détermina à me faire partir pour Paris, afin de terminer tous les arrangemens. La journée du 9 fut employée à me donner ses instructions, ses ordres secrets et son ultimatum. Il me dit que le poste de Varennes ne pouvant plus être occupé par moi, mes 100 dragons seraient mis sous les ordres du comte Charles de Damas, et réunis à 250 hommes du régiment de *Monsieur ;* que 40 dragons en seraient détachés à Sainte-Ménehould; que M. le chevalier de Bouillé, son fils cadet, officier dans Esterhazy hussard, serait à ma place à Varennes avec 100 hussards de Lauzun, et qu'il placerait le relais destiné au Roi. En conséquence je remis à M. le marquis de Bouillé un billet qui ordonnait à mes gens de lui obéir comme à moi-même, afin qu'il pût faire l'usage convenable de mes chevaux dont j'avais un grand nombre. J'écrivis à M. *Aubriot*, attaché à mon régiment et sur lequel je pouvais compter sous tous les rapports de zèle, de fidélité, d'intelligence et de bravoure, de se trouver en uniforme de garde national avec deux de mes chevaux de selle, le mardi 21 juin à midi, à une auberge que je désignai au Pont-de-Sommevelle, de mettre des pistolets dans mes arçons, vu que je m'y rendrais secrètement à cette heure fixe pour un duel dont il serait seul le témoin. Je convins donc de tout avec M. de Bouillé, et à quatre heures du matin, le 10 juin, je partis de Metz. J'étais rendu, le lendemain 11, à cinq heures du matin, chez moi à Paris. N'ayant pas de congé du ministre, je ne pouvais me montrer publiquement, et je prétextai, auprès du peu de parens et d'amis que je fus obligé de voir, d'être venu à cause de mes énfans dont la santé me donnait des inquiétudes.

Les instructions de M. de Bouillé étaient positives, et je dois les rappeler.

Lorsque les commandans de province usaient du droit de faire marcher des troupes dans leurs commandemens, ils étaient obligés d'en rendre compte sur-le-champ au ministre de la guerre. Il était donc de la plus haute importance, pour M. de Bouillé et pour le succès de l'entreprise, de ne faire partir les détachemens que la veille et le jour même du départ du Roi, afin qu'ils fussent établis dans les lieux indiqués. En conséquence, comme je l'ai dit ci-dessus, il m'engagea de déclarer au Roi que tout serait prêt pour le dimanche 19; que dans le cas d'un empêchement réel, le voyage pourrait encore avoir lieu le 20, mais que passé le 20, tout serait rompu. Dans ce dernier cas, c'est-dire, le 20, si le départ n'avait pas lieu je devais, d'après ses ordres, repartir sur-le-champ prendre tous les détachemens placés depuis le poste après Châlons jusqu'à Montmédy, les ramener à ce dernier point et venir le rejoindre à l'abbaye d'*Orval,* sur les terres de l'Empereur à peu de lieues de Stenay; il m'offrit même de passer avec lui en Russie, où il me fit pressentir un arrangement avec l'impératrice en cas de malheur. Il ajouta que, si l'époque du 20 s'arrêtait positivement dès le moment de mon arrivée à Paris, de le lui mander sur-le-champ. Il me donna des lettres pour M. le comte de Fersen que je dus voir en arrivant, me prescrivit de faire conserver au Roi son incognito le plus long-temps possible, de prendre tous les moyens pour que rien ne puisse troubler la tranquillité de la route, et compléta ses instructions par l'exposé des diverses combinaisons à faire connaître à M. le comte de Fersen et à régler avec le Roi lui-même; ces détails vont se développer par la suite de ce récit.

En arrivant à Paris, le 11, mon premier soin fut de voir M. de Fersen, de remettre les lettres dont j'étais chargé, et de connaître l'état des choses.

M. de Fersen m'annonça que le projet du Roi était de partir le 19, et que, dans l'intervalle de mon arrivée à Paris, une nouvelle lettre avait été écrite à M. de Bouillé pour lui indiquer positivement ce jour. J'étais convenu avec M. de Bouillé que les ordres pour le départ des détachemens ne seraient expédiés de Metz que le vendredi 17, de sorte que les détachemens de Commercy et de Saint-Mihiel n'ayant que deux jours de route à faire, seraient avertis assez à temps pour se trouver stationnés. On verra plus bas la disposition de ces détachemens.

Je ne pouvais aller aux Tuileries que la nuit et déguisé; j'appris du Roi, dans la soirée du dimanche 12 au lundi 13, qu'il ne pouvait point partir le dimanche 19, à cause d'une femme de chambre de M. le Dauphin, soupçonnée de sentimens peu fidèles, et sur le secret de laquelle on ne pouvait compter; mais que madame Brunier entrant de service auprès du jeune prince le lundi à midi, tout devenait alors facile pour partir le lundi soir. Je représentai au Roi et à la Reine, avec toute la force possible, l'inconvénient grave du retard. Je proposai, ayant encore huit jours devant nous, de faire changer le tour de la femme de chambre en faisant proposer par madame Brunier, sous prétexte d'affaires personnelles, d'avancer son service; j'allai jusqu'à dire qu'il n'y aurait pas le temps suffisant pour retarder le départ des détachemens, et les reculer d'un jour; que si on les laissait venir et rester inutilement, ils donneraient les plus justes soupçons. Rien ne put déterminer le Roi à partir le dimanche 19. Et ce fut alors qu'avec tout le respect, mais avec toute la fermeté possible, je lui déclarai l'*ultimatum* de M. de Bouillé, que j'étais autorisé de sa part à donner jusqu'au lundi 20; mais que, si le Roi ne partait pas dans la nuit, je partirais mardi à quatre heures du matin; je relèverais tous les postes, emmènerais toutes les troupes, et que le plan serait manqué. Le Roi arrêta donc définitivement son départ pour lundi 20 à minuit; et, par la poste du mardi 14, je fis part à M. de Bouillé de cette résolution définitive; et ma lettre étant arrivée à Metz le jeudi 16 à dix heures du matin, et les ordres pour les troupes ne devant partir que le vendredi 17, M. le marquis de Bouillé les expédia en établissant les dates convenues; ce qui détruit entièrement la fable, que ce retard de vingt-quatre heures avait dérangé le plan convenu, il n'y a influé en aucune manière.

Comme, dans les grands événemens, les plus minutieux détails ont aussi leur importance, je tâcherai d'en omettre le moins possible, et de les classer dans l'ordre convenable.

Je commencerai par ceux relatifs aux arrangemens secrets du départ du Roi dans son intérieur; je passerai ensuite à ceux de son voyage.

La voiture destinée au départ de la famille royale avait été commandée depuis long-temps au sellier Louis par le comte de Fersen; il lui avait dit qu'elle était destinée pour la *Suède* ou pour la *Russie,* comme une précédente voiture qui y avait été effectivement envoyée, et qu'elle devait être entièrement semblable. En conséquence, cette voiture, de couleur brune, était munie de tout ce qu'il faut pour un long voyage; rien ne manquait de ce qui pouvait y être commode, et même servir à la raccommoder en cas d'accident. Les pièces particulières de rechange étaient dans une ferrière, toutes numérotées, de sorte que la partie de la serrurerie était traitée avec une perfection rare. Le dedans de la berline renfermait tout ce qui pouvait dispenser d'en descendre. Cette voiture avait à l'extérieur l'apparence d'être fortement chargée; deux malles derrière, deux vaches, des cartons au-dessus, mais tout cela était vide, et nous ne mîmes dans la vache que le chapeau à bord d'or du Roi, n'ayant pu l'emporter dans un très-léger cabriolet, et ne sachant où le placer. Nous mîmes dans la voiture quelques provisions pour la route et une petite cassette contenant de l'argent. Cette voiture fut amenée, le jeudi 16, devant la porte du comte de Fersen, rue de Marigny, au coin de la rue du Faubourg-Saint-Honoré, par le sellier et ses ouvriers. M. de Fersen lui paya devant moi cent vingt-cinq louis, moitié du prix de la voiture.

Nous l'essayâmes pour voir s'il n'y manquait rien, et M. de Fersen la fit conduire ensuite chez madame Sulivan, demeurant, ainsi que M. Crawford, dans le haut de la rue de Clichy; elle y resta jusqu'au moment nécessaire.

Dans les premiers projets de départ, on avait voulu engager le Roi, la Reine et Madame Élisabeth à partir séparément; mais d'après une promesse réciproque, faite à l'époque du 6 octobre, de ne jamais se séparer et de courir les mêmes dangers, tous les arrangemens durent se prêter à cette convention mutuelle.

Avant mon départ de Metz, M. de Bouillé était incertain si le Roi n'emmènerait pas quelqu'un en septième dans sa voiture, et il aurait désiré que ce fût M. d'Agoult, ancien major des gardes-françaises, ou moi; cela fut agité avec le Roi; on proposa aussi M. de Brissac, je crois que ce fut Madame Élisabeth; mais le Roi trouva qu'il lui serait inutile. Il hésita entre M. d'Agoult et moi, puis se décida à n'emmener que les trois gardes-du-corps.

Le Roi ne connaissait particulièrement aucun de ces trois messieurs. Ne voulant pas que le choix donnât quelques soupçons, et d'ailleurs ayant envoyé plusieurs fois des gardes-du-corps en courriers, il avait ordonné à M. d'Agoult, aide-major, de désigner trois gardes robustes et montant bien à cheval ; de leur faire faire des vestes et les choses nécessaires pour courir à franc-étrier, ayant des missions à leur confier pour Madrid, Vienne et Turin. Cet ordre, donné indifféremment, fut exécuté. M. d'Agoult choisit *MM. de Valory, de Malden* et *du Montier ;* et ces messieurs crurent, jusqu'au dernier moment, qu'ils étaient simplement destinés à porter des dépêches (1). Tous ces arrangemens étaient déjà faits quand j'arrivai à Paris ; et, dans un entretien particulier, j'exprimai le regret, et M. de Fersen le partagea, que le Roi n'eût pas plutôt choisi trois domestiques accoutumés au ton, à l'allure de la poste, connaissant la route, ayant toutes les habitudes des voyages, et qui, au niveau des postillons par leur extérieur et leur ton, seraient bien plus utiles que des personnes étrangères à ce service ; mais ces reflexions, dont le Roi reconnut la justesse, furent sans utilité, les choix

---

(1) Je vois dans une relation publiée par M. de Valory, en 1815, qu'il assure avoir été admis dans la plus haute confiance des desseins du Roi et de la Reine. Je dois faire observer que ma relation, ayant été écrite en 1791, ne retrace que ce que j'ai vu et ce que j'ai appris du Roi et de la Reine, qui ne m'ont jamais parlé des faits rapportés dans l'ouvrage que je cite. (*Note du duc de Choiseul.*)

étant déjà faits. Je me bornai, comme par un secret pressentiment, à témoigner le désir que M. de *Briges*, dont je connaissais l'activité, la présence d'esprit, fût au moins un des trois courriers, ou fût dans la voiture du Roi; mais la crainte de montrer un visage connu fit aussi rejeter cette proposition. Le Roi avait des passe-ports qui avaient été demandés par M. de Simolin, ministre de Russie, sous le nom d'une dame suédoise ou russe, appelée baronne de Korff (1).

Peu de jours avant le départ du Roi, il avait été convenu que deux dames suédoises assez âgées, nommées mesdames de Steglemann, partiraient dans une voiture semblable, et par la même route, avec le même nombre de chevaux; mais leur santé les en empêcha, elles ne purent partir que la veille par un autre chemin. Je ne parle pas ici des arrangemens de départ de *Monsieur* et de *Madame* qui partirent par une autre route, chacun séparément dans de mauvais cabriolets, et qui, plus heureux que le Roi, eurent le bonheur de réussir. M. *d'Avaray* rendit, dans cette occasion, un grand service à *Monsieur* et à la France. Je tiens de la Reine que *Monsieur*, ayant fait proposer à M. . . . , un de ses gentilshommes d'honneur, de le suivre, celui-ci s'y refusa. Alors embarrassé sur qui jeter les yeux, et ne voulant choisir ni M. . . . . ., ni M. . . . .,

(1) Pièces justificatives, n. IV.

ni M. . . . . . ., ni M. . . . . . (1), madame la comtesse de Balbi, dame d'honneur de *Madame*, se chargea de présenter le jeune comte d'Avaray; celui-ci n'hésita pas et justifia glorieusement ce choix si honorable.

Il fut donc convenu préliminairement que les trois gardes-du-corps ne connaîtraient leur destination qu'au moment du départ; que le Roi, la Reine, M. le Dauphin, Madame, Madame Elisabeth et madame de Tourzel partiraient dans la même voiture, et que madame Brunier et madame de Neuville, femmes de chambre, la première de M. le Dauphin, et la seconde de Madame, suivraient dans un cabriolet. Ce cabriolet, acheté par M. de Fersen et attelé de deux bons chevaux, devait se trouver et se trouva sur le quai. Ces deux dames s'y rendirent à l'heure convenue, y montèrent et allèrent attendre l'arrivée de la berline à Bondy; il fut encore arrêté qu'un des courriers serait sur le siége de la voiture, et les deux autres à cheval; que le premier courrier serait toujours au moins une heure en avant de la voiture, et repartirait toujours de chaque poste, quand il verrait arriver le second, de manière à gagner toujours une heure d'une poste à l'autre. Pour ce qui me regardait, il fut convenu

---

(1) J'ai supprimé les noms par égard pour les personnes vivantes et pour leur position actuelle; mais leurs noms se trouveront après moi dans le Mémoire original.

(*Note du duc de Choiseul.*)

que je repartirais dans une chaise de poste, neuf ou dix heures avant le départ du Roi, pour observer la route et aller au Pont-de-Sommevelle, à quatre lieues de Châlons, où je devais trouver, le mardi 21, à midi un détachement de quarante hussards, conduit par M. de Goguelat, officier de l'état-major de l'armée; je reçus l'ordre écrit de la main du Roi, pour que toutes les troupes fussent à mes ordres sans considération de grade ni d'ancienneté; six blancs-seings du Roi, pour remplir selon ma volonté et les circonstances, me furent aussi remis. Le Roi avait eu un moment l'envie de me faire emmener Brunier, médecin des enfans de France, d'abord pour soigner la santé des enfans en cas de besoin, mais surtout par la crainte que sa femme, qui était du voyage, ne fît naître quelques soupçons au moment de son départ, par les inquiétudes qu'elle aurait sur son mari. Il fallait un prétexte pour emmener moi-même Brunier sans exciter de méfiance. La Reine pensait que je pouvais supposer mes enfans malades et leur conduire un médecin; mais ils étaient à Paris (1) et non à mon régiment; on prit alors le parti de laisser Brunier; et à sa place, il fut convenu que j'emmènerais un valet de chambre de la Reine, nommé *Léonard*.

(1) La bonté du Roi, qui se manifestait jusque dans les plus petits détails, lui fit prévoir les dangers que mes enfans pouvaient courir pendant mon absence, et il ordonna qu'un pavillon, à Marly, fût mis pour eux à ma disposition, et je les y fis conduire le jour de mon départ. (*Note du duc de Choiseul.*)

Le Roi n'emportant ni linge ni habits, ce qui aurait nécessairement mis diverses personnes de l'intérieur dans la confidence, je pourvus à ce qui était le plus nécessaire pour les premiers jours. M. *de Fersen* avait fait faire, pour le voyage, un frac brun et un chapeau rond pour le Roi; deux robes simples et deux chapeaux, l'un gris, l'autre noir, pour la Reine et Madame Elisabeth, et deux robes de petites filles, nouées sous le cou, pour M. le Dauphin et Madame.

Le Roi voulait avoir un habit uniforme pour mettre en arrivant à Montmédy; mais il fallait un prétexte pour en faire sortir un de ses armoires, sans que cela fût remarqué. Dans ce dessein, il parla d'une revue de la garde nationale qu'il voulait faire, en y mettant l'habit qu'il avait à Cherbourg. Sous prétexte de l'essayer, il ordonna le samedi matin, 18, qu'on le lui apportât, et le soir il en fit lui-même un paquet. Cet habit était rouge et brodé d'or; il me le remit avec des bottes et des souliers à boucles, ainsi que les diamans et les perles de Madame Élisabeth. Il y avait alors plus d'un danger à transporter la nuit quelque chose hors du château, mais rien n'est difficile au zèle.

La mauvaise santé de madame de Tourzel avait fait désirer à la Reine qu'elle consentît à rester, et elle lui avait proposé d'aller passer quelques jours à Issy. Madame de Tourzel s'y étant absolument refusée, il fut convenu qu'elle serait du voyage. La Reine avait, depuis quelque temps, engagé madame la comtesse d'Ossun à rester à Versailles, et à ne pas faire de service près d'elle; elle lui écrivit le lundi soir le billet suivant, pour lui être porté le mardi matin :

« Tous les devoirs réunis m'ont empêchée, » Madame, de vous avertir de notre départ. Je » risque pourtant à vous engager de me suivre, ne » fût-ce que pour n'être pas ici. Je vous assure de » mon inviolable amitié; Dieu veuille que nous » soyons bientôt réunies. »

Madame la duchesse de Fitz-James, dame du Palais, était à sa maison de campagne, et la Reine avait obligé madame de Tarente d'y aller.

Madame la princesse de Lamballe reçut dans la nuit un billet de la Reine; elle fit mettre sur-le-champ ses chevaux, partit pour Anet, et de-là à Boulogne d'où elle passa en Angleterre.

Le Roi écrivit aussi un mot le lundi soir à M. le duc de Brissac, pour lui être remis le lendemain à huit heures du matin par un valet de pied; ce billet lui fut même très-utile; car M. de La Fayette et M. Bailly étant entrés le lendemain à sept heures chez M. de Brissac qui dormait, il se leva aussitôt et monta avec eux par l'escalier du valet de chambre, entra chez le Roi, et trouva le lit défait et vide. Ils passèrent dans une seconde pièce où un secrétaire était ouvert, M. de Brissac en prit la clef; et quand il fut à la porte de communication qui conduit chez la Reine, il déclara qu'il n'irait pas plus loin, et qu'il fallait aller parler aux femmes de la Reine;

alors on repassa par leurs chambres, et on trouva les appartemens déserts.

En revenant dans la cour, M. de Brissac, autour duquel il y avait beaucoup de monde, reconnut un valet de pied, habillé de gris, qui lui fit un signe : il alla à lui, et reçut le billet dans lequel le Roi lui disait qu'il n'avait pu lui confier le secret de son voyage, non par défiance, mais par la loi qu'il s'était faite de ne le dire à personne, et l'invitait à venir le rejoindre quand il le pourrait. Ce billet fut sur-le-champ la preuve que M. de Brissac n'avait eu aucune connaissance du projet du Roi.

La Reine, qui avait toute confiance dans sa première femme de chambre, madame Thibaut, lui avait donné l'ordre de se rendre à Tournay et de revenir auprès d'elle à Montmédy dès qu'elle l'y saurait arrivée, en passant par Luxembourg.

Le Roi ni la famille royale n'emmenèrent aucun domestique; il avait, depuis long-temps, été convenu que, jusqu'à ce que les circonstances permissent que leur maison pût les joindre, j'aurais l'honneur de les recevoir; en conséquence, j'avais fait partir de Commercy tous mes bagages à la suite de la partie de mon régiment qui était censée aller à Mouzon; et je m'étais plu à rassembler depuis long-temps tout ce que je savais pouvoir être utile et agréable au Roi et à la Reine dans cette circonstance.

Le Roi, dans ces derniers momens, voulut bien encore me répéter que, pour éviter tous soupçons d'être influencé dans ses déterminations par le rassemblement qui se formait à Coblentz, il ne permettrait à personne de venir le joindre, et n'aurait près de lui, dans les premiers momens, que les princes ses frères. M. de Bouillé m'ayant positivement chargé de déclarer qu'il voulait être seul chargé du commandement des troupes, et ne pas être aux ordres de M. le maréchal de Broglie, le Roi le promit et m'assura qu'il n'appellerait près de sa personne, comme conseil, que M. le maréchal de Castries.

La résolution du Roi, de ne pas quitter le territoire français, était si bien connue de M. le marquis de Bouillé, que dans le nombre des instructions *secrètes*, et pour *moi seul*, qu'il me donna, il y avait : Que dans le cas de sa *mort subite*, le commandement se trouvait dévolu au plus ancien de ses trois maréchaux-de-camp, messieurs de Klinglin, d'Hofflize et Heyman (ce dernier lui était suspect comme ami de M. de Biron) (1); et qu'alors, si M. le maréchal de Castries n'était point encore arrivé, il m'ordonnait d'employer tous les moyens possibles pour décider le Roi à se rendre à Luxembourg.

Le projet du Roi était de donner, en arrivant à Montmédy, le bâton de maréchal de France à M. de *Bouillé*; mais on ne pouvait, sous aucun prétexte, en demander un au ministère de la guerre. Je proposai au Roi de lui prêter celui du feu maréchal de Stainville, mon beau-père. Le Roi approuva mon idée, et je le portai avec moi. J'avais, comme

(1) Voyez sa lettre, Pièces justificatives, n. XII.

je l'ai déjà dit, plusieurs blancs-seings du Roi; je lui demandai de permettre que l'un fût destiné à donner le régiment Dauphin-Dragons au comte Louis de Bouillé à qui le Roi voulait donner une marque de sa satisfaction. Je dis au Roi, qui avait bien voulu sur cela me demander mes idées, que le comte de Bouillé m'avait exprimé à Metz le désir d'avoir ce régiment qui était destiné à M. de Guibert, lieutenant-colonel, et le Roi approuva que celui-ci eût en place les Chasseurs de Champagne (1).

Le Roi me renouvela l'ordre formel d'empêcher toute imprudence, toute démonstration de forces inutiles, et qui pourraient troubler sa route et le faire reconnaître. Tout fut convenu pour le départ du lendemain au plus tard entre minuit et une heure, et il fut arrêté que le premier courrier, sur un cheval de selle, partirait à minuit, irait à Bondy, commanderait six chevaux de berline, trois de cabriolet, deux bidets, et attendrait l'arrivée de la voiture. La Reine ajouta que le lendemain, à une

---

(1) Je ne parle pas ici de tout ce que la bonté du Roi voulait faire pour moi; je refusai tout. Je n'avais d'autre désir que d'être son aide-de-camp, et je l'étais de fait; je n'ai jamais demandé ni grâces ni faveurs, et encore moins lorsqu'elles deviendraient le prix de ce que le devoir m'impose ou de ce que l'attachement m'inspire. On verra dans la suite de mes Mémoires que le Roi et la Reine, dans des circonstances même désespérées, pensaient toujours à moi, et que j'ai toujours refusé les promesses que leur bonté voulait souvent me faire. (*Note du duc de Choiseul.*)

heure après-midi, elle m'enverrait une lettre par son valet de chambre, *Léonard*, qui serait dans la plus complète ignorance. Je convins secrètement, avec le comte de Fersen, que si, à trois heures et demie après minuit, la voiture du Roi n'était pas à Bondy, ce retard prouvant, ou que le Roi aurait changé de résolution, ou qu'il n'aurait pu sortir, ou qu'il aurait été arrêté en sortant; alors, ce premier courrier prendrait un guide, viendrait sans s'arrêter jusqu'au Pont-de-Sommevelle me rejoindre, et je replierais et ramènerais tous les détachemens; que, dans le cas contraire, la voiture arrivant à Bondy, le courrier prendrait l'avance dont nous étions convenus, afin de gagner successivement une heure et demie sur la voiture, de manière que le second courrier arrivant aussi trois quarts d'heure avant elle, le premier courrier partît aussitôt qu'il verrait le second.

Je me rappelle que, parmi tant d'autres détails qu'il serait inutile de rapporter, il me fut dit que, si des circonstances imprévues obligeaient à proclamer la présence du Roi, MM. les gardes-du-corps désiraient alors courir leur épée au côté au lieu de couteau de chasse; cette observation n'eut pas de suite.

Dans les suppositions les plus rigoureuses du temps convenable, et en donnant toute la latitude nécessaire, nous calculâmes que la famille royale arriverait à Montmédy au plus tard à cinq heures du matin, le mercredi; que le reste de cette journée serait consacré à son repos; que le lendemain jeudi, jour de la Fête-Dieu, le Roi, la Reine et sa famille descendraient au camp; qu'ils y entendraient la messe militaire, la troupe sous les armes; et qu'après le service divin, avant de passer la revue de l'armée et après en avoir formé un bataillon carré, le Roi donnerait le bâton de maréchal à M. le marquis de Bouillé, aux acclamations des troupes et au milieu de l'enthousiasme général.

Je laissai par écrit une instruction dont j'ai encore la minute, relative au chemin que le Roi devait parcourir, et à toutes les petites précautions connues des personnes qui ont l'habitude des voyages.

La route avait été calculée plusieurs fois par M. de Goguelat et aussi par moi, et tous les résultats étaient qu'une berline à six chevaux, donnant trente sous de guide (1), devait aller de Paris à Châlons, par Montmirail, en treize heures au plus.

---

(1) A cette époque le prix des chevaux de poste était de vingt-cinq sous, et les personnes qui payaient bien les postillons leur donnaient vingt-cinq sous de guide; nous pensâmes que donner trente sous était, pour des voyageurs *ordinaires*, une manière de payer plus généreuse.

Le Roi seul, dans ses voyages, donnait un écu de guide par poste, et il fut très-recommandé à celui des courriers qui payait, de ne pas dépasser les prix ci-dessus, pour éviter les remarques, et de donner seulement des pour-boires lorsque les postillons l'auraient mérité par un service plus rapide.

Il paraît que les courriers ont donné un écu, et jamais voiture n'a été plus mal. (*Note du duc de Choiseul.*)

Je recommandai surtout que, pour gagner plus d'une demi-heure, le courrier fît amener les chevaux de La Ferté à la croisée du chemin devant l'auberge du *Grand-Condé*, où, de tout temps, on les faisait venir, en donnant pour boire au postillon. Par ce moyen, on évitait d'entrer dans la ville de La Ferté, et d'y aller fort loin chercher la poste, pour revenir ensuite, par le même chemin, reprendre à cette croisée le chemin de *Bussières*; c'était une différence bien importante, quand chaque minute épargnée pouvait éviter de grands maux; mais rien de ce que j'avais prescrit ne fut exécuté.

Je recommandai très-particulièrement que, sous aucun prétexte, le premier courrier ne fût chargé d'autre chose que de commander les chevaux, et surtout ne les payât pas; le paiement devant être fait par celui qui était sur le siége de la voiture (1). Enfin, cette instruction était rédigée avec le soin le plus minutieux; rien n'y était oublié, et j'y étais entré dans des détails qui attestaient l'inquiétude où j'étais de ne voir avec le Roi personne qui eût l'habitude des voyages, et qui, par sa prépondérance et sa résolution, pût lever les obstacles que

(1) On lit, dans un récit que M. de Valory a fait imprimer en 1815, que c'est lui-même qui a toujours été le premier courrier; qu'il payait les postillons, leur donnait un écu de guide, causait à la portière; qu'enfin tout roulait sur lui. Ainsi il est bien démontré qu'à peine pouvait-il précéder la voiture de plus d'un quart d'heure. (*Note du duc de Choiseul.*)

l'on ne pouvait prévoir. Enfin, le Roi partant même à une heure du matin, devait être au plus tard à trois heures après-midi au Pont-de-Sommevelle, et le premier courrier le précédant d'une heure, devait y être à deux heures. Que l'on me pardonne la répétition de ces détails, mais ils sont essentiels pour juger les causes du plus malheureux résultat.

Je vais maintenant faire connaître les dispositions extérieures.

Le Roi et M. de Bouillé avaient varié sur le choix de la route; M. de Bouillé avait désiré que le Roi, pour se rendre à Montmédy, passât par Reims, route plus courte, plus directe, et, par conséquent, la plus naturelle. Par ce chemin, il n'y a que soixante-deux lieues de Paris à Stenay au lieu de soixante-cinq; mais le Roi ayant été sacré à *Reims*, et craignant d'y être reconnu, préféra, pour cette raison, la route de Châlons.

Dans les premières discussions de ce projet, le Roi avait témoigné le désir d'avoir des relais et des détachemens depuis Montmirail; mais M. de *Bouillé* pensa, avec juste raison, que ces relais et ces détachemens, dispersés sur la route, étaient contraires à l'incognito ordonné positivement par le Roi, et pouvaient nuire ainsi à la tranquillité si recommandée et si nécessaire.

D'ailleurs, M. de Bouillé ne commandait pas au-delà des Trois-Évêchés; son territoire ne dépassait pas Châlons; il ne pouvait, au-delà, disposer d'aucune troupe. C'est alors que l'on sentit encore davantage le malheur de ne plus avoir M. de Latour-Du-Pin au ministère de la guerre, et d'y avoir M. Du Portail. M. de Bouillé connaissait trop bien l'esprit du moment, la vigilance de chaque autorité locale, et l'inquiète surveillance des clubs, pour n'avoir pas éprouvé un véritable chagrin de l'insistance du Roi de vouloir quelques détachemens jusqu'aux portes de Châlons, sous le prétexte, si mal choisi, du passage d'un prétendu trésor; prétexte d'autant plus déplorable, que, parmi les calomnies dont on noircissait la Reine, on disait qu'elle faisait passer de l'argent à l'Empereur son frère. D'ailleurs, ce nom de *trésor* éveillait l'attention, pouvait avoir divers sens, rappelait naturellement une chose précieuse, et devait, par cela même, reporter toutes les pensées sur la famille royale.

Il fut donc décidé qu'à partir de Bondy, le Roi irait en poste; qu'à Varennes, seul endroit où il n'y eût pas de poste établie, on placerait des relais; et qu'après Châlons il y aurait des détachemens stationnés. Je remis l'état de ces détachemens ainsi que le nom des officiers, et j'y ajoutai l'état des cantonnemens dont voici les dispositions :

Sous prétexte de couvrir la Meuse du côté de *Stenay* et de *Mouzon*, M. le marquis de Bouillé avait publiquement annoncé, depuis quelque temps, qu'il allait y porter une quantité suffisante de troupes; le même prétexte lui fournit le moyen d'y établir des magasins. Il fit partir, au commencement de juin, deux cents hussards du régiment de Lauzun, qui était en garnison à Toul; il en mit cent à Dun et cent à Varennes; ces derniers commandés par M. Deslon, capitaine, M. Boudet, lieutenant, et Rottwell, sous-lieutenant. Il donna les ordres au régiment de *Monsieur-Dragons*, commandé par le comte Charles de Damas, de partir de Saint-Mihiel, le 19 juin, pour coucher à Heppe; de coucher le lundi 20 à Clermont, et d'y avoir séjour. Un détachement de cent dragons, du régiment Royal, dont j'étais colonel, eut ordre de partir de Commercy, pour se trouver le 18 à *Saint-Mihiel*, le 19 à *Heppe*, le 20 à *Clermont*, et ce détachement y fut divisé en deux. L'un, de quarante dragons, commandé par MM. Dandoins, capitaine, et de Lacour, lieutenant, fut envoyé à *Sainte-Ménehould* le 21, toujours sous le prétexte d'attendre le trésor. Les soixante autres dragons, sous le commandement de MM. Saint-Didier, capitaine, Campagno, Laboulaye et Dupin, sous-lieutenans, sous les ordres immédiats de M. de Damas, furent placés, d'après ses ordres, au village d'Auzeville, à près de trois quarts de lieue de Clermont, et absolument écartés de la route.

MM. de Damas et Dandoins étaient les seuls officiers qui eussent été mis dans la confidence. M. de Bouillé partit de Metz après en avoir fait sortir le régiment suisse de Castella; il avait précédemment placé à Montmédy deux escadrons des chasseurs de Champagne, commandés par M. le chevalier Duplessis, lieutenant-colonel, et le régiment de Nassau, infanterie, par le comte Hamilton; Royal-allemand, commandé par M. de Mandel, alors lieutenant-colonel, était à Stenay; le 2e escadron de Chamborrand hussard, commandé par M. le comte de *Bosen*, était près de Montmédy. Les autres troupes sur lesquelles on pouvait compter, tant suisses qu'allemandes et autres, avaient reçu leurs ordres de départ pour se rassembler au camp de Montmédy. M. de Bouillé partit donc de *Metz* pour visiter cette frontière, emmenant avec lui le général Heyman dont tout le monde se méfiait, et qui ignorait tout. Il se rendit à *Stenay* le 20, y ayant donné rendez-vous à MM. de *Klinglin* et d'*Hofflize*, officiers-généraux employés dans cette partie.

En partant, M. de Bouillé dit à sa maison, qu'il laissa à Metz, de l'attendre le 22 au soir, et il invita du monde à souper pour ce jour.

Il donna ordre à M. de Goguelat, auquel il avait remis plusieurs blancs-seings, afin qu'il pût composer son détachement comme il voudrait, de prendre à Varennes un détachement de quarante hommes, d'en partir le 20 pour aller coucher à Sainte-Ménehould, et de se trouver, mardi 21, au Pont-de-Sommevelle, où il me trouverait et me remettrait un paquet contenant les ordres du général. M. de Bouillé m'avait dit à Metz qu'il lui donnerait l'ordre de partir de sa personne du Pont-de-Sommevelle dès que le premier courrier du Roi y serait arrivé, et de venir l'en avertir le plus vite possible, ainsi que le chevalier de Bouillé, son fils cadet, qu'il avait envoyé à

Varennes pour commander les hussards, et qu'il avait fait accompagner de M. de Raigecourt. Pour assurer pleinement l'exécution d'un ordre si important, M. de Bouillé, dans sa conversation, prévit le cas où le détachement de M. de Goguelat, par des circonstances imprévues, serait obligé de changer sa position et même de s'éloigner de Sommevelle. M. de Goguelat devait alors tâcher d'y demeurer de sa personne, se déguiser s'il le fallait, se placer dans les environs, y rester et n'en partir qu'à la dernière extrémité pour se rendre près de lui, en passant toujours par Varennes; et à cet effet, il me dit que M. de Goguelat aurait des relais de quatre lieues en quatre lieues. Ces petits détails sont d'autant plus nécessaires à rapporter que de la stricte exécution de cette partie des ordres dépendait, selon M. de Bouillé, le succès du voyage du Roi.

Il est bon aussi de faire observer qu'en prévoyant le cas où le Roi serait arrêté à Châlons, M. de Bouillé m'avait donné l'ordre, qui me fut renouvelé par M. de Goguelat, de me porter sur-le-champ aux portes de cette ville avec mes quarante hussards, d'envoyer avertir, pour les faire avancer sur moi, le détachement de Sainte-Ménehould, le régiment de *Monsieur* à Clermont, et successivement tous les corps jusqu'à M. de Bouillé qui, ce jour-là, devait se porter en avant. Cette circonstance ne s'est pas présentée, mais il est évident que l'exécution de cet ordre aurait été impossible : aurais-je pu, avec quarante hussards, attaquer une grande ville où il y avait une forte garde nationale et du canon, et donner à M. de Bouillé, qui était à vingt-cinq lieues de-là, le temps de venir, tandis que ni lui ni ses troupes ne purent jamais arriver quand le Roi fut arrêté à huit lieues de son quartier-général?

D'ailleurs on pouvait bien prévoir que, pendant que j'attaquerais la ville de Châlons par une porte, on ferait partir le Roi, pour Paris, par l'autre. Je ne fais ces simples remarques que pour la plus parfaite fidélité historique.

Les ordres précis du Roi et de M. de Bouillé étaient donc de faire garder à S. M. le plus parfait incognito jusqu'au dernier moment, de laisser passer la voiture devant les détachemens sans faire le moindre signe de reconnaissance, et de ne rompre l'incognito du Roi que quand il n'y aurait plus moyen de le conserver.

M. de Goguelat arriva donc à Varennes; en exécution des ordres de M. de Bouillé, il s'informa de la force publique de ce bourg: on lui dit qu'il n'y avait que soixante fusils, et on le trompa, car il s'en trouva plus de six cents au moment de l'arrestation du Roi. Ayant des ordres en blanc dont il pouvait disposer, et se méfiant du capitaine *Deslon*, sur lequel M. de Bouillé, trompé lui-même, lui avait donné des notions injustes, il lui donna l'ordre, par écrit, d'aller à *Dun* attendre M. de *Bouillé*. Ayant aussi la liberté de choisir le détachement qu'il voudrait, il prit avec lui quarante hussards commandés par M. *Boudet*, lieutenant, et laissa à

Varennes soixante hussards qui y restèrent sous le commandement de M. *Rottwell*, sous-lieutenant, M. le chevalier de Bouillé, fils cadet du général, ne devant y arriver que le 21 au matin. M. de Goguelat partit donc le 20 avec son détachement; il vit en passant M. de Damas avec lequel il dîna à Clermont, et alla coucher à Sainte-Ménehould où il fut obligé de voir et de chercher à calmer les officiers municipaux inquiets de tous ces mouvemens de troupes.

Il était entré dans la ville sans faire sonner son trompette selon l'usage; il fut aussi quelque temps sans porter l'ordre de marche dudit détachement à l'Hôtel-de-Ville; cette manière inusitée et mystérieuse fut remarquée, elle déplut, et des groupes de peuple se portèrent à son auberge pour s'informer de ce qu'il venait faire. Une autre circonstance nuisit encore : M. de Goguelat avait amené sa voiture en poste, et ne voulant pas la garder, il loua des chevaux à son auberge pour la renvoyer à Varennes. Le maître de poste, jaloux de ce profit, vint faire une scène au maître de l'auberge; M. de Goguelat le calma comme il put, et la voiture partit (1); mais cette scène donna une humeur violente à la maison de poste, et toutes ces choses réunies rendirent les habitans de la ville si ombrageux, que la municipalité distribua (ce qui n'était

(1) Voir, dans les Pièces justificatives, n. V, le Rapport du sieur Lagache.

jamais arrivé) quatre cents fusils, et commanda cinquante hommes de garde nationale qui vinrent prendre poste à côté du piquet de *royal-dragons;* ce piquet fut remplacé par les hussards le 21 au matin; mais quand ceux-ci voulurent partir pour aller au Pont-de-Sommevelle, on fut un moment dans l'incertitude, tant la défiance contre les troupes était augmentée, si l'on ne serait pas obligé d'employer la force pour sortir de Sainte-Ménehould; les habitans paraissaient du moins décidés à empêcher ce détachement de rentrer dans la ville à son retour; cela explique parfaitement la résistance et même le refus que j'éprouvai de M. de Goguelat et de M. Boudet pour repasser dans la ville, et la nécessité où je me trouvai de prendre la traverse pour regagner *Varennes.*

Dans les dispositions particulières que j'avais faites, relativement à moi, j'avais envoyé un cheval de selle à Sainte-Ménehould, un à Clermont, les autres à Varennes avec mes bagages qui passaient ce jour-là pour se rendre à la prétendue garnison, et je m'étais fait amener, au Pont-de-Sommevelle, un cheval de selle par le sieur Aubriot, maréchal-des-logis dans mon régiment, et à qui, comme je l'ai déjà dit, j'avais fait prendre un habit de garde national.

Les équipages que j'avais à Varennes consistaient en six forts et bons chevaux de carrosse, qui menaient un fourgon et qui devaient être attelés à la voiture du Roi; outre cela deux chevaux de cabriolet pour mener celui où étaient les femmes de chambre, et des chevaux de selle parmi lesquels il y en avait deux que le Roi pouvait monter. Le billet que j'avais laissé à M. le marquis de Bouillé, en partant de Metz pour Paris, lui donnait la facilité de disposer de ces équipages et de les placer où il jugerait convenable.

Telles furent nos conventions quand je partis de *Metz;* et malgré une espèce d'anxiété involontaire que me causait *Varennes,* parce qu'il n'y avait pas de poste aux chevaux, je fus fort aise de voir confier ce poste au fils du général, pensant bien que ce ne serait pas l'endroit le plus négligé; j'avais désiré que ce fût M. de Bouillé l'aîné qui y fût placé, mais M. son père en avait besoin pour l'expédition de ses ordres, et d'ailleurs comment s'arrêter à la pensée que le danger viendrait de ce bourg à six lieues de la frontière, au milieu de toutes les troupes et si près du général?

Revenant aux arrangemens du départ, M. de Fersen avait trois chevaux et un cocher allemand exact et fidèle. Il acheta un quatrième cheval pour mener la voiture à quatre chevaux; il m'informa qu'à onze heures du soir cette voiture serait conduite à vide par son cocher de chez madame Sulivan, et par les boulevards extérieurs jusqu'à la barrière Saint-Martin; que les deux femmes de chambre dans un cabriolet, avec deux chevaux de louage, se rendraient à Bondy; que lui, comte de Fersen, avec deux chevaux qu'il mènerait lui-même et une voiture de remise à quatre places, conduirait en cocher la famille royale jusqu'à cette barrière où, laissant là cette voiture de remise, et montant sur le siége de la voiture du Roi, ayant son cocher en postillon, il la conduirait jusqu'à Bondy où l'on prendrait la poste. Il devait alors, sur le cheval que le garde-du-corps aurait amené à Bondy, gagner le *Bourget* par la traverse; y trouver sa voiture, et, passant par le Quesnoy, venir à Bruxelles; ce qu'il a exécuté.

Le Roi, pour assurer sa sortie des Tuileries, avait fait précédemment quelques dispositions. La Reine s'était fait donner la clef de l'appartement qu'occupait ordinairement le premier gentilhomme de la chambre, et qui était vacante depuis le départ de tous ces messieurs; cette clef était dans les mains de madame Rochereul qui était un sous-ordre de son intérieur, et très-liée, disait-on, avec M. de Gouvion. Il est prouvé que celui-ci sut par elle différens détails capables de fortifier les soupçons d'un projet de départ, soupçons déjà conçus par plusieurs chefs, soit de la municipalité, soit de la garde nationale. Ce qu'il y a de certain, c'est que l'on vit, à cette époque, augmenter les précautions; les postes et les patrouilles furent souvent doublés; M. de Gouvion fit même faire des patrouilles d'officiers, et M. de La Fayette, à ce qu'il prétendait, recevait journellement des avis sur ce plan d'évasion.

Le Roi et la Reine parlaient souvent de ces bruits

aux officiers nationaux de garde auprès d'eux; on s'est plu dans le temps à répandre que M. de La Fayette connaissait ce départ, et qu'il n'y avait point mis d'obstacles afin d'avoir le plaisir ou la vengeance de faire arrêter et ramener le Roi; mais je dois à la vérité d'assurer qu'il n'avait, comme les autres, que des soupçons vagues; j'en ai des preuves certaines, et d'ailleurs la suite de ce récit ne laissera aucun doute à ce sujet. Je tiens de la Reine elle-même que, quand elle traversa le Carrousel à pied pour aller joindre la voiture, elle vit celle de M. de La Fayette; elle eut même la fantaisie, avec une badine qu'elle tenait à la main, de chercher à toucher les roues de la voiture; effectivement M. de La Fayette allait chez un député, M. Emmery; il alla ensuite à la Mairie dire un mot à M. Bailly pour quelques objets de police, et de-là il rentra chez lui. Un autre fait qui mérite aussi d'être rapporté, c'est que dans cette nuit du départ, M. Liautaud, de Marseille, alla trouver M. Dandré le député, à minuit, pour lui communiquer ses craintes sur le départ du Roi. Le portier ayant refusé de lui ouvrir la porte, il revint à six heures, fit éveiller M. Dandré, et lui dit, comme un fait certain, que le Roi était parti; il avait reçu cet avis dans une maison de jeu. M. Dandré s'habilla à la hâte, et ils coururent l'un et l'autre chez M. de La Fayette qu'ils réveillèrent; il croyait si peu à cet événement qu'on put à peine le décider à le vérifier. Ils allèrent cependant tous les trois à la Mairie, à six heures trois quarts, y prirent M. Bailly, se rendirent au château à sept heures, et étant descendus à l'appartement du duc de Brissac, qui lui-même ne se doutait de rien, ils le réveillèrent.

Le projet étant donc arrêté définitivement et tout étant prêt, on ne songea plus qu'à le mettre à exécution.

Le Roi, devant partir à minuit, avait décidé de me faire partir dix heures avant lui, et il était convenu que la Reine m'enverrait son valet de chambre, *Léonard*, un peu avant deux heures avec une lettre d'elle, et en lui donnant l'ordre de faire tout ce que je lui dirais. Mes chevaux étaient prêts, et je n'avais à ma porte qu'un seul de mes gens qui croyait que je m'en retournais à Metz. Je venais d'en envoyer un en avant à Bondy, sur un cheval de selle, et j'attendis *Léonard.*

Il arriva effectivement chez moi à deux heures, un chapeau rond sur les yeux, une grande redingote par-dessus son habit, et me remit une lettre très-longue de la Reine qu'elle m'ordonnait de brûler. Elle avait ajouté à la fin : *J'ai ordonné à mon valet de chambre de vous obéir comme à moi-même; je lui renouvelle encore ici cet ordre.*

Après l'avoir bien relue et méditée, je dis à Léonard : *Qu'est-ce que la Reine vous a dit? — Elle m'a fait appeler à une heure un quart, un peu avant de se mettre à table avec le Roi. Le Roi était à causer dans une embrâsure de fenêtre avec Madame Élisabeth; M. le Dauphin et Madame jouaient ensem-*

ble. La Reine, appuyée contre la cheminée, me dit, à voix basse: « Léonard, je puis compter sur vous?
» *—Ah! Madame, disposez de moi, je vous suis dé-*
» *voué.—Je suis aussi bien sûre de votre attachement.*
» *Voilà une lettre, portez-la au duc de Choiseul,*
» *rue d'Artois; ne la remettez qu'à lui; s'il n'était*
» *pas rentré, il serait chez la duchesse de Gram-*
» *mont. Mettez une redingote et un grand cha-*
» *peau rond pour n'être pas reconnu; obéissez-lui*
» *exactement comme à moi-même, sans réflexions*
» *et sans la moindre résistance.* » *La Reine avait beaucoup d'émotion en me parlant, et ajouta:* « *Allez*
» *vite, et dites-lui mille et mille choses de ma*
» *part.* » *Je suis allé sur-le-champ,* ajouta-t-il, *prendre cette redingote et ce chapeau, et je me rends aux ordres de la Reine.*

Vous êtes bien convaincu, lui dis-je, *que l'intention de la Reine est que vous fassiez tout ce que je vous dirai? — Oui, Monsieur. — Lisez encore ces dernières lignes qui en renouvellent l'ordre.* Il les lut, et me dit: *Monsieur, je n'en avais pas besoin.* Alors, prenant une bougie, je brûlai la lettre.

Cet homme me regardait et ne savait trop ce que cela voulait dire. Mon portier entra, m'avertit que ma voiture était prête. *Descendons*, dis-je à Léonard, *je vais vous mener très-vite à quelques lieues de Paris pour remplir une commission particulière. — Monsieur, comment vais-je faire? J'ai laissé ma clef à ma porte au château; mon frère ne saura pas ce que je suis devenu, et j'ai promis à madame de l'Aage de la coiffer, elle m'attend; mon cabriolet est dans la cour des Tuileries pour m'y conduire. Mon Dieu! comment arranger tout cela?*

Je l'assurai, en riant, que tous les ordres étaient déjà donnés pour que son domestique se tranquillisât et eût soin du cheval, et aussi pour que son frère ne fût pas inquiet; qu'il coifferait *madame de l'Aage* un autre jour. Tout en disant cela, je le fis monter dans la voiture, j'en baissai les stores pour traverser les rues parallèles aux boulevards, et nous voilà, allant très-vite, sur la route de Bondy.

Arrivé à Bondy, où les chevaux de poste étaient prêts, je continuai mon chemin sur Meaux. L'étonnement de Léonard augmentait à chaque instant; et, pour le distraire de ses réflexions, le moment de l'instruire n'étant pas encore venu, je lui parlais de l'intérieur de la maison domestique de la Reine, des femmes attachées à son service; il revenait toujours à ses inquiétudes sur sa clef, sur son domestique, sur la coiffure de madame *de l'Aage*, et ne cessait de répéter: *Mais, Monsieur, où allons-nous donc?* Ce fut bien pis quand nous eûmes passé Claye, et qu'il vit que j'allais au-delà de Meaux. Alors je pris un air très-sérieux, et lui dis: *Ecoutez-moi, Léonard, ce n'est point dans une maison voisine de Paris que je vous mène, c'est sur la frontière, dans un lieu voisin de mon régiment; je dois y trouver une lettre de la plus haute importance pour la Reine; ne pouvant la lui remettre moi-même, il fallait quelqu'un de sûr pour la lui envoyer; elle vous a choisi, comme étant, par votre dévouement, le plus digne de cette confiance.*

Oh! Monsieur, sûrement je m'en rendrai digne; mais comment reviendrai-je; vous le voyez, je suis en bas de soie blancs, culotte de soie; je n'ai ni linge, ni argent; mon Dieu! comment faire?....

J'ai dans ma voiture, bottes, habits, linge, argent, tout ce qui vous sera nécessaire, et rien ne vous manquera. Alors il ne fut plus occupé que des moyens de bien remplir sa commission; de son bonheur d'en avoir été jugé digne, et de son dévouement pour la Reine qui méritait, par sa bonté, que chacun se sacrifiât pour elle.

Avant *Montmirail*, je dis à mon courrier que je coucherais à la poste, et de nous y faire préparer à souper. J'avais en cela plus d'un motif; je pouvais de cette manière n'arriver au Pont-de-Sommevelle que le mardi un peu avant midi, et le prétexte d'y dîner me permettait d'y rester le temps que je voudrais sans que cela parût extraordinaire; au lieu qu'en courant la nuit et y arrivant de grand matin, je serais obligé d'y rester huit ou dix heures, ce qui serait peu naturel, n'étant qu'à trois lieues de distance de Châlons où tous les voyageurs s'arrêtent. D'ailleurs par ce même arrangement, et en partant de *Montmirail* à quatre heures du matin, je restais plus rapproché de la voiture du Roi, et un courrier pouvait me joindre plus promptement en cas de malheur.

Après le souper, nous nous couchâmes. On doit présumer que ce n'était pas pour dormir, d'après la distance où je devais me trouver du premier courrier, si rien n'avait dérangé les mesures arrêtées; je calculai qu'à partir d'une heure chaque minute le rapprochait de moi. J'avais commandé les chevaux pour quatre heures; la chambre où nous logions à la poste, était au-dessus de la porte d'entrée; à trois heures j'entendis un grand coup de fouet et une voiture qui s'arrêtait, je courus à la fenêtre et je vis dans un cabriolet deux personnes en redingote de garde national, et qui demandaient des chevaux avec instance. Cet empressement, cet habit me donnèrent des soupçons; j'appelai mon domestique et lui dis de faire atteler rapidement mes chevaux dès que les deux voyageurs seraient partis, mais sans se montrer jusqu'alors. J'éveillai *Léonard,* et nous étant couchés habillés, nous fûmes prêts sur-le-champ. J'arrivai à la poste en même temps que ces deux messieurs. Nous marchâmes ensuite de conserve, mais, comme entre Étoge et Chaintry ils coupèrent par un chemin de traverse qui va du côté de Jalons ou d'Épernay, ils mirent fin aux craintes que j'avais d'abord conçues. J'appris que c'étaient deux particuliers qui avaient une habitation dans ces contrées, et qui venaient de la Ferté. Tranquille alors sur cet objet, je continuai ma route, je traversai Châlons. Il était dix heures, et tout y était fort tranquille; j'arrivai à onze au Pont-de-Sommevelle. Un peu auparavant je parlai ainsi à Léonard : *Il est temps de vous dire la vérité, votre probité et votre honneur me sont connus ; le choix que le Roi et la Reine ont fait de vous, exclusivement à tout autre, en est la preuve. Vous êtes dévoué à vos maîtres ? — Pour la vie, Monsieur ; je la donnerais pour eux. — Je le crois, eh bien ! dans deux heures ils seront ici. — Oh Dieu ! cela est-il possible ? — Oui* (cet homme fondit en larmes), *oui, ils seront ici avec les enfans, avec Madame Élisabeth ; ils vont à Montmédy, ils seront sauvés ! !.... Calmez-vous, songez que le plus léger indice, que la moindre émotion peuvent tout perdre, séchez vos larmes, rassurez votre cœur, nous allons arriver à Sommevelle ; nous y resterons ; un détachement de hussards va y arriver dans peu de momens, je lui ferai donner une halte ; nous allongerons le dîner le plus possible afin d'avoir un prétexte de rester. Songez à avoir l'air bien tranquille.* Ce bon serviteur était dans l'état le plus touchant, je le calmai. Nous arrivâmes devant la porte de la maison de poste ; j'y trouvai M. *Aubriot* avec mes deux chevaux de selle ; je passai dans une chambre pour prendre mes habits uniformes.

Les hussards n'étaient pas encore arrivés, mais ils parurent une heure après, et M. *de Goguelat* entra dans la chambre où je m'habillais ; il me remit un gros paquet de la part de M. le marquis *de Bouillé* ; Il y avait des ordres en blanc, et un double de l'ordre formel du Roi à tous officiers, de quelque grade et ancienneté qu'ils fussent, de m'obéir.

Revenons maintenant à la sortie du Roi des Tuileries.

Dans la cour des Princes (1), à l'angle à droite du pavillon de Flore, est le grand escalier qui mène chez la Reine ; à gauche, près des deux sentinelles, garde national et Suisse, est une petite porte qui mène chez madame de Tourzel, ainsi qu'à un petit escalier intérieur qui conduit chez le Roi. Au milieu de la cour est un perron qui conduit à une porte vitrée ; c'est la porte de l'appartement où demeurait le premier gentilhomme de la chambre d'année, et dont j'ai déjà dit que la Reine s'était fait remettre la clef, sous prétexte d'y loger sa première femme de chambre, et en effet elle y loge maintenant ; et, pour disposer cette chambre à ce service, la Reine y avait fait ouvrir une porte de communication qui donnait chez elle. C'est par cette porte que la famille royale sortit, mais chaque personne séparément et à distance l'une de l'autre. Cette porte était d'autant plus commode qu'elle n'était pas gardée ; la sentinelle qui était au bas de l'escalier de la Reine ne se promenait pas jusque-là, et restait sous la voûte ; il n'y avait donc que les portes des cours donnant sur le Carrousel qui fussent embarrassantes, mais le grand mouvement qui suivait toujours le coucher du Roi facilitait la sortie, surtout quand elle était individuelle.

---

(1) Depuis ce temps les distributions ont tout-à-fait changé ; il faut songer que ceci a été écrit en 1791.

Le Roi fit son coucher à l'ordinaire, vers onze heures; il avait donné ses ordres, ainsi que la Reine, de tenir les voitures prêtes pour leur promenade du lendemain; tous les ordres nécessaires avaient été donnés pour la procession du jeudi suivant, jour de la Fête-Dieu, à laquelle ils devaient assister.

Les gardes-du-corps courriers avaient eu ordre de se trouver à un endroit indiqué d'où ils furent conduits chez le Roi; ils y reçurent leurs instructions. Le comte de Fersen donna l'ordre à son cocher de prendre, avec ses quatre chevaux, la voiture qui était chez madame Sullivan, à la barrière de Clichy, et de la conduire, par le nouveau chemin extérieur, un peu en avant de la barrière Saint-Martin; en même temps, montant sur le siége d'une voiture de remise attelée de deux chevaux qu'il conduisit lui-même, il vint se placer devant la porte d'une maison dans le passage du Grand-Carrousel au Petit-Carrousel, presque en face de Ronsin le sellier, comme l'aurait fait la voiture de quelqu'un en visite (1).

Madame de Tourzel, avec M. le Dauphin et Madame, sortirent les premiers et furent se placer dans cette voiture, où ils attendirent à peu près

(1) A cette époque le Petit-Carrousel existait encore, et deux maisons étaient bâties contre le mur de la cour Marsan: celle de madame de Brionne et celle de la duchesse de La Vallière.

une heure la famille royale. M. le Dauphin était assis sur la cave, et depuis il nous a dit qu'il avait eu l'idée, en se voyant ainsi caché, que c'était pour le soustraire à des gens qui voulaient le tuer. Pendant cette heure d'attente, il n'est pas aisé de décrire ce que souffrait madame de Tourzel, sans parler du danger qu'elle courait si elle eût été arrêtée seule avec les enfans de France.

Madame Élisabeth sortit donnant le bras à un de ses écuyers (M. de Saint-Pardoux), elle vint s'asseoir sur un banc devant la maison de madame la duchesse de La Vallière. La Reine qui était déjà venue deux ou trois fois sur le bord de la porte vitrée, pour voir s'il n'y avait personne, sortit, donnant le bras à l'un des deux gardes-du-corps; car il ne faut pas oublier que l'un des trois était ou devait être déjà parti sur le cheval de selle, pour aller commander les chevaux à Bondy.

M. de Fersen, déguisé en cocher, avait l'air de se promener autour de la voiture, comme un homme qui regarde ses chevaux. En passant devant le banc où était Madame Élisabeth, il prononça ces mots à voix basse : *On vous attend.* Soit qu'elle ne l'entendît point, ou qu'elle craignît de se tromper, elle resta sur le banc; les mêmes mots lui furent répétés à un second tour, alors elle se leva et alla se placer dans la voiture.

Il ne manquait plus que le Roi; enfin, il arriva, après s'être fait attendre quelque temps, donnant le bras à l'un des gardes-du-corps (1). Aussitôt les deux gardes, vêtus en redingote, montèrent derrière comme des domestiques. M. de Fersen monta sur le siége, la voiture partit; il pouvait être alors une heure moins un quart.

M. de Fersen, inquiet que son cocher eût bien exécuté les ordres, et que la voiture fût effectivement partie de la rue de Clichy, et ne voulant pas risquer d'aller jusqu'à la barrière pour n'y rien trouver peut-être, prit le parti de suivre le même chemin qu'il avait indiqué à son cocher, en passant d'abord devant la maison de madame Sullivan. Il prit donc la rue de l'Échelle, les rues Sainte-Anne, de Grammont, de la Chaussée-d'Antin, enfin la rue de Clichy. Le Roi qui connaissait parfaitement Paris, et qui ne pouvait savoir alors les

---

(1) Il m'a été dit depuis, que le Roi, pour sortir de sa chambre, après son coucher, ne voulant pas mettre dans sa confidence le valet de chambre qui couche près de lui, était sorti de son lit pendant que ce valet de chambre se déshabillait dans la pièce voisine, et qu'en passant par de petits cabinets, il avait gagné l'appartement de la Reine, où il trouva tout ce qui lui était nécessaire pour s'habiller; on ajoutait que le valet de chambre, rentrant tout doucement pour ne pas éveiller le Roi, avait attaché, comme à l'ordinaire, au drap du lit, le ruban qu'il attachait à sa main toutes les nuits afin que le Roi eût deux moyens de l'éveiller, celui de l'appeler et celui de tirer ce ruban. Je ne sais si cette anecdote est vraie, ou si on l'a composée dans le temps pour ne pas compromettre le valet de chambre. J'ai toujours oublié de le vérifier. (*Note du duc de Choiseul.*)

motifs de M. de Fersen, fut long-temps persuadé qu'il s'était trompé de chemin, d'autant que ce détour fit perdre plus d'une demi-heure. Quand M. de Fersen eut dépassé de quelques pas la maison de madame Sullivan, il s'arrêta, descendit de son siége, courut à la maison, et demanda au portier si la voiture était partie; il apprit qu'elle l'était; et alors, remontant très-vite sur le siége, il se remit en marche. Le Roi ne concevait pas ce que tout cela voulait dire; enfin, ils arrivèrent en avant de la barrière Saint-Martin, où ils trouvèrent la voiture dans un endroit un peu écarté. Et pendant que le Roi et sa famille y montaient, le comte de Fersen retourna la voiture de remise dans la direction de Paris, la versa dans un fossé où elle fut retrouvée le lendemain; remonta alors sur le siége de la voiture à quatre chevaux, où était la famille royale, le cocher en postillon, et fut grand train jusqu'à Bondy. Et là, dès qu'il eut vu les chevaux de poste attelés, il gagna le Bourget par la traverse, sur le cheval amené par le garde-du-corps, ainsi que je l'ai expliqué plus haut.

Tous ces retards firent que le Roi ne put guère partir de Bondy avant deux heures trois quarts. Le peu d'activité des courriers pour faire aller les postillons, leur peu d'habitude de ce genre de voyage, la longueur du temps employé à relayer, parce que les chevaux n'étaient jamais prêts, enfin, mille petits inconvéniens réunis, causèrent un retard considérable, et dont les suites furent si funestes.

Je reviens au Pont-de-Sommevelle.

Les quarante hussards et M. de Goguelat arrivèrent donc, comme je l'ai dit, à midi. Je fis mettre les chevaux au piquet. Les hussards étaient dans l'ignorance ; je leur fis donner du pain et du vin ; et nous mangeâmes, ainsi qu'eux, ce que j'avais pu faire préparer.

D'après nos calculs et nos conventions, le courrier devant précéder au moins d'une heure la voiture, nous nous attendions à le voir arriver vers deux heures, et la voiture à trois. A trois heures, ni courrier, ni voiture ; nous nous promenions sur la chaussée, et un de nous était toujours en avant sur une hauteur, d'où l'on pouvait voir plus loin. A quatre heures point de nouvelle. Je ne puis exprimer tout ce que j'ai souffert par la nécessité de me contraindre, de déguiser les pensées qui m'agitaient, de montrer un visage indifférent, tandis que l'inquiétude me dévorait.

Pendant cette terrible attente, une scène nouvelle, un tumulte violent se préparaient autour de nous. Le hasard, réuni à la fatalité, avait fait que les paysans d'une terre, appartenant à madame d'Elbeuf, située près du Pont-de-Sommevelle, avaient refusé le paiement des droits non-rachetables ; on les avait menacés d'exécution militaire, et les paysans du voisinage leur avaient promis secours. Quand ils virent venir les hussards au Pont-de-Sommevelle, ils crurent que c'était pour agir contre eux, et le tocsin sonna sur nous dans la campagne. Les paysans se rassemblèrent, et nous fûmes l'objet de la méfiance générale. D'un autre côté, on conçut de l'ombrage dans la ville de Châlons, en sachant un poste de hussards poussé si près de la ville sans aucun motif connu, et assez tard dans l'après-midi, comme si on voulait attendre la nuit pour entreprendre quelque chose; l'on envoya des cavaliers de gendarmerie nationale pour nous reconnaître, et tâcher de découvrir notre but. D'un autre côté, la route étant très-passante, les voitures allaient et venaient sans cesse, et les postillons racontaient que les hussards restaient toujours dans la même position.

Une prévention défavorable était particulièrement attachée aux hussards; les autorités, les comités ni les clubs ne leur accordaient aucune confiance; nous fûmes donc assaillis de tous les mauvais propos et de toutes les marques de l'animadversion du pays. Les paysans disaient hautement devant nous : *Les hussards sont bien fins, mais nous le sommes plus qu'eux.*

Déjà même on murmurait que c'était la Reine que nous attendions. Quatre heures sonnent, ni courrier, ni nouvelles; et, autour de nous, le rassemblement et les inquiétudes populaires augmentaient à chaque instant; je persistai à rester, je pris seulement le parti d'envoyer mon cabriolet jusqu'à Stenay. En passant par Varennes, je chargeai *Léonard* de dire en passant à *M. de Damas,* au jeune *Bouillé* et au *général,* ma position et mon attente;

je gardai avec moi les diamans de Madame *Elisabeth*, et j'ordonnai à mon domestique, si je n'étais pas le lendemain matin à Stenay, de gagner aussitôt Luxembourg; je lui remis un billet de quatre lignes pour M. Dandoins à Sainte-Ménehould, dans lequel je lui parlais de ma crainte sur un retard si extraordinaire, et de l'obligation où je serais peut-être d'éloigner mon détachement, dont la présence troublait la tranquillité publique.

Cependant l'inquiétude augmentait visiblement à Châlons; on parlait d'envoyer des patrouilles de gardes nationales en avant-postes sur nous, de doubler les postes de la ville, peut-être même d'en fermer les portes. Et que n'avait-on pas à redouter au milieu de cette agitation, de ce mouvement de peuple dans les rues, si une grosse voiture très-chargée venait à paraître dans Châlons avec deux courriers et un cabriolet à la suite? Cette voiture n'aurait-elle pas été pour la ville entière un nouveau sujet d'attention et de remarque? Ne l'aurait-on pas au moins visitée d'après les bruits qui couraient que nous attendions la Reine? Or, indépendamment de l'ordre formel que j'avais reçu de conserver l'incognito du Roi jusqu'à la dernière extrémité, et d'assurer par tous les moyens possibles le calme de la route, n'y aurait-il pas eu de notre part une maladresse capitale de créer nous-mêmes des dangers au Roi, et de ne pas faire cesser cette fermentation populaire, si notre éloignement pouvait y contribuer? Tous mes devoirs étaient dans ces mots: *faire en sorte que la voiture continue sa marche sans obstacles.* Nous entendîmes sonner cinq heures au milieu des plus vives et des plus cruelles anxiétés, et notre position devenait de plus en plus funeste à l'exécution de notre projet. Les rassemblemens dans les campagnes s'augmentaient, et les gendarmes nationaux envoyés de Châlons se moquaient hautement de nos réponses au sujet du passage du trésor, et nous demandaient positivement le but de notre bivouac; enfin il nous fut démontré invinciblement qu'en nous obstinant à rester, nous serions la cause d'un mouvement dont l'arrestation du Roi serait le résultat inévitable. Il n'y avait donc plus à balancer, puisque nous pouvions tout calmer par notre départ. Il était à peu près cinq heures et demie, et il y avait par conséquent plus de quatre heures de retard sur l'arrivée du courrier; je profitai d'un moment où il y avait le plus de monde autour de nous, et de gendarmes, pour demander au maître de poste s'il y avait long-temps qu'on avait envoyé des convois d'argent à Metz. Il me répondit qu'il en était passé un le matin, de cent mille écus, par la diligence, comme cela se pratiquait de tout temps, et qu'il était escorté de deux gendarmes nationaux. L'un des gendarmes qui étaient venus de Châlons me dit qu'il avait été de l'escorte: alors je me retournai tranquillement du côté de M. de Goguelat: *C'est sans doute ce convoi que nous attendions*, lui dis-je, *et M. de Bouillé aura sans doute ignoré qu'on l'enverrait de cette manière; ainsi notre mission est inutile, et nous n'avons plus qu'à nous en aller.*

J'ordonnai qu'on fît brider les chevaux des hussards; cet ordre, donné d'un air indifférent, calma subitement les têtes. Un gendarme tourna sur-le-champ son cheval pour en porter la nouvelle à Châlons. Quand mes hussards furent à cheval, il était près de six heures moins un quart, je fis rompre par quatre, et je m'en allai au pas jusqu'à la traverse qui mène à Varennes en évitant Sainte-Ménehould, et à une lieue de la première poste nommée Orbeval, conservant encore pendant ce temps l'espoir d'être joint par le premier courrier.

J'ai déjà parlé des motifs que M. de Goguelat, appuyé par M. Boudet, m'avait donnés pour ne pas repasser par Sainte-Ménehould; il me les répéta avant d'arriver au chemin de traverse. Une insurrection, un combat peut-être y était inévitable si les hussards, en y repassant, excitaient une nouvelle fermentation dans les têtes déjà si mal disposées. Je dus céder à ces motifs et à la conviction; d'ailleurs j'étais bien sûr de M. Dandoins qui commandait mes dragons à Sainte-Ménehould. M. le comte Charles de Damas, de son côté, était avec son régiment à Clermont. Ainsi nous suivîmes la traverse pour gagner Varennes par tous les bois du Clermontois; il nous fallut prendre des guides de village en village; mais le tocsin ayant sonné de bonne heure sur nous, je fus obligé plusieurs fois de me faire jour le sabre ou le pistolet à la main.

Au village de la Neuville, on en vint jusqu'à vouloir enlever quatre hussards placés en arrière-garde à cinquante pas, et je fus obligé de les dégager en chargeant.

Le chemin, par ces bois, est extrêmement pénible et dangereux; il faut souvent descendre et monter à pic; cette traverse, d'ailleurs, étant de neuf à dix lieues. La nuit nous prit dans les bois et par les chemins les plus difficiles, de sorte que nous étions souvent obligés d'aller à pied pour sonder le terrain et ne pas tomber dans des trous profonds. Un hussard y tomba cependant; ses camarades ne voulurent pas l'abandonner; il fallut le chercher, le ramasser, lui faire reprendre connaissance; et cet accident (fatalité bien remarquable) nous retint trois quarts d'heure. Enfin, après toutes sortes d'obstacles, nous arrivâmes à la première maison de Varennes, entre minuit un quart et minuit et demi, à peu près une heure et demie après l'arrestation du Roi.

Pour juger toutes les causes de cette arrestation, il faut voir quelle avait été la marche du Roi pendant le temps que nous venions d'employer pour arriver à Varennes. Ce voyage, à quelques accidens près, s'était fait avec sécurité; il avait trouvé la route tranquille. Il passa à Châlons à cinq heures, à Sommevelle à six heures et demie, à Sainte-Ménehould à huit heures et demie, à Clermont à dix, et à onze et demie à Varennes.

Parmi tous ces détails, on doit se souvenir de

la fermentation qui existait à Sainte-Ménehould, et des inquiétudes qui y régnaient. Le courrier du Roi (M. de V.) ne contribua pas, dit-on, à les calmer, car n'ayant que très-peu d'avance sur la voiture, n'étant jamais venu à Sainte-Ménehould, et ne connaissant pas la poste, il demanda où elle était à plusieurs portes, ce qui attira plus de monde dans les rues. La voiture, arrivant peu de minutes après, fut environnée par cette foule (1). Le maître de poste, nommé *Drouet*, qui était dans une chambre de la maison avec un de ses amis nommé *Guillaume*, vint en robe de chambre sur la porte, pour voir atteler les chevaux. Le hasard avait fait qu'il avait reçu le matin un remboursement en assignats de cinquante francs, et il les avait beaucoup examinés pour être sûr qu'ils n'étaient pas faux (2). Par un autre hasard, le Roi, au lieu de rester enfoncé sur le devant de la voiture, approcha son visage de la portière, et rêsta assez de temps dans cette attitude pour que le maître de poste eût celui d'examiner sa figure, et d'y trouver une ressemblance avec les assignats qu'il avait reçus le matin. Il alla communiquer ses soupçons à ce *Guillaume* dont je viens de parler; les courriers vinrent aussi augmenter la défiance par l'embarras de leurs questions sur la route qui conduit de *Clermont* à *Varennes*; *Drouet* et *Guil-*

---

(1) Voyez le Rapport du sieur Lagache, Pièces justificatives, n. V, et le Rapport de Drouet, n. VI.

(2) *Ibid.*

laume, sur ce nouvel indice, prirent le parti de faire seller chacun un cheval et de suivre cette voiture. Ils n'osèrent la faire arrêter dans l'instant même, par la crainte des quarante dragons de *Royal* qui étaient à *Sainte-Ménehould;* la crainte des dragons de *Monsieur* les empêcha aussi de faire cette tentative à *Clermont;* ils n'y entrèrent même point, et coupant par une traverse, ils se rendirent à *Varennes* (1), espérant y trouver une occasion plus favorable. Lorsque la voiture du Roi arriva à *Clermont*, les deux courriers gardes-du-corps entrèrent dans la ville, en se tenant aux deux côtés des portières (2); ce qui fut remarqué comme contraire à l'usage. Je laisse au comte Charles de Damas à rapporter ce qui s'est passé à Clermont(3); mais je sais que les demandes que firent les courriers au maître de poste pour faire passer les chevaux à *Varennes* sans y rafraîchir, demande fort inutile, puisqu'il y avait un relais, fit un très-mauvais effet; on remarqua la proposition exagérée qu'ils firent de payer trois louis pour passer sans rafraîchir; et toute cette conduite, enfin, avait un air d'embarras qui porta les soupçons à leur comble. La voiture partit cependant de *Clermont;*

---

(1) Rapport de Drouet, n. VI.

(2) Rapport de M. Remy, Pièces justificatives, n. VII.

(3) Le comte Charles de Damas s'approcha de la voiture et dit quelque chose au Roi de manière à ne pas être entendu. Il avait sur la tête son bonnet de police, et se surprenait toujours à vouloir l'ôter.

à la hauteur de *Varennes* elle s'arrêta au-dessus de la colline. Mais là, ne trouvant personne, elle fut obligée de rester trente-cinq minutes dans cette position, tandis que deux des courriers étaient dans le bourg pour voir s'ils découvriraient les relais ou les officiers chargés de ce poste; ce fut au bout de ce temps énorme, qu'ayant éveillé un homme dans une maison, ils apprirent de lui qu'il y avait à l'auberge du *Grand-Monarque*, de l'autre côté du pont, des chevaux arrivés dès le matin; la voiture reprit donc sa marche pour aller au *Grand-Monarque;* mais, pendant ces trente-cinq minutes d'attente, *Drouet* et *Guillaume*, qui arrivaient par un chemin de traverse, avaient vu la voiture sur la hauteur, et gagnant les devans étaient venus chez M. *Sauce*, procureur de la commune.

Ils l'éveillèrent, lui firent part de leurs soupçons et même de la certitude qu'ils avaient que c'était la famille royale; que le visage de la personne qui était sur le devant ressemblait beaucoup à celui du Roi. On fit de suite réveiller le nommé *Georges*, fils du maire de *Varennes*, et commandant de la garde nationale. Celui-ci rassembla quelques personnes; et quand la voiture entra sous la porte voûtée, elle y fut arrêtée sous le prétexte d'y voir les passe-ports. Le procureur de la commune, suivant l'indication de *Drouet*, mit aussitôt sa lanterne dans la voiture par la portière, en tournant la lumière sur le devant pour examiner la ressemblance dont on lui avait parlé. Après quelques légers débats qui sont rapportés dans le procès-verbal qui fut envoyé à l'Assemblée, on les fit descendre devant la porte de M. *Sauce*, et le Roi s'y fit reconnaître pour ce qu'il était. Il y avait à peu près une heure et demie que ces faits s'étaient passés quand j'arrivai à *Varennes* avec le détachement de hussards que je ramenais de *Sommevelle*.

A peine le Roi était-il descendu de voiture que tous les habitans furent éveillés, hors de leurs maisons, et qu'il y eut des lumières sur toutes les fenêtres pour éclairer la ville. Chaque habitant s'était armé d'un fusil, d'un sabre, ou d'une faux, etc. Les chevaux de poste furent sur-le-champ renvoyés, la voiture emmenée dans un autre endroit; on mit une garde à la porte de l'écurie où étaient mes chevaux. Enfin toutes les dispositions possibles pour le moment furent faites; on barra même le pont et les chemins par où l'on craignait qu'il pût arriver des secours.

Le chemin de traverse par lequel nous arrivâmes est à gauche de la grande route qui mène à *Clermont*.

Mon détachement fut arrêté par les cris de *qui vive?* d'un petit poste de garde nationale; nous répondîmes : *France*, *Lauzun hussards;* mais en apercevant un très-grand mouvement, et même des dispositions hostiles de la part de la garde nationale, je voulus connaître la position du détachement des soixante hussards que je savais devoir être dans *Varennes*, et pour cela je demandai à être reconnu par le poste de police de ce même régiment. Comme je m'y obstinais, on alla le chercher, et pendant ce temps j'observai les mouvemens des gardes nationaux qui braquaient sur nous deux pièces de canon, et faisaient des abattis d'arbres pour barrer les chemins. Au moment où les quatre hommes du poste de police arrivaient à pied pour me reconnaître, j'entendis, à ma droite, crier *qui vive? — France. — Quel régiment? — Monsieur-Dragons!* et un coup de fusil. Je serrai la main de M. de Goguelat qui était à cheval à côté de moi, et lui dis: *Tout va bien! voilà les dragons*, et sans attendre davantage, je commandai au trot, et me dégageant, à coups de plat de sabre, de deux hommes pendus à la bride de mon cheval pour le retenir, et qui s'écriaient *que mon devoir était d'obéir aux ordres de la municipalité et de ne connaître qu'elle*, j'entrai dans la ville dont les rues étaient remplies de toute sa population et illuminées; je reconnus, en passant dans une rue assez étroite, la voiture qu'on y avait amenée, et beaucoup plus loin une garde nombreuse en bataille en face d'une maison de peu d'apparence. Comme je ne vis pas les soixante hussards, je continuai mon chemin, j'allai droit à leur caserne, j'y entrai et mis mes quarante hussards en bataille; et, prévoyant que je serais particulièrement observé, je remis à M. Boudet, pour les soustraire à tous dangers, les diamans de Madame Élisabeth, en le priant, si j'étais tué ou arrêté, de se dégager et de les porter à *Monsieur*. Il a rempli avec fidélité et intelligence cette périlleuse commission, et cette boîte, précieuse par le nombre des diamans et des perles, fut remise au frère du Roi.

Dans ce moment arrivèrent deux hommes de l'hôtel-de-ville qui me sommèrent de m'y rendre par ordre de la municipalité; ils m'avaient remarqué comme n'étant pas habillé en hussard, quoique par-dessus mon habit uniforme *de Royal*, j'eusse une redingote verte à peu près de la couleur de celle des Lauzun. Je renvoyai ces deux hommes hors du quartier, en disant que j'irais à la municipalité quand j'en aurais le temps, et je défendis à la sentinelle de laisser entrer personne. Ayant demandé aux gardes d'écurie des informations sur les soixante hussards et les officiers qui devaient les commander, j'appris d'eux que les hussards étaient tous dispersés à boire dans la ville, et qu'il n'y avait pas d'officiers. Je me trouvai donc réduit à mes quarante hussards dont les chevaux avaient déjà fait plus de vingt lieues dans la journée; je fis l'inspection des pistolets pour voir s'ils étaient chargés; je déclarai aux hussards que c'était le Roi, la Reine et toute la famille royale qui étaient arrêtés dans *Varennes;* qu'il fallait les délivrer ou mourir, que d'ailleurs M. *de Bouillé* était près de nous avec un grand nombre de troupes, et qu'ils allaient acquérir une gloire éternelle. Cela se disait avec chaleur et en parcourant leurs rangs, et les hussards se disaient les uns aux autres avec étonnement: *der Koenig, die Koeniginn.* Je leur commandai: *sabre à la main*, en les faisant rompre par quatre, et me portai au grand trot jusqu'à la maison où j'avais remarqué une garde; je les mis en bataille devant cette maison, ne répondant rien aux invectives des gardes nationaux, et plaçai deux vedettes à côté de la porte. Pendant le temps que j'avais été au quartier, M. de Damas était entré dans Varennes avec les quatre ou cinq personnes qui l'avaient suivi. Je le trouvai au moment où je descendais de cheval pour monter chez le Roi, et je lui dis tout bas : Êtes-vous en force? —*Je suis seul*, me dit-il, *mon régiment a refusé*. Je sentis un mouvement d'horreur, je le réprimai cependant, et malgré la résistance que me firent les deux gardes nationaux en faction à la porte du Roi, j'entrai dans cette maison de *M. Sauce*, procureur de la commune.

Le Roi et la famille royale étaient dans deux mauvaises chambres au premier étage; je montai un escalier tournant qui y conduisait. Dans la première, qui donnait sur la rue, je trouvai quelques paysans armés dont deux, avec des fourches, s'étaient postés en sentinelles à la porte de la seconde chambre où était le Roi; ils voulurent s'opposer à mon entrée, je les écartai et j'entrai mon épée à la main.

Au milieu de cette mauvaise chambre était une table sur laquelle il y avait du pain, quelques verres; sur un lit dormait M. le Dauphin épuisé de fatigue; madame de Tourzel, assise près de ce lit, la tête sur ses mains, ayant auprès d'elle mesdames Brunier et Neuville; auprès de la fenêtre étaient Madame Élisabeth et Madame Royale. Le Roi et la Reine debout, causant avec M. Sauce et un ou deux municipaux; dans le fond, sur des chaises, les trois gardes-du-corps.

Mon entrée rapide dans la chambre, avec MM. de Damas et Goguelat, dérangea la conversation. La Reine vint à moi ainsi que Madame Élisabeth, en me prenant la main avec joie et bonté; le Roi nous témoigna les mêmes sentimens; nous le prîmes à part avec la Reine, lui expliquâmes la position des choses, en l'informant de l'insurrection du régiment de *Monsieur*, et lui demandâmes ses ordres. *Où donc est le chevalier de Bouillé, M. de Raigecourt, leurs hussards?* dis-je. — *Je n'ai pas seulement aperçu ces messieurs*, dit le Roi. Un de nous dit: *Je les croyais tués devant les roues de votre voiture.* Le Roi reprit: *Que faire?* — *Vous sauver, Sire,* répondit M. de Damas. *Donnez vos ordres,* repris-je, *Sire, j'ai ici quarante hussards, ils iront bien jusqu'à Dun, il faut prendre un parti.*

Je vais en démonter sept, vous monterez un des chevaux, tenant M. le Dauphin dans vos bras, la Reine en montera un, Madame Royale un autre, madame de Tourzel et Madame Élisabeth chacune un, ainsi que mesdames Neuville et Brunier que vous ne voulez pas abandonner; nous vous entourerons avec les trente-trois hussards qui restent; nous allons vous faire jour, et tomber à coups de sabre sur ceux qui s'y opposeront. Enfin nous tâcherons de passer, mais il n'y a pas un moment à perdre; car dans une heure mes hussards seront gagnés. Le Roi répondit sur-le-champ : *Répondez-vous que dans cette bagarre inégale de trente contre sept à huit cents hommes, un coup de fusil ne tuera pas la Reine, ou ma fille, ou mon fils, ou ma sœur? — Si ce malheur arrivait,* répondis-je, *et pour avoir suivi mon conseil, le seul parti que j'aurais à prendre serait de me tuer à vos yeux.—Eh bien!* dit le Roi, *raisonnons froidement.*

La municipalité ne refuse pas de me laisser passer, elle demande seulement que j'attende la pointe du jour. Le jeune Bouillé est parti à l'instant de mon arrivée, et sans doute pour avertir son père et faire marcher les troupes qui sont sûrement prêtes. Si j'étais seul, je suivrais votre conseil et je passerais ; mais la Reine, mes deux enfans, ma sœur, ces dames ; il est impossible de risquer autant avec le peu de monde que vous avez, et dont il faudra encore démonter une partie; car nous ne laisserons pas mes trois gardes-du-corps. Il est bientôt une heure, le jeune Bouillé est parti à onze heures et demie, vous avez fait partir aussi un homme en arrivant; M. de Bouillé a mis sûrement des troupes de distance en distance, les premières seront averties par son fils, elles arriveront successivement, il n'y a que huit lieues d'ici à Stenay, dans l'espace de deux heures et demie un homme les peut faire à cheval. Ainsi il arrivera des détachemens toute la nuit, et M. de Bouillé sera lui-même ici vers quatre ou cinq heures, et sans danger pour la famille, sans aucune violence, nous partirons d'ici en sûreté.

Ce raisonnement très-juste ne pouvait être contredit. Combien de fois le Roi, la Reine ne l'ont-ils pas rappelé ? J'en appelle à tous ceux qui ont le bonheur de les entourer. Cette conversation finie, M. *Sauce* qui s'était éloigné, se retira pour aller à la commune, après avoir bien répété au Roi qu'il allait chercher des chevaux pour qu'il pût partir à la pointe du jour, se rendre à Montmédy, et qu'un fort détachement de la garde nationale lui servirait d'escorte ; lui ayant fait observer que le tocsin continuait toujours, il me promit de le faire cesser.

Il pouvait être alors deux heures du matin. On pouvait évaluer à cinq mille le nombre des personnes rassemblées et arrivées de tous les villages ; ce nombre s'éleva jusqu'à dix mille le lendemain.

Lorsque M. *Sauce* fut parti, nous prîmes les ordres du Roi sur ce qu'il fallait faire ; nous lui rendîmes alors un compte assez étendu de tout ce qui s'était passé ; je lui répétai que, dès mon entrée à Varennes, j'avais fait partir M. *Aubriot* dont la grande intelligence m'était connue, pour aller à toute course de cheval faire marcher les détachemens échelonnés de *Dun* et de *Stenay*, et avertir M. de Bouillé d'arriver, dût-on sacrifier tous les chevaux, lui dire que de lui seul pouvait venir notre secours. Mes quarante hussards avaient déjà vu leurs soixante camarades faire cause commune avec les habitans.

Je m'étais justement attendu qu'ils suivraient promptement cet exemple.

Dès que M. *Aubriot* fut sorti de Varennes en traversant la petite rivière (1), il fit les quatre lieues jusqu'à Dun en si peu de temps que son cheval fut hors d'état de continuer; il avertit M. *Deslon* de venir sur-le-champ. Celui-ci lui donna un cheval pour aller à *Stenay*, et partit aussitôt avec ses cent hussards pour *Varennes*. C'est un très-grand malheur que M. Deslon n'ait pas été chargé du poste de *Varennes*.

Chaque instant d'une nuit aussi désastreuse mériterait d'être raconté, mais chaque récit serait une douleur nouvelle. Il y a pourtant un tableau que je n'omettrai point.

Sur le lit de M. Sauce, on voyait les deux figures angéliques du jeune Prince et de Madame Royale, qui dormaient d'un profond sommeil. Dans l'intervalle d'une heure à cinq, la curiosité amenait sans cesse beaucoup de monde dans cette chambre, et entre autres la grand'mère du procureur syndic *Sauce*, femme octogénaire, y vint aussi. Frappée de la beauté des deux enfans, de l'air majestueux de la Reine, de la vertu tranquille du Roi, elle tomba à genoux, fondant en larmes, à côté de ce lit, et demanda la permission de baiser les mains de ces enfans dont on aurait dit qu'elle déplorait déjà le sort; elle pria à côté d'eux, les bénit, et se retira en pleurs.

(1) Rapport de M. Aubriot, Pièces justificatives, n. VIII.

On ne peut exprimer l'anxiété et l'impatience avec lesquelles nous attendions les secours qui progressivement, d'après nos calculs, devaient nous arriver.

Il était probable que M. le chevalier de Bouillé, parti à onze heures et demie, à toute bride, de Varennes avec M. de Raigecourt, serait arrivé à Dun au plus tard à une heure, et à Stenay à deux (il n'y a pas neuf lieues); que le détachement de Dun, averti à une heure, serait à deux heures et demie à Varennes; que le général Bouillé, averti à deux heures ainsi que royal-allemand, y serait entre cinq et six; que son avant-garde le devancerait même d'une demi-heure, car dans de pareilles circonstances tout ce qui est possible est exécuté; qu'ainsi il y aurait des forces suffisantes pour que, sans compromettre sa sûreté, la famille royale pût être délivrée. Nous sentîmes, M. de Damas et moi, que le moment où l'on apercevrait les troupes de M. de Bouillé serait celui d'un danger imminent et d'une effervescence épouvantable; que l'on chercherait à effrayer le général en menaçant la vie du Roi et de la famille royale; que l'on voudrait peut-être entraîner le Roi hors de *Varennes* sur un cheval, et l'emmener à Clermont; que les cris, les menaces, l'émeute la plus violente auraient lieu dès que l'on verrait les troupes à cheval se développer pour forcer l'entrée de la ville. Mais nous calculâmes aussi que cette fureur et ce danger ne dureraient qu'un instant, et que, sitôt la barrière forcée, les hussards et les cavaliers entrant dans la ville au galop, la déroute serait complète. Il fallait donc mettre le Roi et sa famille hors de toute atteinte, et nous convînmes secrètement ensemble de profiter du local et de l'escalier tournant où l'on ne pouvait monter qu'un de front, pour nous rendre maîtres de cet intérieur; de fermer les deux fenêtres des deux chambres, et d'en confier la défense aux trois gardes-du-corps; ensuite, à la première annonce des troupes, aux premiers coups de pistolet que nous entendrions, de faire retirer, de gré ou de force, ceux qui étaient dans la première chambre avant celle du Roi; de profiter de l'avantage de l'escalier en coquille pour en défendre le passage; de nous placer sur cet escalier les uns derrière les autres (1). Là un homme pouvait en arrêter plusieurs; là encore, ou du bas de l'escalier jusqu'à la hauteur des chambres, il aurait fallu nous tuer successivement avant que la défense de l'escalier fût abandonnée, défense que les cadavres de part et d'autre auraient même prolongée dans un passage aussi resserré; il était bien évident que les troupes seraient maîtresses de la ville avant que nous fussions tous égorgés. Nous passâmes jusqu'à cinq heures dans ces réflexions, mais avec l'inquiétude la plus

(1) Nous étions dix : trois gardes-du-corps, M. de Damas, M. de Florac, M. Remi, M. de Goguelat, moi et deux sous-officiers du régiment de *Monsieur-Dragons* qui seraient venus à notre secours.

profonde de ne voir arriver personne. De temps en temps un de nous sortait pour voir la disposition du peuple; ce fut dans un de ces momens que M. de Goguelat étant sorti, reçut dans la rue un coup de pistolet du major de la garde nationale; la balle s'aplatit sur l'os de la clavicule. J'étais, dans ce moment, assis derrière la Reine et Madame Élisabeth; je me levai et courus savoir ce que c'était. En rentrant dans la chambre, le Roi me demanda avec inquiétude la cause de ce bruit; je lui répondis que ce n'était rien. Je me rassis et dis tout bas à la Reine ce qui venait d'arriver, en la priant d'en éviter l'inquiétude et les réflexions au Roi. M. de Goguelat, après avoir pansé sa blessure, rentra dans la chambre quoique très-souffrant, et garda le même silence. Je savais que j'avais des chevaux et des relais à Varennes, tant pour le Roi que pour moi; j'appris qu'un de mes gens était en arrestation: je parvins à le faire venir, il était resté seul (1). Ce fut par lui que nous eûmes des détails sur le départ de M. le chevalier de Bouillé; c'était lui qui l'avait averti lors de l'arrivée du Roi, qui lui avait sellé sur-le-champ son cheval, d'après l'ordre qu'il lui en avait donné, et il l'avait vu partir. Il m'apprit que M. le chevalier de Bouillé, à qui mes gens avaient ordre d'obéir d'après mon billet que lui avait remis son père, avait fait partir la veille, à trois heures

(1) Voyez Pièces justificatives, n. IX.

après midi (1), dix chevaux de relais qui, d'après nos conventions devaient rester à Varennes pour le service du Roi, et n'avait fait rester que quatre chevaux avec un postillon qu'il avait même emmené avec lui en partant, et ne laissa à *Jams Brisack* (2) que deux chevaux (3); tout devint alors incompréhensible pour moi.

Cependant vers quatre heures et demie, M. le capitaine Deslon (4) arriva à Varennes avec les cent hommes qu'il commandait à Dun. Trouvant tout barricadé il obtint d'entrer seul afin de reconnaître la position intérieure, et il fut introduit près du Roi; les fausses préventions données par M. de Bouillé à M. de Goguelat contre cet officier, existaient toujours, et le Roi s'ouvrit peu à lui; la facilité avec laquelle on le laissa entrer fit même croire que ses sentimens étaient connus et analogues à ceux du commandant de la garde nationale qui l'accompagnait. Ce brave et loyal militaire, qui eût tout sauvé s'il eût commandé à Varennes, vint prendre les ordres du Roi qui lui dit : *Vous le voyez, je ne puis en donner; je suis prisonnier*. M. Deslon, en se reculant, demanda en allemand à la Reine ce qu'il fallait faire; elle ne put que lui dire : *Attendez M. de Bouillé, vous lui*

---

(1) Voyez Pièces justificatives, n. II.

(2) Jams Brisack est attaché maintenant à M. l'ambassadeur de France à Vienne, le comte de Caraman.

(3) Pièces justificatives, n. IX.

(4) *Ibid.*, n. X.

direz la position, il ne peut tarder à venir. En effet, tout le monde était convaincu qu'il y serait deux heures après au plus tard, puisque M. Deslon et cent hussards avaient fait la moitié du chemin en une heure et demie. M. Deslon retourna à sa troupe, il lui fit prendre position, et chercha à faire parvenir l'ordre à M. *Boudet* de le seconder dans l'intérieur de *Varennes*, au moment où il attaquerait au dehors; mais jamais le brigadier qu'il envoya ne put trouver cet officier, et *M. Deslon* fut réduit à attendre *M. de Bouillé* qu'il supposait devoir arriver de moment en moment.

Les heures s'écoulaient; notre étonnement, notre inquiétude redoublaient à chaque instant. Nulles nouvelles de M. de Bouillé ni d'aucunes troupes cantonnées par ses ordres dans les environs. Le tocsin continuait toujours, la foule du peuple ne cessait de grossir; ce fut alors que M. Baillon et M. de Romeuf arrivèrent; il était cinq heures du matin.

Ici la scène change, et je dois exposer les faits qui se rattachent à l'arrivée de ces deux officiers à *Varennes.*

Lorsque le départ du Roi fut connu dans Paris, plusieurs voix s'élevèrent pour accuser M. de La Fayette d'en avoir eu connaissance, ce qui était absolument faux; mais le peuple crédule et animé par le parti anarchique qui commençait à se montrer, s'ameuta contre lui et contre ses aides-de-camp. Un d'eux, *M. de Romeuf*, avait été envoyé par M. de La Fayette sur la route de *Valenciennes* pour chercher la trace du Roi. Arrivé à la barrière qui mène au Bourget, les groupes qui y étaient rassemblés se saisirent de lui, et sa vie fut menacée. Il obtint qu'ils le conduisissent à l'Assemblée pour s'assurer eux-mêmes de la vérité de sa mission. Au moment où ils y arrivaient, on recevait au bureau du président la déclaration d'un marchand d'herbes de *Claye*, qui disait avoir rencontré, entre deux et trois heures du matin, entre *Bondy* et *Claye*, une berline à six chevaux et un cabriolet à trois.

Sur cette déposition, le président changea lui-même l'itinéraire de M. de *Romeuf*, lui remit le décret de l'Assemblée qui ordonnait l'arrestation et le retour du Roi et de sa famille, et le dépêcha sur la route de *Châlons*.

Arrivé dans cette ville, il y trouva M. *Baillon*, officier de la garde nationale parisienne, envoyé sur cette route, quatre heures avant lui, par M. *Bailly*. M. *Baillon* était occupé à mettre en arrestation M. *de Briges*, écuyer du Roi, qui avait quitté Paris sur-le-champ en apprenant le matin le départ de la famille royale. M. *de Romeuf* fut alors obligé de se joindre à M. *Baillon*, et c'est avec ce dernier qu'il arriva à *Varennes* à cinq heures du matin.

M. de *Romeuf* était attaché particulièrement au service de la Reine pour l'accompagner et la suivre quand elle sortait, de même que MM. *Jauge* et *Cottin* étaient placés près du Roi comme aides-de-camp du général.

La première chambre de M. *Sauce* donnait sur

la rue, et c'est là que se tenaient les personnes armées et celles que la curiosité amenait.

La seconde chambre donnait sur le jardin, c'était dans cette dernière que se trouvait le Roi; on passait de la première dans la seconde.

M. Baillon entra *seul*, les cheveux en désordre; la fatigue et l'exaltation du voyage avaient donné à sa figure, naturellement sombre, un caractère encore plus effrayant; son habit était décolleté, son air et son accent décelaient la plus vive agitation. *Sire*, dit-il, *vous savez...... Tout Paris s'égorge;...... nos femmes, nos enfans sont peut-être massacrés; vous n'irez pas plus loin...... Sire........ L'intérêt de l'État...... Oui, Sire, nos femmes, nos enfans!!....* A ces mots la Reine lui prit la main avec un mouvement énergique, lui montrant M. le Dauphin et Madame qui, épuisés de fatigue, étaient assoupis sur le lit de M. Sauce. *Ne suis-je pas mère aussi*, lui dit-elle. — *Enfin que voulez-vous?* lui dit le Roi.—*Sire, un décret de l'Assemblée......—Où est-il?* — *Mon camarade le tient.* La porte s'ouvrit, nous vîmes M. de *Romeuf* appuyé contre la fenêtre de la première chambre, dans le plus grand désordre, le visage couvert de larmes, et tenant un papier à la main; il s'avança les yeux baissés. *Quoi! Monsieur, c'est vous! Ah! je ne l'aurais jamais cru!....* lui dit la Reine. Le Roi lui arracha le décret (1)

(1) Ce décret était conçu en ces termes : « L'Assemblée ordonne » que le ministre de l'intérieur expédiera à l'instant des courriers

avec force, le lut et dit : *Il n'y a plus de Roi en France.* La Reine le parcourt, le Roi le reprend, le relit encore, et le pose sur le lit où étaient les enfans. La Reine avec impétuosité le rejette du lit en disant : *Je ne veux pas qu'il souille mes enfans.* Il s'éleva alors un murmure général parmi les municipaux et les habitans présens, comme si l'on venait de profaner la chose la plus sainte ; je me hâtai de ramasser le décret et le posai sur la table.

Le Roi voulant parler en particulier à ces deux messieurs, nous passâmes dans l'autre chambre ; j'ai su par la Reine et par M. de Romeuf qu'il leur parla avec la dignité et la bonté la plus persuasive ; il les engagea à lui faire gagner le plus de temps possible. Si M. *de Romeuf* eût été seul, il eût suivi les mouvemens de son cœur ; mais M. *Baillon* joua un rôle de fausseté, il eut l'air de s'attendrir sur la situation du Roi, et promit d'employer tous ses efforts pour différer son départ. Cependant, il ne fit

---

» dans tous les départemens, avec ordre à tous les fonctionnaires
» publics et gardes nationaux, ou troupes de ligne de l'Empire,
» d'arrêter ou faire arrêter toute personne quelconque sortant du
» royaume, comme aussi d'empêcher toute sortie d'effets, d'armes,
» de munitions ou espèces d'or ou d'argent, de chevaux, de voi-
» tures ; et, dans le cas où les courriers joindraient le Roi, quel-
» ques individus de la famille royale, et ceux qui auraient pu con-
» courir à leur enlèvement, lesdits fonctionnaires publics, gardes
» nationales ou troupes de ligne, seront tenus de prendre toutes
» les mesures possibles pour arrêter le dit enlèvement, les empê-
» cher de continuer leur route, et rendre compte ensuite au Corps
» législatif. »

autre chose que d'aller, de venir, de remonter et descendre sans cesse pour dire au peuple que le Roi refusait de s'en aller, et prenait mille prétextes pour donner à M. de Bouillé le temps d'arriver. Il revenait ensuite et s'affligeait devant le Roi des clameurs et des instances du peuple qui demandait à grands cris le départ. Il fit si bien et anima tellement le peuple qu'à huit heures le Roi fut obligé de céder.

L'insurrection et la violence étaient au comble; une foule immense, provoquée par un tocsin continuel de village en village, était accourue de tous les lieux circonvoisins. Les municipaux l'ont évaluée à plus de dix mille hommes. Jamais on n'a vu un délire et une rage semblables; le peuple voulait monter pour arracher le Roi de force. *Nous le traînerons par les pieds dans sa voiture,* criaient-ils. Le Roi parut à la fenêtre, tout fut inutile. M. *Baillon* allait de rang en rang avec un M. *Palloy* et d'autres qui arrivaient à tous momens de Paris. J'étais à la fenêtre à côté de la Reine; une voix dans la foule cria : *N'est-ce pas M. de Puységur? — Non,* dit une autre, *c'est M. de Choiseul, il faut le veiller quand la voiture partira. — Croyez-vous M. de Fersen sauvé?* me dit la Reine. —*Je n'en doute pas, Madame. — Mais vous, grand Dieu! ne nous quittez pas!* La Reine me regardait avec terreur. Je m'attendais en effet à être mis en pièces dès que la voiture serait partie.

Le Roi exigea que l'on amenât mon cheval à la

portière. Enfin il descendit, je donnais le bras à la Reine, M. de Damas à Madame Élisabeth. Je fermai cette portière avec un sentiment de douleur et une angoisse inexprimables; je crus voir Charles Ier livré par les Écossais.

Je sautai sur mon cheval et marchai à côté de la voiture, mais la rue devenant étroite, je fus obligé de rester derrière. M'étant alors retourné pour faire donner mon second cheval à M. *de Romeuf* qui n'en avait pas, le peuple se jeta sur moi, je fus abattu de mon cheval. Le Roi et la Reine me crurent assassiné; ce ne fut qu'à Meaux qu'ils surent que j'existais encore.

Ici doit se terminer la relation de l'arrestation du Roi, et je dois supprimer les détails personnels. Mais je ne puis omettre le récit des obligations que nous avons à M. de Romeuf qui partagea les dangers auxquels M. de Damas et moi fûmes exposés, en ne voulant pas nous abandonner.

Notre existence est un miracle. Rien ne nous fut épargné, nœuds coulans, coups de faulx, coups de sabre; je reçus deux coups de faulx.

Enfin, mis au cachot, quoique la porte en fût défendue par les municipaux et les gardes nationaux, on tenta plusieurs fois de l'enfoncer pour parvenir à nous égorger; et, ne pouvant y réussir, on passait continuellement des fusils par le soupirail pour nous atteindre, et nous fûmes obligés de rester long-temps dans les angles rentrans, pour nous dérober à ce nouveau genre d'assassinat. C'est à M. *de Romeuf* que M. de Damas et moi devons la vie : ce généreux et valeureux jeune homme se fit arrêter avec nous pour nous préserver, et je dois dire que, dans cette nuit pénible où à chaque instant nous attendions la mort, et n'ayant plus rien de caché les uns pour les autres, nous avons vu ses véritables et estimables sentimens, sa douleur de la mission dont il fut chargé malgré lui, son projet de retarder son arrivée s'il n'avait pas rencontré M. Baillon sur la route, et sa volonté, si cet officier n'y eût pas mis d'obstacles, de nous aider à suspendre le départ du Roi dans l'espoir de recevoir des secours. Il était impossible de l'entendre et de conserver le moindre doute sur son véritable attachement au Roi et à la Reine ; la pensée seule d'être soupçonné par elle d'avoir volontairement accepté cette désastreuse commission, le portait au désespoir. Je dois à la vérité, et je me fais un devoir de proclamer les obligations que nous avons, M. le comte Charles de Damas et moi, à ce jeune aide-de-camp de M. de La Fayette. Je dois aussi faire connaître que M. de Romeuf, libre le lendemain de retourner à Paris, ne voulut nous quitter qu'après nous avoir remis, M. de Damas et moi, le jeudi 23 juin, entre les mains de la garde nationale de Verdun qui, à travers de nouveaux dangers, nous mena dans les prisons de cette ville (1).

Je termine donc ici cette relation ; les malheurs personnels ne peuvent avoir d'intérêt que lorsqu'ils

(1) Pièces justificatives, n. XIII, XIV, XV et XVI.

sont liés aux événemens publics. Je dois taire les miens : ce récit trouvera une place plus convenable dans des Mémoires destinés à ma famille : je dois seulement dire qu'après un mois de séjour dans les prisons de Verdun (1), le décret de l'Assemblée nationale (2), qui me mettait en accusation et m'envoyait dans les prisons de la haute Cour nationale, me fut signifié. M. le comte Charles de Damas fut maintenu seulement en arrestation par le même décret. Je me trouvai heureux d'être du petit nombre des victimes et de voir mes amis sauvés. J'écrivis au Roi par une occasion (3), et je fus remis à la gendarmerie, qui m'emmena de Verdun à Orléans dans les prisons de la haute Cour. M. le comte Charles de Damas fut remis à des officiers de la garde nationale, qui le conduisirent à l'ancien couvent de la Mercy à Paris. Mon procès qui s'instruisait, et dont le résultat ne paraissait pas douteux, fut arrêté par l'amnistie que le Roi réclama de l'Assemblée en acceptant la constitution, et il eut la bonté de dire qu'un de ses motifs avait été aussi de rendre à la vie et à la liberté ses fidèles serviteurs (4).

---

(1) Pièces justificatives, n. XVI.

(2) *Ibid.*, n. XVII.

(3) *Ibid.*, n. XVIII.

(4) Je sortis donc des prisons de la haute Cour à cette époque, et je me rendis près du Roi que je n'ai plus quitté et dont je ne fus séparé que par ma mise hors la loi, lorsque la famille royale fut transférée à la tour du Temple.

(*Note du duc de Choiseul.*)

Le devoir d'historien fidèle m'impose celui de récapituler les causes véritables de l'arrestation du Roi, et de faire remarquer que, si les plus simples précautions eussent été prises à Varennes, s'il y eût eu la plus légère vigilance, le Roi y eût passé avec une plus grande facilité que dans les postes précédens et avec une bien plus complète sécurité. En lisant attentivement les Mémoires de M. le marquis de Bouillé et les relations dont il les fortifie, on voit que le défaut de précautions à Varennes y a fait arrêter la famille royale; mais il cherche à expliquer cette absence des précautions les plus simples. *A Varennes*, dit-il, *tout dépendait de l'arrivée de M. de Goguelat. Il lui avait donné l'ordre de rester déguisé aux environs de Châlons, d'y attendre toujours quand même les détachemens seraient obligés de se retirer, et de venir rapidement sur les chevaux de relais, stationnés à cet effet, avertir M. le chevalier de Bouillé à Varennes : celui-ci eût fait alors les dispositions convenables.*

Le point de cette discussion est aisé à éclaircir, et d'ailleurs le débat est seulement entre M. de Bouillé et M. de Goguelat; j'y suis absolument étranger : l'ordre secret de M. de Bouillé à cet officier d'état-major ne peut me regarder. Mon seul devoir était de juger si la présence du détachement était, d'après les circonstances et l'insurrection des campagnes, utile ou dangereuse. Au Pont-de-Sommevelle, je l'ai trouvée dangereuse. *J'ai pensé que je devais le retirer; j'en avais le droit; je l'ai fait;*

j'ai calmé le pays ; le Roi a passé : il n'a pas trouve le plus léger obstacle. J'ai donc bien fait; et, comme je l'ai dit ailleurs, je le ferais encore.

Discutant ensuite cette nécessité d'attendre M. de Goguelat à Varennes pour y organiser les précautions (ce qui les faisait dépendre d'un événement incertain), j'avoue que je n'ai jamais pu me l'expliquer. Il y a quinze lieues de Sommevelle à Varennes; aucun des postes intermédiaires, ni ceux au-delà n'étaient soumis à ces précautions. Et en effet, *Sainte-Ménehould, Clermont-en-Argonne,* villes de bien plus haute importance, *étaient indépendantes d'aucun avertissement.* Les détachemens y étaient prêts au premier appel; les officiers commandans y ont montré la plus grande vigilance, et le Roi y a tranquillement passé.

A Dun, quatre lieues au-delà de Varennes, le détachement de cent hussards a passé la nuit au bivouac à l'entrée de la ville, les rênes des chevaux passées dans le bras des hussards (1); quelle raison y avait-il donc de faire supprimer ces précautions prescrites sur tous les autres points, dans un bourg ouvert où, selon l'expression de *Drouet, tout le monde dormait,* et de les faire dépendre de l'arrivée de M. de Goguelat, arrivée inutile pour les autres postes, et que le plus simple accident pouvait empêcher? Voilà ce que le Roi et la Reine, sous les

---

(1) Pièces justificatives, Rapports de Drouet et de Jams Brisack, n. VI et IX.

yeux desquels j'ai écrit cette relation, n'ont jamais pu comprendre, et que je n'ai jamais pu concevoir.

Les causes de l'arrestation du Roi, sont :

1°. Le défaut de précautions à Varennes;

2°. L'erreur d'un détachement qui, partant de Clermont, prit la route de Verdun, au lieu de celle de Varennes;

3°. La défection du régiment de *Monsieur;*

4°. L'absence de tout secours pendant les huit heures de séjour du Roi à Varennes, à huit lieues du camp du général !...

Mais parmi ces causes, la première, la plus grave et la plus décisive, est toujours l'absence des plus simples précautions à Varennes.

Le Roi m'a dit être resté, à sa montre, trente-cinq minutes sur la hauteur avant d'entrer dans ce bourg, ignorant où était le relais et ne pouvant parvenir à le savoir.

Je tiens du Roi que dans sa dernière lettre M. de Bouillé avait écrit : *Le relais sera à Varennes;* il avait oublié de dire le nom de l'auberge, c'était celle du *Grand-Monarque.* Si le Roi l'eût su, les postillons y seraient allés sans s'arrêter ; et malgré le défaut de précautions et le repos général des troupes, des officiers et de tout le monde, la voiture serait arrivée, aurait relayé; M. le chevalier de Bouillé aurait été appelé, et ses hussards avertis avant que Drouet fût arrivé. La preuve en est positive.

C'est pendant les trente-cinq minutes d'attente

que *Drouet* (1) a passé, il a traversé *Varennes*, a même fait des questions à un domestique attaché à mes relais, et qui se promenait dans la solitude de Varennes plutôt que de se reposer. Ce domestique est *Jams Brisack* dont la relation est parmi les pièces justificatives (nº IX).

Je dirai même, tant le passage du Roi était facile à assurer, que, si par hasard un des officiers envoyés par M. le marquis de Bouillé, poursuivi par quelque inquiétude ou par insomnie, au lieu de rester dans son auberge, se fût promené, à l'entrée du bourg, sur ce chemin où des destinées si augustes étaient compromises, aucun malheur ne fût arrivé.

Je ne dois pas chercher à expliquer comment, dans le premier moment de l'arrestation, ces jeunes officiers, au lieu de partir sans chercher à voir le Roi, ne pensèrent pas à courir à la caserne des soixante hussards, à les faire monter à cheval et à tout tenter pour faire passer la voiture. Très-peu de hussards, en attendant les autres, auraient même suffi, puisque, de l'aveu de *Drouet* (nº VI), et d'après les procès-verbaux, il n'y avait encore que sept à huit hommes de rassemblés; sûrement ces messieurs en ont été empêchés, et si je parle ici de cette circonstance, c'est pour répondre à une phrase du

---

(1) Pièces justificatives, Rapports de Drouet et de Jams Brisack, *n.* VI et IX.

Mémoire de M. le marquis de *Bouillé*, dans laquelle il prétend que les quarante hussards, qui arrivèrent une heure et demie après, auraient pu délivrer le Roi, quand tout était barricadé, enfermé, le tocsin sonnant de toutes parts, une population en armes; tandis que deux heures avant, quand il n'y avait presque personne, les officiers envoyés par lui et qui avaient soixante hussards n'avaient rien tenté.

2°. Erreur d'un détachement.

M. le comte Charles de Damas avait l'ordre de partir pour Varennes, une heure après le passage du Roi. Il se mit en devoir de l'exécuter, et il fit partir en avant, comme logement, un détachement de six dragons commandés par son quartier-maître, M. Remy, homme fidèle et sûr; il lui ordonna sous sa responsabilité de regagner la voiture le plus vite possible et de l'escorter.

Ce détachement sortant de *Clermont* se trompa de chemin, prit celui de Verdun, et ce ne fut que près de cette ville, après une marche très-rapide pendant six lieues, que l'officier s'aperçut de son erreur: son désespoir fut inexprimable; il fallut revenir jusqu'à Clermont, pour reprendre la route de Varennes. Sans cette méprise, les ordres du colonel eussent été exécutés, le détachement eût rejoint au bout d'une heure la voiture, et fût entré avec elle à *Varennes;* le Roi était sauvé.

Lisez la déposition de M. Remy, jointe aux pièces justificatives n° VII.

3°. La défection du régiment de Monsieur-Dragons.

Le Roi arrêté, rien n'était encore perdu s'il était promptement délivré ; mais il ne pouvait l'être que par une force voisine et considérable. M. de Damas était à Clermont, et avait 250 dragons de Monsieur, et 60 de mon régiment qui, placés à Auseville (1) hors de la route, furent oubliés, et inutiles. M. de Damas avait, comme je l'ai déjà dit, l'ordre de partir une heure après le Roi : il ordonna le départ (2), son régiment l'abandonna, et à peine put-il se sauver, suivi de M. de Floirac et d'un adjudant. Si ce régiment eût été fidèle, le Roi était délivré ; sa désobéissance a tout perdu.

4. L'absence de tout secours pendant huit heures de séjour à Varennes.

Un espoir restait encore, mais un espoir fondé sur tous les raisonnemens, sur toutes les probabilités, celui de l'arrivée de M. le marquis de Bouillé avec royal-allemand, et les cent hussards de Dun. De l'aveu même de M. le marquis de Bouillé, dans ses Mémoires, les deux officiers stationnés à Varennes partirent avant minuit pour l'avertir : ils ne pouvaient avoir d'autres motifs. Il y a huit lieues de Stenay à Varennes, et M. de Bouillé ne fut cependant averti qu'à quatre heures par ces messieurs.

---

(1) Pièces justificatives, n. V.

(2) *Ibid.*, n. XIX.

M. Aubriot (1) arriva presqu'en même temps qu'eux, étant parti deux heures après. M. de Bouillé ne put partir, dit-il, qu'à cinq heures avec royal-allemand; et, selon ses Mémoires, il arriva à 9 heures à la hauteur de Varennes.

Je crois être sûr que c'est vers dix heures qu'il arriva, le Roi était parti à huit; nous étions alors, M. de Damas et moi, dans Varennes, entre les mains du peuple, et livrés à sa fureur. Si M. de Bouillé eût pu faire faire ces huit lieues en trois heures, il pouvait encore sauver le Roi. Si M. de Raigecourt et le chevalier de Bouillé eussent pu faire les huit lieues en deux heures et demie, ils seraient arrivés à Stenay au plus tard à deux heures et demie. Royal-allemand pouvait être en marche à trois heures, et la délivrance du Roi était certaine.

Le Roi était si bien persuadé d'être secouru à temps, qu'il me dit plusieurs fois: *M. de Bouillé sera bientôt ici.* Il lui vint même, ainsi qu'à nous, l'idée très-naturelle que, dans cette nuit d'une si solennelle attente, M. le marquis de Bouillé, au lieu de rester à Stenay, se serait avancé avec un détachement le plus près possible, afin d'avoir le bonheur de recevoir plus tôt le Roi.

Voilà les causes véritables de l'issue malheureuse de ce voyage. Loin de moi d'accuser des hommes loyaux remplis de courage; une fatalité, plus forte que toutes les prévoyances humaines, a détruit les

(1) Pièces justificatives, n. VIII.

plus heureuses espérances, et je dois dire ce que la Reine a souvent répété devant plusieurs personnes qui existent encore, que jamais plan et dispositions ne furent meilleurs, et qu'il a fallu un concours extraordinaire de circonstances pour amener ce résultat désastreux.

PIÈCES JUSTIFICATIVES.

N° I.

Copie de ma lettre à MONSIEUR.

Londres, ce 12 août 1801.

MONSEIGNEUR,

Chargé par la duchesse de Choiseul, ma tante, de faire parvenir à M. le marquis de Bouillé ses réclamations sur le jugement injuste qu'il porte du feu duc de Choiseul dans ses Mémoires, je prends la liberté de déposer entre les mains de *Monsieur* la copie de ma lettre et celle du Mémoire de madame de Choiseul. *Monsieur* est le conservateur de nos droits et de la réputation de chacun de nous. C'est dans ce sanctuaire du véritable honneur que je dépose mes réflexions (secrètes encore) sur ce qui m'est personnel. Mais si la mort enlevait M. le marquis de Bouillé avant que ma relation de Varennes parût, *Monsieur* daignerait me permettre alors d'invoquer son auguste témoignage pour prouver que M. le marquis de Bouillé avait connu mes réclamations contre ses récits, et je ferais imprimer alors la lettre que je lui adresse aujourd'hui, et dont je joins ici la copie. Je serais heureux que *Monsieur* en approuvât la modération, la réserve et la convenance; j'ose le supplier de m'en garder le secret, personne n'en a connaissance.

Je suis avec respect, etc., etc.

LE DUC DE CHOISEUL.

N° II.

Compte rendu au Roi par M. de Choiseul, trouvé dans les papiers du Roi aux Tuileries et imprimé par ordre de la Convention.

Ayant reçu de M. le marquis de Bouillé le compte ci-joint, j'ai l'honneur de le mettre sous les yeux de Votre Majesté, et d'y joindre celui du comte Charles de Damas et le mien, en suppliant le Roi d'ordonner à M. de Septeuil de me donner le reçu de l'argent que je remets à sa liste civile.

Signé DE CHOISEUL.

COMPTE DE M. DE BOUILLÉ.

Reçu du Roi en assignats. . . . . . 993,000 liv.

EMPLOI.

Remis à Monsieur, frère du Roi, par son ordre, la valeur en argent ou en lettres de change, dont j'ai les reçus.	670,000 liv.
Au comte Hamilton, colonel de Nassau.	100,000
Ces fonds sont restés dans la caisse du régiment et ont été saisis.	
Au duc de Choiseul 96,500 livres, sur lesquelles il en a remis au comte Hamilton 24, dont je rendrai compte.	73,000
A M. Maudel, lieutenant-colonel du régiment de Royal-Allemand.	40,000
A M. le comte de Bosen, colonel de Chamborand.	26,000
A M. de La Salle, commissaire à Metz.	6,000
Total général dont j'ai les reçus.	915,000 liv.
Il est resté entre mes mains en assignats.	78,000
qui ont dû produire environ.	65,000

EMPLOI.

Pour avances faites directement à des juifs pour

des provisions en paille et en viande et autres objets pour le camp de Montmédy, environ. 12,000

On ne peut en avoir de reçu.

Donné à MM. Heymann, de Klinglin et d'Hofflize, officiers-généraux, à leur sortie de France avec moi, pour subvenir à leurs dépenses, ayant tout perdu, à chacun 5,400 livres. J'en ai des reçus. 16,200

A M. Heymann pour son voyage en Prusse où je l'ai envoyé pour le service du Roi. 3,400

Au régiment Royal-Allemand, quand je l'ai fait monter à cheval pour aller au secours du Roi, 350 louis. 8,400

Au commandant du détachement des Hussards de Dun, 100 louis. 2,400

A M. de Goguelat, autant que je peux me le rappeler. 3,600

A divers particuliers qui sont sortis du royaume avec moi, lors de l'arrestation du Roi, environ. . . 6,000

Perdu sur un de mes gens qui a été pris, deux rouleaux de 50 louis. 2,400

Total. . . . 54,400 liv.

Il m'est resté entre les mains huit à dix mille livres que j'ai employées pour mes dépenses, n'ayant pu tirer aucune ressource de France où tous mes effets ont été saisis et mes revenus arrêtés; mais que je suis, dans ce moment, en état de remettre au Roi quand il me l'ordonnera, ainsi que 6,000 livres laissées à Metz à M. de La Salle, qu'il a employées pour moi.

Signé BOUILLÉ.

Mayence, ce 15 décembre 1791.

La lettre de M. de Choiseul est ainsi conçue :

Compte que j'ai l'honneur de rendre au Roi de l'argent qui m'a été remis par M. de Bouillé.

Reçu de M. de Bouillé la somme de 95,000 livres en assignats avec ordre de les changer en or et de faire les distributions nécessaires.

Remis au comte Charles de Damas, par ordre de M. de Bouillé, la somme de 36,000 livres, sur lesquelles il m'en a remis douze mille depuis. . . . . 24,000 liv.

Change de 60,000 livres en or, à 20 pour cent, ci. . 12,000

Remis à M. Hamilton, par ordre, la somme de. . . 24,000

Remis à M. de Goguelat, en or, dont le billet est ci-joint. Ils lui ont été volés lors de son arrestation. 9,600

Argent remis à M. Dandoins, et qui lui a été volé lors de son arrestation, et dépense du détachement à Ste.-Ménehould, en tout. 2,514

Argent distribué pour divers objets, et dont la moitié a été volée, à peu près 200 louis. 4,800

Total. . . . . 76,914 liv.

Observations.

Les 24,000 livres, remises en or à M. Hamilton, doivent se trouver dans la caisse militaire du régiment de Nassau, infanterie. M. de Bouillé y a fait déposer l'argent qu'il avait pu changer à Metz.

Le comte Charles rendra compte à son tour des 24,000 liv. qu'il a entre les mains, et dont j'ai son billet.

J'ai une reconnaissance de M. Hamilton ; elle est dans le porte-feuille que j'ai confié à Varennes à l'officier de hussards, nommé Boudet, le même qui a remis à Monsieur les diamans de madame Elisabeth. Je n'ai point entendu parler de lui depuis ce temps-là.

Résumé.

La recette était de. . . . . 95,000 liv.

La dépense de. 76,914

Différence. . . . . 18,086 liv.

Je suis comptable de cette somme envers le Roi; je le supplie d'ordonner à son trésorier de la liste civile de la recevoir et de me donner de la part du Roi une décharge que je puisse échanger contre mes billets qui sont dans les mains de M. de Bouillé.

Signé Choiseul-Stainville.

Paris, le 2 novembre 1791.

Le billet de M. de Damas porte :

Mon compte avec M. de Septeuil.

J'ai reçu dans le mois de juin.	36,000 liv. en assig.
Dont le change en espèces a coûté.	5,000
J'ai rendu en juillet.	12,000
Je dois compte de.	19,000 liv.
Prêté à M. Remy, quartier-maître du régiment.	1,200
La nourriture de sept officiers détenus à la Mercy, la mienne défalquée.	2,361
	3,561 liv.
Je redois.	15,439

OBSERVATIONS.

M. Remy est sorti de prison; il n'avait rien du tout; je lui ai donné 50 louis. Si le Roi veut lui faire cette gratification, elle restera portée sur ce compte, sinon il n'a voulu l'accepter que comme un prêt; j'en tiendrai compte.

A l'égard de la dépense des officiers détenus à la Mercy, il fut décidé que les prisonniers ne recevraient rien pour leur nourriture comme à l'Abbaye. Je me chargeai de la partie du dîner, parce qu'il en coûtait à ces Messieurs six livres par jour, et qu'ils n'en avaient pas les moyens. Ils mirent du scrupule à être nourris par moi, et ne voulurent continuer cet arrangement que parce que je leur dis que je ferais cette dépense sur l'argent que j'avais au Roi, et qu'il l'approuvait. J'ai soustrait le septième de la dépense pour ma part, et j'ai porté en compte les six autres.

Je remettrai à M. le duc de Choiseul, à son ordre, le compte ci-dessus, montant à 15,439 livres.

Signé C. DAMAS.

Nota. Depuis ce compte écrit, j'ai su, par le comte François d'Escars, que mon porte-feuille avec le billet de M. Hamilton et d'autres étaient déposés chez l'électeur de Trèves avec les objets qui m'avaient été confiés. J'ai l'honneur d'en rendre compte à Votre Majesté. *Signé* D. CHOISEUL.

Nota. Le Roi donna la reconnaissance qui a été remise à M. de Choiseul le 13 novembre 1791.

N° III.

Déclaration de M. le Marquis de Bouillé, *faite à Londres, le 27 décembre* 1792.

M. François-Claude-Amour de Bouillé, ci-devant général de l'armée sur la Meuse et la Moselle, dite l'armée du Centre, actuellement en cette ville de Londres, fait serment et dépose que, dans les premiers jours de mai de l'ennée 1790, commandant alors dans la province des Évêchés, ayant envoyé sa démission au ministre de la guerre, afin de quitter le service et la France, et s'étant refusé de prêter jusqu'alors le serment exigé par l'Assemblée nationale des officiers-généraux de l'armée, le Roi lui écrivit de sa main pour l'engager à continuer ses services, à prêter son serment et à reconnaître la nouvelle Constitution française; que ce que Sa Majesté dit de plus dans sadite lettre audit sieur déposant, devait contribuer au bonheur du peuple et donner audit sieur déposant les moyens de servir la patrie utilement, laquelle lettre est actuellement avec ses papiers, en Hollande, où il les a déposés pendant son voyage en cette dite ville; et le déposant déclare en outre qu'il a répondu à ladite lettre du Roi, en l'assurant qu'il obéirait à ses ordres, qu'il prêterait le serment ainsi qu'il le désirait; mais qu'il faisait le plus grand sacrifice qu'un homme pût faire, celui de ses principes et de ses opinions.

Plus, ledit sieur déposant déclare et affirme qu'après l'arrestation du Roi à Varennes, étant lui-même sorti du royaume de France, et étant dépositaire d'une somme de 600,000 livres, partie de celle de 993,000 francs que le Roi lui avait fait remettre à l'occasion de son départ de Paris, le 22 juin 1791, ne pouvant avoir aucune communication avec le Roi, il crut devoir remettre cet argent à *Monsieur;* mais que depuis, le Roi ayant fait demander compte audit sieur déposant des sommes qu'il lui avait confiées, et notamment de l'emploi desdites 600,000 livres, il lui fit témoigner son mécontentement de ce qu'il avait disposé de cette somme en faveur des Princes ses frères, son intention étant au contraire qu'elle lui fût remise, ce qui est constaté par une lettre qu'il a chargé M. de Choiseul (1) de lui écrire, laquelle lettre est également en Hollande. Et ledit déposant déclare encore que ce n'est point le Roi qui a fait donner à M. Hamilton, ci-devant colonel du régiment de Nassau, une somme de 100,000 livres ; mais que c'est lui, déposant, qui la lui avait remise en dépôt lors de l'évasion du Roi de Paris, et qu'elle faisait partie de ladite somme de 993,000 francs, ce qui est constaté par quittance. Enfin, ledit sieur déposant dit qu'il a dessein de retourner sous peu de jours en Hollande, où sont lesdites pièces sur lesquelles cette déclaration est appuyée, et qu'il les présentera si l'on le juge nécessaire.

Juré à la maison de Mairie de Londres, le 27 décembre 1792, devant moi.

Signé James SANDERSON, major.

N° III *bis*.

Lettre du Roi *à M. le Marquis* de Bouillé, *citée dans le tome II de l'Histoire du Procès de* Louis XVI, *par M.* Maurice Méjan, *page* 122.

A Monsieur de Bouillé.

3 juillet 1791.

Vous avez fait votre devoir, Monsieur, cessez de vous accuser. Cependant je conçois votre affliction ; vous avez tout osé pour moi et vous n'avez pas réussi. Le destin s'est opposé à mes projets et aux vôtres ; de fatales circonstances ont paralysé ma volonté, votre courage, et ont rendu nuls vos préparatifs. Je ne murmure point contre la Providence, je sais que le succès dépendait de moi ; mais il faut une ame atroce pour verser le sang de ses sujets, pour opposer une résistance et amener la guerre civile en France. Toutes ces idées ont déchiré mon cœur, toutes mes résolutions se sont

---

(1) C'est dans sa réponse à cette lettre qu'il me mande qu'il sait qu'on l'a desservi auprès du Roi, *qu'il sait que ce n'est pas moi ;* que si tout le monde avait fait son devoir comme moi, nous ne serions pas dans une situation si malheureuse ; voulant indiquer par là M. de Goguelat, qu'il accuse de n'avoir pas averti son fils *à Varennes.*

évanouies. Recevez, Monsieur, mes remercîmens : que n'est-il en mon pouvoir de vous témoigner toute ma reconnaissance!

LOUIS.

Note du Duc de Choiseul *sur la lettre ci-dessus.*

Je n'ai point lu la lettre particulière de M. le marquis de Bouillé au Roi, qu'il lui a écrite de Luxembourg pendant que j'étais à Verdun ou à Orléans; j'en ai entendu parler une fois à la Reine, qui me dit que M. de Bouillé ne voulait plus voir M. son fils cadet, et qu'il s'accusait près du Roi d'avoir confié à son jeune âge un poste aussi important; il se plaignait de ce que M. de Goguelat n'était pas venu l'avertir; et, dans la douleur du mauvais succès de cette entreprise, M. de Bouillé disait qu'il avait eu tort de ne pas être à Varennes au lieu de Stenay. C'est sûrement d'après cette lettre que le Roi lui répondit celle que M. Méjan rapporte, mais dont je ne pouvais avoir connaissance. La Reine me fit l'honneur de me dire un jour que cette lettre toucha sensiblement le Roi, et, comme elle protégeait M. de Goguelat, elle admettait difficilement l'excuse à sa non arrivée, que M. de Bouillé présentait pour excuser les jeunes officiers chargés du poste de Varennes. Le Roi lui dit avec douceur : *M. de Bouillé est père.*

Je tiens ces détails de la Reine; j'ignore s'ils sont relatifs à la lettre citée par M. Méjan, ou à une autre de M. de Bouillé.

N° IV.

Copie d'une note signée Simolin.

Le soussigné, ministre plénipotentiaire de S. M. Impériale de toutes les Russies, a l'honneur de prier M. le comte de Montmorin de vouloir bien lui accorder deux passe-ports, dont l'un pour madame la baronne de Korff, une femme de chambre, un valet de chambre, deux enfans et trois laquais; l'autre, pour madame la baronne de Stegleman sa fille, sa femme de chambre, un valet de chambre et deux laquais, qui partent par Metz pour Francfort.

Paris, ce 5 juin 1791. *Signé* SIMOLIN.

N° V.

Déclaration du sieur La Gache, *maréchal-des-logis-chef au régiment Royal-Dragons, premier régiment.*

Voici les événemens qui sont arrivés au passage du Roi à Sainte-Ménehould. En vous les transmettant avec la plus sévère exactitude, ce n'est pas un compte que je crois rendre à mon colonel, mais un rapport fidèle que je dois à mon bienfaiteur, qui m'honora de sa confiance en m'employant dans une affaire de cette importance.

Vous fîtes passer vos ordres au régiment pour que je me rendisse près de vous à Clermont, et je suis parti de Commercy le même jour que le détachement, 18 juin 1791; j'y arrivai le 19 vers midi. Le 20, notre détachement, réuni à celui de *Monsieur*, dragons, y arrivèrent aussi. Les quartiers furent tirés au sort; le nôtre fut cantonné dans le village d'Auseville, à trois quarts de lieue de Clermont, et celui de *Monsieur* resta dans la ville. M. le comte Charles de Damas, colonel, vint loger chez Pillois, aubergiste, chez lequel j'étais descendu, afin d'être plus à portée de la poste aux chevaux, pour pouvoir vous trouver et me rendre à vos ordres. M. le comte de Damas, en me voyant, m'apprit que vous veniez de lui écrire pour lui dire que vous ne viendriez pas à Clermont, mais que M. Dandoins m'indiquerait ce que j'aurais à faire; alors je me transportai après le dîner à Auseville, pour prendre ses ordres. Je fus visiter les maréchaux-des-logis ainsi que les dragons de la compagnie de Lagoublaye dans leurs logemens; je remarquai aussi celui de M. de Saint-Didier. En retournant à Clermont, je rencontrai M. Dandoins, qui me donna l'ordre de me rendre le lendemain matin, à huit heures, à Sainte-Ménehould; là, me dit-il, vous remplirez avec soin une mission délicate, confiée à votre zèle: il s'agit que vous trouviez dans le faubourg, ou, s'il n'y en a pas, alors tout à l'entrée de la ville, de ce côté-ci, une auberge dans laquelle vous puissiez placer trente-trois chevaux, soit dans des écuries ou une cour fermée, attachés au piquet, pour ne pas séparer la troupe et avoir tous les dragons sous nos yeux, et d'être sûr, à tel événement qu'il arrive, de pouvoir monter à cheval sans obstacle ; ensuite vous ordonnerez dans l'auberge de faire cuire une quantité de viande suffisante pour le dîner des dragons avec lesquels nous mangerons. Je suis parti de Clermont le 21, et j'arrivai à Sainte-Ménehould à sept heures et demie du matin ; je ne trouvai pas de faubourg ni d'auberge dans les premières maisons, je fus contraint d'aller à celle du Soleil, chez le nommé Fayette, laquelle se trouve au coin de la place et de la rue de la Poste-aux-Chevaux, à cinquante pas de la maison de *Drouet.* Il y avait dans cette auberge un détachement du régiment de Lauzun, hussards, commandé par M. Boudet, lieutenant, lequel, en me voyant, me demanda s'il allait arriver de la troupe. Lui ayant dit que je venais faire le logement pour notre détachement, qui serait rendu à neuf heures à Sainte-Ménehould, il me demanda encore si je n'en informais pas le *général* qui était dans cette auberge ; je lui ai répondu que je n'avais pas reçu d'ordre à ce sujet, et que je ne devais pas faire d'autres démarches que celle qui m'était prescrite. La personne que M. Boudet jugeait être un général, était M. de Goguelat, officier de l'état-major de l'armée. Lorsque ce dernier apprit que j'étais arrivé, il vint s'informer à quelle heure le détachement arriverait, en ajoutant : C'est sans doute M. Dandoins qui le commande. Je lui ai répondu que oui, et qu'il serait rendu à neuf heures ; alors, il prévint M. Boudet de faire seller les chevaux de son détachement, de faire monter à cheval à huit heures et partir ; ensuite il me demanda qu'un hussard lui en sellât un, devant les accompagner. Il s'occupa au même instant du moyen de renvoyer sa voiture à *Varennes* à peu de frais, en faisant un marché pour des chevaux avec l'aubergiste, afin d'éviter ceux de la poste. Drouet ayant vu passer cette voiture conduite par le domestique et les chevaux de Fayette à *Varennes*, devint furieux ; cet aubergiste lui avait des obligations de métier, attendu que Drouet faisait conduire chez lui tous les voyageurs qu'il menait en poste. Il vint chez Fayette, où il ne trouva que sa femme : j'étais présent ; je le vis écumer de colère, en disant à cette femme qu'elle n'avait qu'à continuer à tenir la poste, que lui il tiendrait auberge ; que ce n'était point ainsi qu'on en agissait. Il jura beaucoup en se retirant, promettant qu'il s'en souviendrait. Cette femme, désespérée de cette scène, fut trouver M. de Goguelat, le suppliant de s'employer auprès de ce méchant homme pour faire son raccommodement avec lui; qu'elle ne doutait pas de tout l'ascendant qu'aurait un général sur son esprit. M. de Goguelat s'en fut aussitôt chez Drouet et lui parla, et lorsqu'il a cru l'affaire oubliée de la part du maître de poste, il revint rassurer madame Fayette.

Pendant que tout ce fracas se passait, M. Boudet me rapportait qu'il s'était trouvé, la veille, dans un furieux embarras en arrivant à Sainte-Ménehould; que le peuple, en les voyant arriver, avait formé une émeute pour les chasser de la ville, disant qu'on n'était pas prévenu qu'un détachement d'aristocrates dût y venir loger, encore, disent-ils, dans une auberge, sans étape, sans logement chez les bourgeois, ce qui les rendait suspects. La municipalité étant survenue, cet officier communiqua au maire l'ordre dont il était porteur, à l'effet d'escorter un trésor. La lecture en fut faite à cette populace qui se retira ensuite par l'exhortation de la municipalité.

Voilà, M. le Duc, la perspective qu'offrait cette ville, par d'aussi fâcheuses dispositions, à M. Dandoins ainsi qu'à son détachement, qui, pour surcroît, était d'une autre arme que la première troupe, ce qui était marquant aux regards d'une populace inquiète, corrompue, agitée par des factieux.

L'on m'informait dans l'auberge que M. Boudet était entré à Sainte-Ménehould, avec son détachement, sans faire usage de la moindre précaution envers la municipalité, devant y passer la nuit; que même on n'avait point entendu sonner la trompette.

Aussitôt que les hussards furent partis pour le Pont-de-Sommevelle, je m'en fus au-devant de notre détachement. J'abordai M. Dandoins pour lui rendre compte, sans être entendu des dragons, de tout ce qui était arrivé aux hussards; jugeant que je pouvais mieux connaître que lui la disposition des bourgeois, il me questionna sur les précautions que je pensais qu'il y avait à prendre. Il me semble, lui ai-je répondu, qu'il convient que vous fassiez sonner la marche en arrivant, de former votre troupe en bataille sur la place, et de monter à la municipalité pour y communiquer vos ordres · c'était une règle à exécuter. Il fut satisfait de l'avoir suivie par l'accueil et les égards infinis du maire ainsi que de la municipalité; il revint ensuite faire mettre pied à terre à sa troupe. L'auberge du Soleil ne pouvant pas placer les trente-trois chevaux du détachement, je fus contraint de détacher Belamour, brigadier, avec cinq dragons, pour mettre six chevaux dans une petite écurie, plus avant dans la ville, que les hussards avaient aussi occupée le matin.

Une heure après l'arrivée, je commandai aux dragons de faire boire les chevaux, et M. Dandoins me dit de leur ordonner de desseller. Je lui demandai à quelle heure il pensait que le convoi arriverait, afin que je pusse faire seller une heure avant, pour ne pas être en retard; il m'a répondu que quelqu'un viendrait en avant et nous avertirait à temps. La ville fut tranquille à notre arrivée, et même jusqu'à dix heures et demie; à onze heures, l'inquiétude des bourgeois commençait à paraître; ils se promenaient sur la place, cherchant à pouvoir causer avec nos dragons. A onze heures et demie, il se forma de petits groupes sur la place; plusieurs de ces bourgeois abordèrent nos dragons, leur disaient: Mes amis, ce passage de troupes n'est pas naturel; prenez garde à vous, les généraux peuvent tromper votre officier ainsi que vous; mais songez que nous sommes tous frères, et que vous êtes libres; qu'on n'a pas le droit de vous faire agir sans savoir pourquoi. Les dragons les rassurèrent, en leur disant qu'ils étaient sûrs qu'ils n'étaient venus que pour escorter un trésor pour la subsistance des troupes. Malgré ce témoignage que je rends avec plaisir aux dragons sur leur bon esprit, cela n'empêche pas que M. Dandoins et moi, de mon côté, nous nous trouvions toujours parmi eux pour prendre part aux conversations qu'on leur tenait, afin d'y mettre des bornes, ne doutant pas que notre présence ne fût une entrave. A midi, les rassemblemens devenus plus considérables, la bombe éclata; les habitans se portèrent tous à l'hôtel-de-ville; ils déclarèrent à la municipalité que la marche des troupes renfermait quelque trame cachée; qu'il n'était pas ordinaire qu'un détachement de hussards vînt loger dans une auberge sans étapes, y passât la nuit, en partît, et fût aussitôt remplacé par des dragons; qu'ainsi ils pouvaient soupçonner M. de Bouillé de vouloir trahir la nation; qu'en conséquence, il fallait se tenir sur ses gardes; qu'à cet effet, ils prétendaient qu'on leur délivrât à l'instant trois cents fusils neufs que le département leur avait envoyés, ainsi que de monter tous les jours, à huit heures du soir, une garde de cinquante hommes, à commencer dès le soir même. Les trois cents fusils furent délivrés à l'instant, sous les yeux des dragons.

Les dragons parurent inquiets de tout ce qui se passait, surtout d'entendre plusieurs bourgeois que l'on commandait de garde pour le soir. M. Dandoins redoubla de soin près d'eux pour les maintenir à leur poste. Le premier qui se permit de s'absenter, ce fut Guillain, maréchal-des-logis, qui emmena Saint-Amand avec lui dans un café, à l'autre coin de la place. Un pareil exemple donné par lui fut bientôt suivi par cinq à six autres qui s'échappèrent malgré notre surveillance : j'allai les chercher et les faire rentrer au poste. Je les trouvais toujours causant avec des bourgeois ; malgré cela, il n'y avait pas de changement qui se fît remarquer en eux, ils étaient toujours dans la disposition de bien faire leur devoir; un seul, une recrue, se permit de dire à un bourgeois qui cherchait à lui inspirer de la méfiance sur l'emploi des troupes : Hé bien, lui répondit ce dragon, l'on nous a dit que c'était un trésor que nous attendions, quand il arrivera vous n'aurez qu'à le visiter. Je l'abordai aussitôt pour faire cesser cet entretien, et je l'envoyai à son cheval.

Plus la journée tirait vers sa fin, plus on remarquait de mouvement dans les habitans ; plusieurs des principaux paraissaient s'attacher à nous observer, et recherchaient de plus nos dragons. Quatre heures et demie étaient sonnées, la personne qui devait nous prévenir n'arrivait pas; je fus demander à M. Dandoins l'ordre de pouvoir faire seller et charger les chevaux, afin qu'il n'y eût plus qu'à brider en cas d'événement; il me répondit : On nous observe ; la ville n'est pas tranquille, c'est ce qui m'engage à ne faire faire aucun mouvement aux dragons Après cinq heures, M. Dandoins devint lui-même très-inquiet; sa contenance paraissait trahir le trouble dont il était agité; il se promenait à grands pas sur la place, paraissant fort occupé; il revenait ensuite vers les dragons, affectant une tranquillité qui n'était pas naturelle. Cédant à sa juste impatience, il me dit, en particulier: Je vais sur la route, faites en sorte qu'il ne s'absente pas davantage de monde, et tâchez de faire rentrer ceux qui sont sans doute à boire.

Votre valet de chambre paraît, feignant de dormir dans sa voiture ; il est reconnu des dragons : ils s'approchent aussitôt pour lui parler, il leur fait signe de n'en rien faire. Ils en conçurent du mystère : inquiets, ils raisonnaient beaucoup entre eux, faisant des conjectures ; enfin ils finirent par concevoir l'espoir de vous voir bientôt arriver. Cette marque de la bonne disposition où je les voyais toujours, ne m'empêchait pas, malgré cela, d'en être très-alarmé pour les suites auxquelles je nous voyais exposés par un enchaînement d'événemens nuisibles. Notre position devenait de plus en plus très-difficile; sept à huit d'entre eux s'étaient absentés avant le départ de M. Dandoins et ne revenaient pas; ils étaient dans un café ou au cabaret, en proie à la séduction d'un peuple prêt à se soulever; ils y étaient conduits par l'oisiveté. Je jugeai qu'il fallait les en tirer et les occuper au soin de seller et charger leurs chevaux, et nous mettre par cette précaution en état de monter à cheval au moindre bruit qui surviendrait. M. Dandoins se trouvait absent; M. de Lacour, qui s'était promené tout le jour dessus la place, paraissant réfléchir à tout sans se douter de rien, avait fini par entrer, depuis une heure et demie, dans une maison où il était resté à causer; Guillain buvait au cabaret. Alors seul chargé du détachement, je saisis cette occasion pour remplir mon objet; j'ordonne au trompette de sonner le boute-selle, afin d'écarter l'ombre même du mystère. Dans très-peu de temps les dragons abandonnèrent la bouteille ainsi que les bourgeois, et furent tous à leurs chevaux. M. de Lacour vint me demander si le trésor arrivait; je lui dis que je pensais qu'il ne devait pas tarder. M. Dandoins arrive peu de temps après, j'étais devant l'auberge; il m'aborda en me disant : Tout me paraît tranquille, et vous venez de commettre une imprudence en faisant sonner la trompette; je suis revenu promptement, l'ayant entendue de la route; mais, puisque tout est assez calme, dites aux dragons de desseller sans que cela paraisse. Souffrez, lui ai-je répondu, que je vous présente les raisons qui m'ont engagé à ce que j'ai fait faire; le calme qui règne dans ce moment ne durera pas, les esprits sont trop inquiets, nos dragons s'en ressentent, ils remarquent du mystère dans tout ceci; vous avez été témoin qu'on a cherché à les corrompre, ils sont encore bons; je vous réponds que s'ils sont prêts à pouvoir monter à cheval et qu'il survienne quelque chose, ils y monteront; alors si l'on nous attaque, une fois engagés, nous sommes sûrs d'eux, ils chargeront; au lieu que si l'on nous prend au dépourvu, ils nous abandonneront : la voiture peut arriver d'un instant à l'autre, et nous ne pourrons pas nous opposer au projet que l'on pourrait avoir de la visiter, suivant la réponse indiscrète du dragon.

Je sens toutes ces raisons, me dit M. Dandoins; mais je suis fort embarrassé. J'étais bien flatté d'être employé ici; maintenant, par la tournure que les choses prennent, je voudrais pour mille louis ne pas y être venu; il faut, mon ami, faire desseller les chevaux. Il tire aussitôt une petite lettre de sa poche, en me disant: Voyez, voilà ce que l'on me mande, on vient de me la remettre. Le premier détachement va être contraint de se replier; ce que nous attendons est peut-être retardé; l'heure est passée, et nous courons les risques d'être égorgés ici: nous ne pouvons nous en tirer qu'en faisant bonne contenance, affectant de la tranquillité. La chose qui m'inquiète le plus est de pouvoir me défaire de mon porte-feuille, voulant le conserver: Donnez-moi-le, lui ai-je dit, je vous en réponds sur ma tête; mais si vous me croyez, tout ce que vous venez de me dire m'engage de plus en plus à vous prier de laisser les chevaux dans l'état où ils sont; telle chose qui nous arrive, cette précaution est une règle qui ne peut pas nous nuire, et nous serons en état de nous défendre, si l'on entreprenait de vouloir nous arrêter. A l'égard de cette lettre, ce que vous ferez de contraire au plan qu'elle vous trace, sera justifié par la position où nous nous trouvons. Il se mit à réfléchir un instant, et prenant aussitôt son parti, il m'ordonna d'aller faire desseller les chevaux, en me disant: Je prouverai par cette marque de confiance et par ma sécurité apparente, sur l'ordre imprimé dont je suis porteur, qui me charge d'escorter un trésor pour la subsistance des troupes, que je suis de bonne foi, et que j'ignore absolument qu'on me destine à d'autres objets, c'est le parti le plus sage que j'adopte. Alors je m'en fus mettre ses ordres à exécution. A peine y avait-il une demi-heure que les chevaux étaient dessellés, un courrier, M. de Valory, paraît. Il ne connaissait pas la ville; se trouvant sur la place, au lieu de tourner à droite pour aller à la poste, il suivit tout droit, et il fut obligé de retourner sur ses pas. M. Dandoins, dès qu'il l'aperçut, dirigea vers moi des regards très-expressifs; ils exprimaient sa douleur et ses regrets; mais la chose était faite, l'incertitude, l'appréhension avaient préparé sa perte. Douze minutes après ce premier courrier, la voiture arrive, suivie, à dix pas derrière, par un autre courrier, M. Dumoutier. M. de Malden était assis sur le siége; les dragons dans ce moment se trouvaient tous rassemblés autour de M. Dandoins, placé vis-à-vis de la porte de l'auberge:

la voiture du Roi passait à trois pas de nous : le cœur des dragons n'était point encore gangrené : l'honnêteté, le respect, à l'aspect des personnes qu'elle renfermait, quoiqu'ils ne les connussent pas, leur firent porter à tous la main à la visière du casque pour saluer cette auguste famille. Il m'a paru, M. le Duc, qu'un pouvoir invisible leur a fait rendre cet hommage respectueux à notre maître. La Reine nous a rendu d'un mouvement de tête le salut avec cet air de bonté, bienfaisant et majestueux, qu'elle n'était pas la maîtresse d'effacer. Quoiqu'elle se montrât à peine, les dragons restèrent près de nous ; un seul, *Maratte*, s'approcha de la voiture pendant qu'on dételait les chevaux. M. Dandoins, placé à cinq pas devant nous, dans le milieu de la rue, tâchait d'en imposer à trois ou quatre des principaux habitans qui paraissaient très-inquiets et avides de découvrir les personnes qui étaient dans la voiture. M. de Valory passant derrière cette voiture pour aller à la portière, M. Dandoins lui fit un signe de l'œil de faire mettre les relais promptement ; mais n'ayant pas compris ce que ce signe signifiait, il a commis l'imprudence de venir trouver M. Dandoins, lequel fut obligé d'aller quelques pas à sa rencontre, pour s'éloigner un peu des dragons et n'en être pas entendu. Ils se dirent quelques mots qui furent remarqués par les bourgeois et le maître de la poste, qui s'est attaché de plus en plus à regarder dans la voiture. L'inquiétude générale a paru se manifester plus fortement dès ce moment ; cependant aucuns des mal-intentionnés n'osèrent causer d'alarmes ni rien entreprendre ; notre troupe leur en imposait encore assez. Drouet est le seul qui a reconnu le Roi. Tous les habitans des environs de la poste formaient la conjecture, en voyant trois courriers, ou valets, habillés en drap jaune et brillant par l'éclat du drap neuf de leur habit, que c'était le prince *de Condé* qui sans doute était rentré en France incognito, et que le détachement était pour empêcher qu'on ne l'arrêtât en s'en retournant dans les pays étrangers ; enfin, les relais mis, la voiture du Roi part heureusement sans obstacle. Il pouvait être huit heures ; alors M. Dandoins se mit à dire aux dragons : Le trésor n'arrivera peut-être que dans la nuit ; il se fait déjà tard, et nous avons demain une longue route à faire avec les détachemens ; ainsi je dois me rendre ce soir à Auseville ; pour que vos chevaux soient en état de continuer la route, allez seller et charger promptement, pendant que j'irai trouver le maire pour le charger de faire conduire le trésor, quand il arrivera, par un détachement de gardes nationaux, ensuite nous partirons. Plusieurs dragons se mirent à dire qu'ils n'avaient rien mangé depuis onze heures du matin, et qu'ils demandaient du pain et du fromage. M. Dandoins a cru qu'il était prudent d'accéder à cette demande, malgré qu'il pressentait tout ce qu'elle pouvait avoir de funeste. Pendant qu'il leur faisait donner à rafraîchir, j'étais à observer notre sentinelle et le peuple qui s'augmentait à chaque instant considérablement sur la place. La garde de cinquante gardes nationaux arrive, et prend poste à côté de nos écuries, plaçant une sentinelle près de la nôtre; je m'en fus en informer M. Dandoins en particulier. Il quitta les dragons et vint dans la rue nu-tête, affectant de manger son pain et son fromage avec tranquillité; il observa de cette manière tout ce qui se passait. Je lui dois l'hommage de la vérité en disant que, dans ce moment où le danger était évident, son air, son maintien devinrent fiers et imposans. Il retourna vers les dragons pour envoyer seller ceux qui avaient leurs chevaux dans la ville. Comme je ne quittais pas de vue notre sentinelle, j'entendis un bourgeois de bonne mine qui dit au commandant de la garde : Vous ne les laisserez pas partir, vous les empêcherez de monter à cheval. L'officier national lui répond : Envoyez-moi de la poudre, car nous n'en avons pas. Je rentrai aussitôt pour informer M. Dandoins de ce que je venais d'entendre; la fille de Fayette me dit, en passant près d'elle : Vous aviez raison, Monsieur, en m'assurant que ce n'était qu'un trésor que vous attendiez, car c'est la famille royale; Drouet a reconnu le Roi, la nouvelle se porte de porte en porte; dépêchez-vous de partir, les scélérats forment des projets contre vous et pour le faire arrêter. J'allai appeler M. Dandoins sous le prétexte de venir payer la dépense due à l'auberge; je lui rends compte de ce que je venais d'entendre, ainsi que de ce que cette demoiselle venait de me rapporter : il en fut saisi d'effroi. Mon cher Lagache, me dit-il, nous aurons de la peine à nous sauver du cruel embarras où nous nous trouvons; tâchez de sauver mon porte-feuille d'une manière ou d'autre.— N'en soyez point inquiet, et ne perdez point de temps, mon cheval est prêt; tâchez de m'envoyer quatre dragons, les premiers qui pourront monter à cheval : je vous réponds de vous faciliter les moyens d'y monter et d'assem bler votre troupe, en chargeant avec les quatre hommes la garde nationale et cette populace; ils n'ont point encore de poudre, leurs armes ne sont point chargées, je viens de l'entendre. Aussitôt M. Dandoins va retrouver les dragons, et leur dit: L'on veut nous arrêter, j'ignore pourquoi; mais j'espère que nous n'en aurons pas la honte: sellons et chargeons promptement nos chevaux. Aucun d'eux ne se fit répéter cet ordre, ils marquèrent même beaucoup d'empressement à l'exécuter. M. Dandoins, de son côté, les aidait et prêtait tous les soins que donne le vrai courage à la vue d'un danger certain. La rumeur du peuple se fait entendre en voyant les dragons après leurs chevaux; on criait: Ne les laissons pas monter à cheval; qu'on nous apporte vite des cartouches. Au même instant l'alarme sonne de toutes parts et la générale battait; je quitte les soins que je donnais au nommé *Piborde* en attachant son manteau; je sors avec mon cheval, que je monte sous la grande porte; la sentinelle se replie près de moi; la garde nationale nous masquait cette porte en nous présentant la baïonnette, sans oser fondre sur nous. Je tenais mon pistolet à la main. *Bolachain* arrive derrière moi, tenant son cheval par la bride; je lui commande de monter à cheval. Intimidé par cette troupe, il ne fait aucun mouvement; on lui crie: Non, dragon; vos commandans sont des gueux qui vous trahissent. Je lui récidive l'ordre de monter à cheval, en lui disant: Vous laisserez-vous arrêter par cette canaille? obéissez. Non, je ne veux pas y monter, me répondit cet homme. La peur s'était emparée de lui. Alors la garde nationale encouragée veut fondre sur moi, et l'officier saisir la bride de mon cheval; je le couchai en joue, il recula et fit tomber celui qui était derrière lui. Personne n'était prêt que Bolachain, qui m'abandonne; je piquai mon cheval et je traversai cette troupe et une populace nombreuse et lâche, qui, se sauvant de mon passage, criait: Arrêtez-le, tirez sur lui, assommez-le à coups de pierres. Les domestiques de la poste aux chevaux, avec des fourches et des fléaux, voulaient me barrer la rue, et se disposaient à m'assaillir de toutes parts; je passai alors les rênes de la bride dans mes dents et je m'armai de mon second pistolet, les en menaçant de droite et de gauche, et je passai de cette manière au grand galop. Mon cheval a reçu une légère piqûre de fourche à foin à la cuisse; moi, un coup de pierre sur l'épaule, et un très-léger coup de fléau qui ne fit que me noircir la peau aux reins. A trente pas de chez Drouet, il se trouve un petit pont qu'on n'avait point eu le temps de barrer; un brillant et valeureux garde national quitta une dame avec laquelle il venait de se promener, tire son sabre et veut défendre le passage du pont. Je dirigeai mon cheval et mon pistolet droit sur lui; il n'eut que le temps de sauter dans le fossé et de s'enfoncer dans l'eau et la boue jusqu'aux reins. Sorti ainsi de Sainte-Ménehould et arrivé sur la hauteur, je vis, loin devant moi, un homme à cheval allant très-vite; j'imaginai qu'il était envoyé à Clermont à la poursuite du Roi : je pique de nouveau mon cheval, et j'avais gagné un grand tiers du chemin sur lui, lorsque je lui vis prendre un chemin à gauche dans les bois; je l'y poursuivis avec plus de vitesse, pensant qu'il cherchait à m'éviter; mais je le perdis de vue dans la traverse des bois. Contraint d'abandonner mon projet, je retourne sur mes pas pour aller à Clermont, informer M. le comte Charles de Damas de l'événement qui venait d'arriver, afin qu'il pût faire monter son détachement à cheval, s'il n'était pas parti, et l'envoyer à la suite du Roi, et le préserver lui-même d'être arrêté sans s'y attendre, comme la chose aurait arrivé dans la nuit : il était près d'onze heures lorsque j'arrivai à Clermont. A quelques portées de fusil de la ville je mis pied à terre, conduisant mon cheval par la bride, bourdonnant un petit air de chanson, en apercevant deux bourgeois et trois dames qui rentraient de la promenade : l'un d'eux me demanda si notre détachement arriverait aujourd'hui; je lui répondis qu'il ne viendrait qu'avec le trésor, lequel n'était pas encore arrivé lorsque j'étais parti de Sainte-Ménehould. En arrivant devant la porte du Pilloy, je trouvai le sieur Choulle, adjudant du régiment de *Monsieur*, qui attendait son colonel. Je lui demandai si M. le comte de Damas était chez lui; il me répondit que non. Je le priai de vouloir bien l'aller chercher; qu'il fallait que je lui parle tout de suite, devant remonter à cheval. Il me demanda que je lui confie ce dont j'étais chargé, qu'il m'en rapporterait la réponse aussitôt qu'il l'aurait trouvé, qu'il était encore à se promener avec des officiers. Je lui dis qu'il fallait que je parle à lui-même. Enfin, cet homme m'obsédait par maintes questions infructueuses qui me firent augurer que Clermont et le régiment de *Monsieur* n'étaient pas sans se ressentir aussi de quelques inquiétudes. Il s'informait, entre autres choses, si notre détachement arriverait; je lui répondis qu'il ne serait pas rendu avant deux heures. Je profitai de cette occasion qu'il me fournissait pour lui demander si celui de son régiment était prêt à monter à cheval; il me répondit qu'il y avait une bonne demi-heure qu'on avait ordonné de desseller et envoyé les cinquante dragons se coucher. Enfin il partit pour chercher M. le comte de Damas; il revint, quelques minutes après, me dire qu'il ne le trouvait pas. Je fus encore obligé d'essuyer une bordée de ses indiscrètes questions, toujours inutiles et sans fruit, et il s'en retourna une seconde fois à la recherche de son colonel. Il y avait une bonne demi-heure que j'étais dans Clermont à attendre M. le comte de Damas, lorsqu'il vint vers moi avec son adjudant qui l'avait enfin trouvé. Une demi-heure perdue, M. le Duc, en pareil cas, c'est un siècle pour celui qui attend et pour les affaires. M. le comte Charles me demanda en m'abordant ce que j'avais à lui dire; je le priai de me permettre de passer chez lui pour lui remettre mes dépêches : l'infatigable Choulle nous y a suivis. Je me vis contraint de dire à M. de Damas qu'il m'était ordonné de lui parler seul; il me répondit que son adjudant avait sa confiance et que je pouvais parler, ce que je fis, en lui rendant compte de tout ce qui venait d'arriver. Il me demanda le porte-feuille de M. Dandoins; il ôta le paquet qui était dedans, qu'il brûla à la chandelle avec celui dont il était aussi porteur, après quoi il me remit le porte-feuille, en me disant : Je suis bien embarrassé; il n'y a pas une demi-heure que j'ai fait desseller mon détachement, considérant que la voiture était passée tranquillement et voyant que vous n'arriviez pas : ma prudence m'a trompé. Ensuite s'adressant à Choulle, il lui ordonna d'aller avertir tous les dragons et de les faire monter à cheval. Je venais d'éprouver la difficulté de pareille chose; le mystère est toujours dangereux en pareil cas. J'osai prendre la liberté de représenter à M. le comte de Damas que sa position méritait quelque réflexion; qu'il lui serait plus sûr de faire monter son détachement de cinquante hommes, en disant que le nôtre va arriver avec le trésor. Mais comptant trop sur sa troupe, il fut abandonné par elle; et courant les plus grands dangers pour se sauver de Clermont, il m'ordonna, en même temps qu'à Choulle, d'aller dire à M. de Saint-Didier de faire monter nos dragons à cheval, et de nous rendre le plus promptement possible sur la route de Varennes, et de l'y attendre. Je lui en demandai l'ordre par écrit; il me le refusa, et je suis parti, bien résolu de ne point parler de ce refus à M. de Saint-Didier, dans la crainte qu'il ne dérangeât tout ce qui était essentiel qu'il fît pour le Roi.

J'arrivai à Auseville à minuit; M. de St.-Didier était logé chez le curé dont la maison était la première en entrant dans le village. La chambre qu'il occupait était au-dessus de celle du curé; il fallait passer dans un grenier pour y parvenir. Je frappai à la porte, personne ne vint m'ouvrir; enfin, impatient de perdre un temps précieux, je fus appeler M. de St.-Didier à sa fenêtre, jetant de petites pierres pour l'éveiller; il vint enfin, et me demanda ce qu'il y avait de nouveau; je lui dis de descendre, qu'il fallait que je lui parle; il me répond que son laquais était couché à l'écurie; qu'il n'avait point de chandelle et qu'il ne savait pas où passer pour venir m'ouvrir; que je n'avais qu'à lui dire ce que c'était. J'eus toute la peine du monde à lui faire prendre le parti de venir m'ouvrir, me disant : Il faut que je traverse un grand grenier, et j'ignore où est la porte, ne voyant pas clair. Effectivement, il se perdit dans le grenier; son domestique fut éveillé par le curé, et il vint m'ouvrir après avoir attendu une longue demi-heure. Je communiquai à M. de St.-Didier l'ordre de M. le comte de Damas de se rendre, le plus promptement possible, sur la route de Varennes, et je lui fis part de tout ce qui venait d'arriver. Sa surprise fut grande; son embarras ne l'était pas moins à cette nouvelle. Il ne connaissait pas les logemens des officiers, et il ne lui restait pas de trompette pour avertir sa troupe. Je fus aussitôt trouver Bontemps et éveiller Moulette, maréchaux-de-logis; je les chargeai d'aller promptement faire monter les dragons de leur compagnie à cheval. De mon côté, je fus avertir tout ceux dont les logemens m'étaient connus. Au bout de très-peu de temps, huit à dix de la compagnie se trouvèrent prêts; les autres demandèrent un temps infini à s'assembler. J'avais trouvé Bontemps encore levé, se querellant avec son hôte, lequel avait des inquiétudes sur l'emploi que l'on voulait faire de toutes les troupes qui étaient en marche; disant que l'on avait envie de trahir la nation. Cet homme fit beaucoup de bruit, quand il me vit commander le sieur Bontemps de faire monter les dragons à cheval; il sortit de chez lui, éveillant ses voisins, pour les ameuter; mon pistolet à la main, je le fis rentrer dans sa maison ; mais il continuait de crier pour alarmer. A Clermont, on battait la générale et le tocsin depuis près de trois quarts d'heure ; on l'entendait parfaitement depuis Auseville. Les paysans voulurent en faire autant ; nous avions déjà vingt dragons à cheval. Je pris Saby et Lesseline ; je fus les placer à la porte du clocher pour empêcher que personne n'y entrât, et je menaçai le tambour, s'il osait battre, de lui passer mon sabre au travers du corps. Le reste des dragons n'arrivait pas, et il était plus d'une heure ; l'instant pressait ; ceux qui étaient à cheval étaient dans la meilleure disposition ; ils furent même bouillans de colère, lorsque je leur ai dit (quand ils furent rassemblés) que nous allions au secours de nos camarades qu'on avaient arrêtés ; enfin, au bruit de l'alarme occasionée par Clermont, il arrivait dans Auseville du monde de tous les villages voisins. L'instant pressait ; je proposai à M. de St.-Didier de marcher sur Varennes avec la portion de dragons qui étaient rassemblés. Le danger commençait à se manifester par la conduite des habitans, et M. de St.-Didier me répond qu'il ne pouvait pas partir sans se déshonorer en laissant des camarades derrière, les abandonnant à la fureur du peuple : le seul M. Dupain était avec nous. M. de Campagno et M. de La Boulaye n'avaient point encore paru ; ils s'étaient trouvés profondément endormis, et ne furent éveillés que par le bruit que firent leurs hôtes ; nous les avons attendus, ainsi que le reste des dragons, près d'une heure. A l'instant où ils parurent, des courriers arrivèrent aussi de Clermont pour annoncer que le régiment de Monsieur, dragons, avait refusé de marcher, et que la municipalité ordonnait aux gardes nationaux de ne pas nous laisser partir. M. de St.-Didier détache Bontemps en ordonnance pour aller voir à Clermont tout ce qui s'y était passé ; enfin, tous les instans les plus précieux furent employés de cette manière. A trois heures du matin arrive un cavalier de maréchaussée qui vint annoncer la nouvelle que le Roi était arrêté à *Varennes*, et d'y porter des détachemens de gardes nationaux. M. de St.-Didier, sentant alors qu'il n'y avait plus de ressource, fit mettre pied à terre à cette portion de dragons qui étaient constamment restés à cheval. La municipalité voulait lui faire un crime d'avoir fait monter les dragons à cheval, lui disant : Vous étiez dans la trame du départ du Roi. Je répondis pour lui au maire qu'étant d'ordonnance à Clermont, j'étais venu l'avertir que le tocsin et la générale y battaient, et que les dragons de *Monsieur* se disposaient à monter à cheval; qu'en conséquence, l'ordonnance exige que toutes les fois que l'on entend le tocsin ou la générale, le commandant d'une troupe doit la faire monter à cheval, et ensuite aller prendre les ordres de la municipalité. C'est ce que Monsieur se disposait de faire. Je le tirai de cette manière des tracasseries qu'on lui faisait. J'avoue qu'il a mis infiniment de vigueur et de fermeté pour résister aux insultes qu'on lui fit. Bontemps arrivait de Clermont, et dit à M. de St.-Didier qu'il fallait que je songeasse à ma sûreté, qu'on allait venir m'arrêter, et je m'évadai, etc.

N° VI.

Rapport du sieur Drouet.

M. *Drouet.* Messieurs, voici le rapport des faits : Je me nomme Drouet, maître de poste à Ste-Ménehould, anciennement dragon au régiment de Condé; mon camarade se nomme Guillaume, commis du directoire de Ste.-Ménehould, ancien dragon au régiment de la Reine.

L'an 1791, le 21 juin, sur les sept heures et un quart du soir, un équipage de deux voitures et onze chevaux arrivèrent à la porte de Ste.-Ménehould; je crus reconnaître, dans l'une des voitures, la figure de la Reine que j'avais déjà vue; apercevant ensuite sur le devant un homme un peu gros, je fus frappé de sa ressemblance avec l'effigie du Roi empreinte sur un assignat de cinquante livres. L'arrivée subite d'un détachement de dragons qui avait succédé à un détachement de hussards, destinés l'un et l'autre à protéger le passage d'un trésor, à ce qu'on m'avait dit, me confirma de plus en plus dans mes soupçons, surtout lorsque je vis l'homme que je croyais le Roi parler d'un air animé et à voix basse au courrier qui précédait l'équipage. L'empressement des courriers de faire atteler des chevaux, commandés depuis le matin par un aide-de-camp (M. Goguelat), concourait encore à l'évidence. Cependant craignant d'être l'auteur d'une fausse alerte, et me trouvant alors seul, sans pouvoir consulter personne (j'ai l'honneur d'observer à l'Assemblée que ma maison est la dernière de Ste.-Ménehould), je laissai partir la voiture; mais voyant aussitôt les dragons prêts à monter à cheval pour l'accompagner, je courus au corps-de-garde; je fis battre la générale; la garde nationale s'opposa au départ des dragons; et me croyant alors suffisamment convaincu, je me mis avec M. Guillaume à la poursuite du Roi; et arrivés près de Clermont, nous fûmes informés, par le postillon qui conduisait la voiture du Roi, que le Roi venait d'y passer.

Alors nous passâmes par derrière Clermont, et nous gagnâmes par des chemins détournés, de manière que nous arrivâmes à Varennes assez tôt pour être auprès du Roi avant qu'il partît; il était alors onze heures du soir; il faisait très-noir; tout le monde était couché à Varennes; les voitures étaient le long des maisons, et il y avait une dispute entre les postillons et les conducteurs des voitures: le maître de poste de Clermont avait défendu à ses postillons de partir de Varennes sans avoir fait auparavant rafraîchir leurs chevaux. Le Roi, craignant qu'on ne fût à sa poursuite, voulait hâter son départ, et ne voulait point du tout entendre parler de rafraîchissement; de sorte que, dans l'instant où ils se disputaient, nous courûmes vite dans la ville, et nous mîmes nos chevaux dans une auberge que nous trouvâmes ouverte. Je parlai à l'aubergiste; je le tirai à part, parce qu'il y avait beaucoup de personnes dedans; je ne voulais pas être entendu; je lui dis: Camarade, es-tu bon patriote? Oui, n'en doute pas, me répondit-il. Eh bien! mon ami, si cela est, cours vite avertir ce que tu connais d'honnêtes gens, dis-leur que le Roi est en haut de Varennes, qu'il va descendre et qu'il faut l'arrêter. Alors il s'en alla effectivement avertir du monde; d'un autre côté, nous descendîmes dans la ville, et nous fîmes réflexion qu'il ne fallait pas crier aux armes ni sonner l'alarme avant d'avoir barricadé les rues et le pont par où le Roi devait partir; en conséquence, nous nous transportons, mon camarade et moi, près le pont de Varennes; il y avait précisément tout auprès une grosse voiture chargée de meubles: nous la plaçons en travers du pont; puis nous allons chercher plusieurs autres voitures, de manière que les chemins étaient embarrassés au point qu'il était impossible de passer; alors nous courûmes chez M. le maire et chez M. le commandant de la garde nationale. Dans l'espace d'un demi-quart-d'heure, nous eûmes huit à dix hommes de bonne volonté, dont je dirai les noms en temps et lieux; nous arrivâmes justement comme le Roi descendait; alors le procureur de la commune et le commandant de la garde nationale s'approchèrent de la voiture, et interpellèrent les voyageurs de dire qui ils étaient; la Reine répondit qu'ils étaient très-pressés; qu'ils priaient instamment de les laisser passer; on insista; on dit qu'il fallait voir s'ils étaient munis de passe-ports; ils montrèrent effectivement un passe-port, en disant cependant qu'il n'était pas trop nécessaire; elle donna donc son passe-port à deux dames d'honneur qui descendirent, et vinrent à l'auberge le faire lire. Voici en peu de mots quelle était la substance de ce passe-port: Vous laisserez passer la duchesse ou comtesse, ou baronne de Korff, etc. Ceux qui entendirent la lecture du passe-port et qui le virent, dirent que cela suffisait. Nous répondîmes que non, parce qu'il n'était signé que du Roi, et qu'il devait être signé du président de l'Assemblée nationale. Je fis diverses objections: Mesdames, leur dis-je, si vous êtes étrangères, pourquoi avez-vous assez d'influence pour faire partir incontinent après vous un détachement de cinquante dragons qui étaient à Ste.-Ménehould? Pourquoi, lorsque vous passâtes à Clermont, aviez-vous encore la même influence pour faire partir le détachement qui était à Clermont? pourquoi, à l'heure où je vous parle, y a-t-il un détachement de hussards?

Après ces observations, on délibéra qu'ils ne partiraient que le lendemain; ils descendirent de voiture et montèrent dans l'appartement, etc., etc.

N° VII.

Rapport de M. Remy.

Narré fidèle de ce que j'ai vu avant et après le passage du Roi à Clermont et Varennes. (1791.)

L'obéissance m'a fait partir de St.-Mihiel pour faire le logement d'un détachement de cent cinquante dragons du régiment de *Monsieur* qui avait ordre du commandant de la province de se rendre à Mouzon où le colonel, M. le comte Charles de Damas, me dit que je serais nécessaire pour l'établissement de cette troupe. Un détachement plus faible, de royal-dragons (dont M. le duc de Choiseul était colonel) en garnison à Commercy, vint nous joindre à St.-Mihiel pour marcher avec nous.

Après deux jours de marche, j'arrive avec le logement à Clermont où nous avons séjour, prévenu cependant qu'il serait possible, d'après les représentations que M. de Damas avait faites à M. de Bouillé, sur la longueur de la journée de Clermont à Stenay (dix lieues), que nous reçussions l'ordre d'aller coucher à Varennes le jour du séjour pour abréger la journée du lendemain de quatre lieues.

A mon arrivée à Clermont, les membres de la municipalité me paraissent inquiets sur la marche de nos différens détachemens, me disant qu'il était passé des hussards allant du côté de Châlons, que nous remplacions ces hussards, et qu'ils ne pouvaient deviner pourquoi toutes ces troupes en mouvement dans la paix la plus profonde. En vain je cherche à les rassurer, ils me disent qu'ils ne sont pas dans une si grande sécurité que moi, qu'ils se défient de M. de Bouillé qu'ils regardent comme un homme dangereux : ils font néanmoins le logement. Notre détachement reste à Clermont, et celui de Royal va dans un village voisin. Les municipaux à qui je fais part de l'espoir que nous avions d'aller coucher à Varennes, le jour du séjour, commandent en conséquence les chevaux pour les équipages et le caisson.

Le jour du séjour, un détachement de trente hommes, commandé par M. de Floirac, reçoit l'ordre de se tenir prêt à monter à cheval dans l'après-dîner, pour escorter un trésor venant de Paris; les chevaux sont sellés, chargés, la bride à l'arçon.

Vers quatre heures, le colonel, les officiers et une grande partie des dragons se promènent sur la route de Paris.

Un cabriolet passe vers huit heures, il contenait deux hommes, un m'était inconnu, je crus avoir vu l'autre quelque part sans chercher à me rappeler où.

A huit heures et demie, M. de Damas donne l'ordre pour desseller afin que les dragons puissent s'aller coucher pour partir le lendemain matin à quatre heures.

Vers neuf heures, un officier de la garde nationale fait battre la générale, parce qu'une femme qu'il a traitée d'aristocrate lui a donné un soufflet. Des municipaux réprimandèrent le tambour qu'ils font discontinuer : l'officier et les municipaux avaient sacrifié à Bacchus.

L'alarme passée, des groupes se forment çà et là, compères, commères, chacun parle du soufflet. J'étais alors avec mes hôtesses sur un banc devant la maison.

Vers neuf heures et demie, j'aperçois une superbe voiture venant de la poste et allant du côté de Varennes ou de Verdun; deux beaux hommes en vestes et culottes couleur chamois étaient à cheval chaque côté de la portière, ils passent à mes pieds, mais le crépuscule ne me permettant pas de distinguer les objets, je monte sur le banc, et je crois reconnaître alors que la voiture est remplie de personnes qui me sont inconnues. Chacun observe également cette voiture, en jase, mais elle passe tranquillement.

Vers dix heures, voyant une ordonnance de hussards s'avancer au pas de mon côté, parlant à des dragons, je vais au-devant de lui et je le conduis chez mon colonel à la porte duquel j'aperçois un cheval de dragon attaché et couvert de sueur : je monte, le maréchal-des-logis de Royal qui venait de Ste.-Ménehould, avait rempli sa mission, et le hussard qui venait de Varennes dit qu'il avait ordre de venir au-devant du régiment de *Monsieur*, jusqu'à ce qu'il le rencontre. Cet ordre lui avait été donné verbalement, il n'était porteur d'aucun écrit.

M. de Floirac, capitaine dont j'ai parlé plus haut, était chez M. de Damas qui descend avec nous, en nous ordonnant de dire à tous les officiers et sous-officiers et dragons, de monter et faire monter à cheval, et à moi spécialement de faire atteler le caisson où se trouvaient la caisse du régiment et des cartouches.

Ceux des dragons qui ne sont pas couchés courent à leurs chevaux; la crainte de la municipalité, passée dans l'ame des bourgeois, les engage à s'opposer à la sortie des dragons logés chez eux; les uns s'y prennent de vive force, les autres sortent et ferment leurs portes, ce qui oblige plusieurs dragons à descendre par les fenêtres; enfin la municipalité fait battre la générale, M. de Damas fait sonner à cheval, on illumine la ville et on sonne le tocsin.

Mes hôtesses, chez lesquelles je rentre pour prendre mon manteau, emploient en vain pour me retenir tous les moyens possibles: j'aide mon dragon à brider nos chevaux, en excitant les autres à se dépêcher de nous suivre; je pars avec mon dragon seul, des bourgeois nous présentent la baïonnette pour nous empêcher de passer, je pousse le poitrail de mon cheval sur elles; employant la voix de la persuasion au lieu de sabre, et je parviens sur la place où je trouve mon colonel et quelques dragons qui se formaient en bataille.

Je reçois l'ordre de partir sur-le-champ, je prends avec moi les six premières files, ne pouvant rassembler mon logement. Les bourgeois que l'on voit çà et là chargent leurs armes, voulant en vain s'opposer à ma sortie de la ville; j'emploie les mêmes armes qui m'avaient réussi et elles me réussissent de nouveau.

L'adjudant Fouque vient me redemander partie de mon détachement, je lui rends huit hommes, je n'en garde que cinq.

J'avais laissé M. de Damas environné des officiers municipaux qui s'opposaient au départ de la troupe.

Ignorant les motifs de notre marche, je m'étais contenté de demander vaguement dans la journée, par où nous devions sortir de la ville pour nous rendre à Stenay, faute impardonnable de n'avoir pas été le reconnaître si j'avais été instruit de quelque chose, et qui paraîtra sans doute excusable dans l'ignorance où je me trouvais.

En sortant de la ville, je prends la route de droite et *je m'éloigne lestement pour rattraper la voiture dont j'ai parlé plus haut, dans laquelle je prévoyais alors des personnes importantes* (*M. de Damas m'ayant ordonné à mon départ de la joindre et que j'en répondais*). Nous allions *grand train depuis deux heures*, quand inquiet de ne voir ni voiture, ni Varennes, je prends des renseignemens près d'un roulier *que je rencontre, qui m'apprend que je suis près de Verdun et que je n'ai point d'autre chemin pour gagner Varennes, que de retourner sur mes pas jusqu'à Clermont. Au désespoir,* je m'oriente et je marche à travers champs sur Varennes. Un vieux dragon de mon détachement veut me quitter, un mouvement à ma fonte le fait suivre, et il ne me quitte qu'à Varennes.

Passant dans un petit village où les habitans étaient ensevelis dans un profond sommeil, je prends des renseignemens sur la route que je dois suivre : j'arrive bientôt dans un bien plus considérable qui présentait deux grandes rues où j'aperçois de l'agitation et les habitans devant leur porte, ayant l'air de se disposer à venir à nous : nous étions au pas ; un particulier passe à côté de moi en me prévenant que je me tienne sur mes gardes (il semblait venir du château devant lequel nous passions) ; en entrant dans la grande rue de droite, les paysans s'ébranlent pour venir à nous, nous passons au galop, et, arrivés sur la grande route de Clermont à Varennes, nous reprenons l'allure du pas pour laisser souffler nos chevaux.

A quelque distance de-là, j'aperçois une troupe de paysans armés, nous faisant face et se disposant à nous disputer le passage ; à vingt pas d'eux, nous partons au galop toujours le sabre dans le fourreau, et cette troupe saute à gauche et à droite dans les fossés. A quelques toises de-là nous remettons nos chevaux au pas.

Accablé de douleur, dans la crainte qu'il ne soit arrivé quelque accident à la voiture, et que le régiment soit devant moi, je joins un homme armé d'un fusil, qui allait du côté de Varennes, et je lui fais différentes questions sur ce qui m'occupe ; il balbutie, et je n'en peux rien tirer : une femme, plus loin, m'apprend que le Roi et sa famille sont arrêtés à Varennes, et qu'elle n'a point vu d'autres dragons que moi. Je n'entreprendrai point de peindre ma situation alors ; elle fut horrible. Il n'est pas possible, dis-je, en fixant mes dragons, qu'un Roi soit prisonnier par ses sujets ; qui peut avoir le droit d'arrêter son maître ? Leur figure, une exceptée, me fit présumer que je pouvais compter dessus.

J'aperçois aussitôt quelques personnes armées à l'entrée de Varennes ; le nombre augmente sur-le-champ, et bientôt je découvre une troupe en bataille au moins de cinquante hommes ; il était quatre heures du matin.

A portée du mousquet, un peloton vient me reconnaître et m'enjoint de ne pas aller plus loin : la troupe était en joue, et un coup de fusil était parti sans nous atteindre aucun : je fais faire halte à mes dragons, et j'avance seul pour parler au commandant que j'appelle et que je joins. Il me confirme le dire de la femme et l'impossibilité où il est de me laisser entrer dans la ville. On va chercher le commandant de la garde nationale qui permet que mon détachement approche des fortifications ; c'était une pièce de bois placée transversalement sur la route, sans doute pour empêcher les voitures de passer; il veut bien également que je l'accompagne à la municipalité à laquelle je lui dis avoir à rendre compte du motif de ma venue.

Après avoir prouvé au citoyen Sauce et compagnie, ma feuille de route en main, que je vais faire le logement à Stenay d'un détachement de dragons du régiment de *Monsieur*, demandé une écurie pour faire rafraîchir nos chevaux, je lui expose l'embarras où je suis, et le désir que j'ai de prendre de nouveaux ordres de mes supérieurs militaires. La figure allongée et pâle, le citoyen Sauce me regarde; j'insiste de nouveau sur le placement de mes chevaux; il sort alors de sa léthargie pour me dire que les rues sont remplies de clous, et qu'ils s'estropieront tous s'ils entrent dans la ville. Vous êtes dans l'erreur, lui dis-je, je viens de la traverser, et je n'y ai pas vu une broquette. Devinant pourquoi il a l'air si épouvanté, je lui répète que je n'ai avec moi que cinq hommes; qu'un si petit nombre n'étant pas dangereux, il n'y a pas d'inconvénient à me permettre d'entrer; on envoie enfin débarrasser une écurie à l'entrée de la ville où il m'est permis de placer nos chevaux : je les y amène, je fais acheter du foin et ce qui convient aux hommes pour rafraîchir, et je retourne à la commune pour tout observer et me conduire en conséquence.

Le tribunal du district était là; j'y trouve mon hôte de Clermont qui en faisait partie, je l'accoste, et nous descendons ensemble pour aller prendre du café, lorsque, rencontrant M. Romeuf, aide-de-camp de La Fayette, nous remontons sur-le-champ avec lui; il lit l'ordre d'arrêter le Roi et de le conduire à Paris. Le tribunal et la commune accompagnent M. Romeuf chez le Roi, et je suis ces autorités jusqu'à la porte du Monarque. J'y rencontre M. de Floirac; j'avais déjà aperçu M. de Damas à la commune, mais je n'avais pu lui parler.

Je reste devant chez le Roi avec M. de Floirac qui m'apprend que le détachement du régiment est resté à Clermont; que M. de Damas n'ayant pas voulu employer la force pour le sortir de la ville, lui, Floirac, avec deux maréchaux-des-logis qu'il me nomma, l'ont accompagné pour venir prendre les ordres du Roi et lui rendre compte de ce qui se passe.

Vers cinq heures et demie environ, des bourgeois et paysans armés, sur deux rangs, au nombre d'à peu près deux mille, se trouvaient dans la rue où était le Roi; les habitans des environs grossissaient cette troupe à chaque instant, la gendarmerie ayant été envoyée de tous côtés pour appeler des renforts.

Une petite vieille pièce de canon double, placée sous une fausse porte qui servait d'entrée à cette nouvelle rue Royale, était braquée sur cette troupe bourgeoise dont je viens de parler, et la prenait en flanc : cette pièce n'était gardée par personne.

Des hussards de Lauzun, à cheval sur la place et sans officiers, buvaient du vin tour à tour dans une cruche, criant avant et après boire, vive la nation! et n'en perdaient pas pour cela leur alignement.

Sans perdre de vue la porte du Roi, j'allais çà et là, livré aux réflexions les plus douloureuses, un peu consolé cependant de me trouver sous les ordres de mon colonel, quand j'aperçois les autorités sortir de chez le Roi qui consent, m'apprend-on, à retourner à Paris.

Je joins sans ordre mon détachement que je fais monter à cheval et mettre en bataille devant l'écurie, pour être en état d'exécuter les ordres que je pourrais recevoir.

Vers sept heures et demie, je vois avancer la voiture royale suivie des officiers municipaux et entourée d'une troupe de gens armés; elle passe près de moi, et allait si lentement que je distingue la Reine me rendre mon salut, ainsi que la vertueuse et trop sensible Madame Élisabeth et les deux enfans. Le Roi fit un mouvement qui marquait la douleur la plus profonde et le plus grand accablement; la Reine paraissait plus souffrante encore.

Je n'entreprendrai point, et c'est hors de mon sujet, de peindre ce qui se passa dans mon ame à cette vue; je n'ai de ma vie rien éprouvé de semblable, et cette scène déchirante ne s'effacera jamais de mon souvenir.

La voiture était déjà loin, et nous étions toujours dans la même position, quand l'idée que MM. de Damas, de Choiseul et de Floirac (les deux maréchaux-des-logis étaient à cheval avec moi) pouvaient être arrêtés, me tira de l'espèce de léthargie où je me trouvais; je calculais s'il y avait moins d'inconvénient à envoyer un maréchal-des-logis au-devant d'eux que d'y aller avec ma troupe, quand je les aperçois avec un officier municipal.

La satisfaction que j'éprouve à cette vue est bientôt troublée.

Des femmes s'approchent d'eux, en criant: C'est le duc de Choiseul ! et sur-le-champ ils sont environnés : je fais avancer mon détachement, et nous écartons cette foule. L'officier municipal propose à ces MM. de retourner à la commune, pour tranquilliser les habitans ; ils y consentent, et je les suis pour veiller à leur sûreté.

Je me mets en bataille le dos à la commune, en face de la petite place où arrivent à chaque instant des détachemens des villes et villages voisins. A chaque arrivée on cherche à monter les têtes contre nous ; on nous menace, on nous met en joue, et je suis obligé plusieurs fois de m'avancer au milieu de la foule égarée pour chercher à la calmer : d'instant à autre, le trouble augmente avec les arrivans.

L'officier de gendarmerie vient m'offrir à rafraîchir ; j'accepte avec reconnaissance un verre de vin dont j'avais grand besoin, n'ayant rien pris depuis le dîner de la veille. Sa dame vint me l'apporter voyant que je ne veux pas descendre de cheval, et m'invite à aller prendre quelque chose chez elle quand je mettrai pied à terre.

A trois heures après midi, nos chevaux fléchissant sous nous, j'obtins la permission de les placer dans l'écurie de la gendarmerie qui était à côté de la commune, et je recommande aux dragons de rester derrière les chevaux et d'envoyer chercher des rafraîchissemens.

M. de Floirac avait été ou à cheval avec nous, ou dans la salle de la commune ; j'avais été également, pendant qu'il prenait ma place à la tête du détachement, voir plusieurs fois ce qui s'y passait ; il était facile de prévoir que la journée serait orageuse. Le seul officier municipal resté, n'étant plus respecté de la foule, sa pusillanimité pouvait causer des maux incalculables.

Descendu de cheval, je me rends chez le commandant de la gendarmerie ; son épouse me fait cuire des œufs ; lui était avec des arrivans.

Inquiet, je sortais à chaque instant pour observer ce qui se passait ; enfin, je venais de me mettre à table, quand une femme, sans doute amie de la maison, entre, et me dit. Monsieur, vous courez les plus grands dangers, on en veut à vos camarades et à vous surtout ; et si vous restez un instant de plus, vous compromettez les honnêtes gens chez qui vous êtes. Sans dire un mot, je saute sur mon casque et je m'élance au milieu de la place où je suis sur-le-champ entouré par une troupe à demi-ivre d'eau-de-vie. Les baïonnettes de cette troupe effrénée sont dirigées sur toutes les parties de mon corps, et sans craindre la mort que je croyais inévitable, je leur reproche leur conduite infâme. Le désespoir me donne de la force et de l'éloquence. Un vieux soldat du corps des mineurs, qui s'aperçoit que les esprits se calment, s'écrie: Ne vous laissez pas séduire par lui! défiez-vous de la noblesse! etc. Je n'ai pas l'honneur d'être noble, dis-je, mais j'en ai les sentimens, etc. Les pointes des baïonnettes que je sentis en même temps que j'entendis le bruit de l'armement des fusils, me fit crier à cette multitude : Puisque vous en voulez tant à mes jours, séparez-vous, ou vous allez vous entretuer. A peine je finissais qu'une compagnie de volontaires de Verdun baïonnettes en avant écarte la foule et m'environne à l'instant. Son commandant emploie les formes les plus honnêtes pour m'engager à lui remettre mon sabre, disant que lui et ceux qu'il a l'honneur de commander n'ont en vue que ma conservation. Il forme si bien sa petite troupe qu'il parvient à me rendre sain et sauf à la prison dont la chambre d'entrée servait de corps-de-garde, et où je trouve mon détachement, moins le dragon dont j'ai eu occasion de parler, et qui, dans la journée, s'était sauvé de Varennes à Clermont. On nous fait passer dans un cachot, et j'apprends que MM. Choiseul, Damas, Floirac, Romeuf et un maréchal-des-logis sont dans un autre.

Mon maréchal-des-logis (Lapotterie), plein d'honneur et de bravoure, est cependant inconsolable; les dragons sont plus résignés, et quoique, pour mon compte, extrêmement inquiet des événemens futurs, je cherche à les tranquilliser; enfin accablé, je m'endors aux cris et aux vociférations de la multitude.

Deux fois, la nuit, on bat la générale, on cherche en vain à parvenir à nous ; les volontaires dont j'ai parlé plus haut, qui nous gardent, tiennent parole ; ils écartent ceux qui cherchent à nous ajuster par les trous qui donnent de l'air à nos cachots, et ne laissent pénétrer personne dans leur corps-de-garde. On cherche également à mettre le feu à la toiture de notre prison.

Enfin, à quatre heures du matin, un gros homme en habit de garde national avec des épaulettes de major, vient annoncer à mon détachement qu'il sortira pour retourner à Clermont, et que moi, comme chef, ayant à rendre compte de mes actions, je vais partir avec mes supérieurs pour Verdun, où on instruira notre procès. A cinq heures et demie, je joins MM. Choiseul, Damas et Floirac, et nous montons ensemble dans la voiture qui doit nous rendre à Verdun.

A la sortie du cachot, je remarquai sur les visages de mes braves campagnons la peine que notre séparation leur faisait éprouver. Lapotterie avait en vain demandé de nous suivre.

P. S. J'ai oublié de parler de l'alerte donnée à Varennes par l'arrivée de royal-allemand près de ses murs, environ deux heures et demie après le départ du Roi, et du trouble que cette nouvelle y occasiona. Des hussards et un trompette de Lauzun passaient et repassaient devant nous au galop; on criait: Les hussards reconnaîtront; ils couraient donc du côté de Dun; on recriait: Ils vont entrer (en parlant de royal-allemand) par l'autre côté. Un trompette y galoppait : tout était confusion quoiqu'il n'y eût pas grand monde, je n'ai pu savoir qui y commandait : nous restâmes donc tranquilles spectateurs de ce tumulte, attendant les événemens. Royal-allemand s'en retourna, mais n'emmena point avec lui les craintes des habitans; car le lendemain, dans notre route de Varennes à Verdun, on fit halte et nous pensâmes être fusillés parce que notre escorte crut apercevoir royal-allemand qui venait nous délivrer.

Certifié sincère et véritable par nous soussigné quartier-maître-trésorier du régiment de dragons de *Monsieur*.

Signé Remy.

N° VIII.

Rapport de M. Aubriot. (1791.)

Je reçus de M. le duc de Choiseul, par l'organe de M. Dandoins, capitaine au régiment de royal-dragons, l'ordre de me transporter chez lui; je m'y rendis. M. le duc me fit l'honneur de me dire que, depuis long-temps, il avait à cœur mon avancement; que le grade d'aide-de-camp, pour lequel il me croyait propre, m'en fournirait l'occasion, et qu'il m'y ferait promouvoir. Pénétré de la plus vive reconnaissance, je remerciai M. le duc, et acceptai ses offres avec joie. Il ajouta que son intention était de me conduire dans le sentier de l'honneur; qu'il espérait que je ne démériterais pas de la bonne opinion qu'il avait de moi. Je ne dirai pas ce qui, dans ce moment, se passa dans mon ame; les idées s'y succédèrent avec trop de rapidité: celle d'un père mort au milieu des combats, l'espoir d'obtenir le même avantage en soutenant la plus noble cause que jamais on puisse présenter au tribunal de l'honneur, l'appel d'un chef aussi recommandable que M. le duc de Choiseul, l'ambition de la gloire enfin...

Je partis le lendemain pour Nancy; j'y achetai deux chevaux et ce qui m'était nécessaire pour le service auquel j'étais destiné. Ainsi pourvu, M. le duc de Choiseul m'expédia pour le Pont-de-Sommevelse, et me traça la route que voici: De Void à Commercy, Sampigny, Pierrefite, Clermont en Argonne, Sainte-Ménehould et le Pont-de-Sommevelle, où je devais l'attendre. Le quatrième jour, M. le duc de Choiseul arriva dans une chaise de poste, accompagné de Léonard, valet de chambre de S. M. la Reine de France. J'éprouvai une grande satisfaction lorsque je me vis réuni à M. le duc, qui, sous le prétexte de voir si nos chevaux nous convenaient, m'entraîna dans le fond de l'écurie. Ici commence la narration des malheureux événemens qui, déjouant les plans les mieux concertés, ont frustré nos espérances, et amené cette affreuse journée qui couvrit une partie de la France d'opprobre et l'autre de deuil. Mon jeune chef me tint ce discours; des larmes lui coulaient des yeux, c'étaient des larmes de joie, et nous étions loin de penser qu'elles n'étaient que le pressentiment de la douleur. Après s'être assuré si nous étions sans témoins: Vous allez voir, me dit-il, jusqu'à quel point s'étend ma confiance envers vous: vous aurez l'honneur de protéger le Roi, la Reine, monsieur le Dauphin, Madame Royale et Madame Élisabeth. Les factieux avaient juré leur perte; les Français fidèles aux principes de la monarchie vont les sauver: jurons de répandre la dernière goutte de notre sang pour cette auguste famille.

J'éprouvai alors un frémissement universel; mes jambes cédaient sous le poids de mon corps, des étincelles de feu se glissaient dans mes veines; enfin cette confidence (je n'avais encore jusque-là que des présomptions) me jeta dans un tel désordre, qu'il m'était impossible de répondre à M. le duc, qui était aussi agité que moi. Mais mes sens bientôt se calmèrent, et je jurai d'abondance de cœur que je défendrais mon Roi et son auguste famille, et que j'étais prêt à me sacrifier pour leurs personnes sacrées : alors il m'ordonna de faire tenir nos chevaux prêts pour une heure après midi; que c'était pour cet instant que la voiture du Roi arriverait. Il était dix heures environ, je fis préparer à dîner.

M. le duc écrivit un billet qu'il me confia : Allez, me dit-il, du côté de Sainte-Ménehould, vous rencontrerez un détachement de cinquante hussards de Lauzun; vous donnerez ce billet à l'officier, vous l'amènerez, lui et ses hussards, dans la même auberge que nous. Je n'eus pas fait six cents pas que j'aperçus les hussards, et je m'acquittai de ma commission. Je commandai un dîner pour les soldats; nous nous mîmes à table, M. le duc, M. Boudet, officier de Lauzun, commandant du détachement que je venais d'amener, M. de Goguelat, adjudant-général, et moi. Notre dîner fut court, nous comptions les minutes; plus nous approchions de l'heure fortunée qui devait sauver la France, plus notre ardeur devenait impatiente. L'heure sonne, et rien ne nous indique la prochaine arrivée du Roi. Sur les trois heures, elles augmentent; des cavaliers de maréchaussée passaient et repassaient de Sainte-Ménehould à Châlons, et de Châlons à Sainte-Ménehould; elles redoublèrent lorsque le maître de poste du Pont-de-Sommevelle vint me trouver, et me dit que le bruit se répandait que le Roi allait passer. Je me composai comme je pus, et lui répondis que ceux qui tenaient ces propos étaient mal instruits; que les hussards qu'il voyait étaient destinés à escorter un trésor considérable : effectivement les hussards le croyaient eux-mêmes. Je fus rendre compte de la confidence du maître de poste à M. le duc qui commença à présumer que nos inquiétudes avaient quelques fondemens; mais comme rien n'est capable de l'abattre, il rêva un instant, et nous dit : La ville de Châlons est instruite qu'ici est un poste de hussards, en le quittant nous faisons cesser ces alarmes; il ne serait pas prudent d'y rester plus long-temps. Vers les cinq ou six heures du soir, il donna le signal du départ. M. de Goguelat lui fit observer qu'il ne serait pas prudent de passer par Sainte-Ménehould, parce que leur présence dans cette ville, qui n'était pas prévenue de leur arrivée, y avait causé une émeute ; il fut donc arrêté que je partirais pour aller chercher un guide à Auve, qui nous conduirait à travers la forêt de Clermont à Varennes, garnison du détachement de Lauzun. La bonté de M. le duc, qui aperçut deux cavaliers de maréchaussée, s'alarma pour moi ; il me fit rétrograder à Auve. Nous y trouvâmes un guide qui nous conduisit dans la forêt par la nuit la plus obscure.

M. le duc me dit en cheminant qu'il était très-inquiet sur le sort du Roi; qu'il frémissait d'apprendre qu'il n'eût pu sortir de Paris, et certes je partageais ses craintes. Si vous voulez, M. le Duc, lui dis-je, je retournerai sur mes pas, je me rendrai à Châlons; dites-moi où je pourrai vous retrouver, je vous instruirai comme je pourrai et le plus tôt possible. Il me donna rendez-vous à Luxembourg; je rétrograde sans balancer. Arrivé devant un petit village dont le nom m'est échappé, mais par lequel nous avions déjà passé, les habitans, armés de fourches, de fléaux, etc., me barrent le chemin et cherchent à me cerner. Il n'eût pas été prudent de me laisser prendre, ce parti eût été plus nuisible qu'utile, puisque je n'aurais pu rendre aucun compte à M. le duc de ce qui venait de m'arriver : c'était donc nous qui jetions l'alarme dans le pays; ainsi donc, au lieu de favoriser l'évasion du Roi, notre présence ne servait qu'à la gêner.

Nous avons été long-temps à traverser la forêt de Clermont, parce que notre guide était à pied, et que des points marécageux nous arrêtaient à chaque pas. Nous en sortons enfin vers une heure du matin, que nous entendons sonner le tocsin. Je crus d'abord que le feu était dans quelque village. Arrivés à la porte de Varennes, un factionnaire de la garde nationale nous arrête ; on vint nous reconnaître : on nous dit que nous n'entrerions pas; que la consigne est de fermer le passage à tout le monde. M. le duc place dans les rangs M. de Goguelat et y entre lui-même, afin que nous ne soyons pas reconnus. Je demande au factionnaire ce qui causait une telle alarme ; il me dit que le Roi était arrêté à Varennes.

Cette nouvelle jeta dans nos ames de nouveaux germes d'espérance ; il nous semblait toucher au moment de délivrer notre Roi ou de mourir pour lui, et je trouve impossible de trouver une plus heureuse position pour un Français plein de confiance aux lumières et à l'intrépidité de M. de Choiseul. J'attendais impatiemment le signal du combat ; mais je n'écoutais que mon cœur, et M. le duc, unissant le courage à l'expérience, combinait les moyens de vaincre les obstacles qui s'opposaient à ses projets : il nous ordonne de forcer le poste ; son ordre fut aussitôt exécuté, et pénétrant, sans rencontrer aucun obstacle, jusque dans les rues illuminées, nous fûmes remarqués ; un cavalier de maréchaussée vint, de la part de la municipalité, dire au commandant du détachement de hussards de conduire devant elle les trois étrangers qui étaient dans ses rangs ; à quoi M. le duc répondit que nous nous y rendrions de nous-mêmes. Le cavalier retourna. Nous arrivâmes devant l'écurie des hussards ; M. de Choiseul les fit mettre en bataille et leur fit cette courte harangue :

Braves hussards de Lauzun, vous qui vous êtes distingués dans toutes les occasions, vous ne démentirez pas la haute opinion que l'on a de vous. L'on dit que le Roi est arrêté à Varennes, nous sommes militaires, c'est à nous qu'on doit en confier la garde, c'est à nous qu'appartient la gloire et l'honneur de le sauver ; et, jetant sa canne au loin, il mit le sabre à la main, fit aux hussards le commandement d'en faire autant ; il fit former les sections, et se mit en devoir de chercher la maison où le Roi était prisonnier. Ici l'ame se déchire, les hussards chancellent, et nous ne restâmes que trois fidèles au Roi. Je rends justice à l'officier, il était aussi pénétré que nous. Enfin, M. le duc de Choiseul, qui sentait toute l'horreur de notre position, me dit : Aubriot, il nous faut les secours les plus prompts ; je vais m'efforcer de ranimer le courage des lâches. Partez, M. de Bouillé doit être à Dun ; passez la rivière, allez à toutes jambes ; crevez votre cheval, et dites-lui d'arriver à toute bride, sans perdre un seul instant. (*Nota* que le pont était embarrassé de pièces de bois, de chariots, et qu'il m'était impossible d'y passer.) Je ne calcule pas ; j'abandonne M. le duc dans une fâcheuse position, mais je ne l'abandonne que pour le sauver avec mon Roi ; je traverse la rivière, ne connaissant pas le véritable chemin : je passe au milieu des champs, des buissons, des vignes, enfin me voilà sur la route ; je redouble de vitesse, j'arrive au point du jour à la porte de Dun. J'aperçois à l'entrée de cette ville un escadron du régiment de Lauzun en bataille ; je vole vers l'officier, et, sans tergiverser, je lui peins la fâcheuse position où était le Roi; je lui ordonne, de la part de M. le duc de Choiseul, de se porter en toute diligence à Varennes, et de faire tous ses efforts pour sauver la malheureuse famille royale. Cet officier m'avait paru très-bien disposé; il me semblait que mon ame était passée dans la sienne. Je ne le nommerai pas, il jouerait un trop petit rôle dans ma relation. Je traverse la ville, j'arrive à l'autre porte, j'y trouve un autre détachement qui la gardait; je tire l'officier à l'écart, et, après l'avoir instruit de ce qui se passait, je lui dis qu'il serait prudent de diviser la troupe, d'en avoir moitié à l'autre porte; que je venais de faire partir l'escadron qui la gardait, que dans ce moment elle était délaissée. Mon cheval était exténué de fatigue, je n'en avais pas changé depuis le Pont-de-Sommevelle, j'en demandai un à l'officier qui invita un hussard à me donner le sien; je payai sa complaisance, et lui laissai le mien en échange. Content de mon succès, je poursuis ma route, parce que j'appris que M. le marquis de Bouillé était à Stenay. J'arrive dans un clin-d'œil à Mousa; je me jette dans un poste assez considérable du régiment royal-allemand qui était en avant de ce village, commandé par le brave capitaine Guinser. Je raconte en peu de mots à cet officier le danger où était la famille royale, je demande où je pourrai trouver le général Bouillé; il me répond que son fils le chevalier est dans la première auberge du village: je m'y précipite et le prie d'aller raconter lui-même à M. son père ce qui se passait à Varennes. Il le savait aussi bien que moi, puisqu'il en était parti avec les chevaux destinés à conduire la voiture de nos illustres et trop malheureux Princes!... Je reviens au détachement de royal-allemand, j'engage M. de Guinser à marcher de suite sur Varennes; il ne balance pas, il harangue en allemand ses soldats qui répondent par un mouvement spontané qu'ils sont déterminés à tout entreprendre pour sauver la famille royale. Ma mission étant finie, je cède à mon impatience, je brûle du désir de partager la gloire et les dangers de ces braves gens; le capitaine commande au galop. Nous rencontrons un gros de gardes nationaux, nous les chargeons avec l'intention de les jeter sur les derrières. A notre approche ils se débandent, se rallient dans un bois taillis, où ils firent mine de faire feu; nous nous mîmes en bataille, et détachâmes huit hommes avec un maréchal-des-logis pour tourner le bois; ils s'aperçurent de notre dessein et prirent la fuite:

c'était tout ce que nous désirions. Nous continuâmes notre chemin ; nous aperçûmes le régiment de royal-allemand qui sortait de la ville et qui venait bon train. Hélas ! il n'était plus temps. Nous arrivons à une petite distance de Varennes, la joie, la fureur brillait dans les yeux des soldats : ô fatalité ! à l'instant où nous croyons toucher au port fortuné, nous apercevons le capitaine de Lauzun, qui revenait avec son escadron, qui nous annonce le départ du Roi au milieu d'un peuple immense. La consternation se peint sur tous les visages, un morne silence règne dans tous les rangs ; pendant que chacun se plaint, pousse des gémissemens, le général Bouillé arrive ; il apprend cette fatale nouvelle, son cœur se déchire... Après un moment de réflexion, il assemble les officiers, il les consulte sur le parti à prendre ; les uns voulaient poursuivre le Roi ou mourir en le défendant ; les autres, plus sages sans doute, prétendirent que le Roi était trop loin ; qu'il ne fallait pas sacrifier un régiment qui pouvait encore le servir utilement, et que, d'après le rapport du capitaine de Lauzun, il nous était impossible de le sauver, et qu'au lieu de le servir, nous le ferions massacrer. Ce dernier avis prévalut, le général Bouillé ordonna la retraite.

Ma jeunesse, mon peu d'expérience me commandent un silence respectueux; je laisse à la postérité le soin de juger cette grande affaire.

Nous repassâmes par Dun, Stenay, et nous laissâmes le régiment de royal-allemand. Nous quittâmes cette ville au nombre de vingt-un officiers, parmi lesquels étaient trois officiers-généraux, M. le marquis de Bouillé, M. le comte d'Hofflize et M. le baron de Klinglin ; nous arrivâmes à Orval dans une maison de Bernardins, où l'on nous donna à souper et à coucher ; nous en partîmes le lendemain après dîner, nous fûmes coucher à Arlon ; de-là nous nous rendîmes le lendemain à Luxembourg, où le général Bouillé a fixé sa résidence quelque temps.

Là finit la relation de la trop malheureuse affaire de Varennes ; j'ai été le témoin acteur de tous les faits ci-dessus énoncés, ce que je certifie sincère et véritable.

Signé J.-Charles AUBRIOT,

ancien officier de la garde à cheval de l'auguste Louis XVI (1).

Fait à Void, le 21 juin 1795.

---

(1) Dès que je fus sorti des prisons de la haute Cour nationale d'Or-

N° IX.

Déclaration du sieur James Brisack, *attaché à l'écurie de M. le duc de Choiseul, faite le 1er juillet* 1791.

Parti de Commercy le 19 juin, avec les chevaux et équipages de M. le duc de Choiseul et un escadron du régiment Royal. Couché le même jour à St.-Mihiel, et reparti le 20 avec les chevaux et équipages de M. de Choiseul, et l'escadron de *Royal* et un de *Monsieur*, nous arrivâmes et couchâmes le même jour à Clermont. Le 21, l'escadron de Royal fut divisé en deux détachemens; le premier, sous les ordres de M. Dandoins, fut envoyé à Ste.-Ménehould; et l'autre, commandé par M. de St.-Didier, fut envoyé dans le petit village d'Auseville, à une lieue environ de Clermont. Le 21, je partis pour Varennes, toujours avec les chevaux de M. de Choiseul; nous arrivâmes le même jour vers les dix heures du matin; suivant notre marche-route, nous devions coucher à Varennes, et repartir le lendemain pour Dun; mais M. le chevalier de Bouillé, que nous trouvâmes à Varennes, donna ordre au maître-d'hôtel de M. de Choiseul de partir sur-le-champ avec les équipages, en laissant seulement à Varennes un postillon de confiance avec deux chevaux d'attelage; ce fut moi qui restai. Un cocher et deux chevaux nous attendaient à Varennes. M. de Bouillé me dit que ces deux chevaux et les deux avec lesquels je restais serviraient à conduire la voiture de M. de Choiseul qui devait arriver dans l'après-midi. Comme le cocher, que nous attendions, était malade

---

léans, et revenu auprès du Roi, mon premier soin fut de lui présenter, à la Reine et à Madame Élisabeth, M. Dandoins et M. Aubriot. Le Roi fit, peu de temps après, M. Dandoins lieutenant-colonel dans sa garde, et donna à M. Aubriot une pension de 1200 liv. sur sa cassette, et le fit capitaine de sa garde. La Reine et Madame Élisabeth l'honoraient d'une confiance particulière. Il est aujourd'hui chef d'escadron de gendarmerie royale, à *Nîmes*, département du Gard, et il a toujours justifié mon intérêt, mon opinion et ma confiance.

(*Note de M. de Choiseul.*)

et dans l'impossibilité de pouvoir mener, je le fis partir avec le maître-d'hôtel de M. de Choiseul, et gardai pour le remplacer un postillon des équipages (qui partirent vers les deux heures de l'après-midi pour Dun. Je restai donc à Varennes avec un postillon et quatre chevaux d'attelage. M. de Bouillé avait dit dans la ville qu'un convoi devait passer vers le soir. M. de Bouillé avait avec lui un officier en uniforme de royal-allemand; ils n'avaient pour suite qu'un hussard d'ordonnance. Il y avait à Varennes un détachement de hussards de Lauzun; je vis plusieurs fois M. de Bouillé parler avec des hussards; le plus grand calme régnait dans la ville; les habitans ne s'occupaient qu'à établir des reposoirs pour célébrer la Fête-Dieu qui était le lendemain; vers les cinq heures, M. de Bouillé m'ordonna de déharnacher mes chevaux, vu qu'il ne prévoyait pas que M. de Choiseul arrivât de sitôt; il me recommanda cependant de ne pas m'écarter. Vers les huit heures arriva un cabriolet dans lequel étaient Léonard, valet de chambre, coiffeur de la Reine, et *Boucher*, domestique de M. de Choiseul. M. de Bouillé et son camarade étaient couchés. Pendant qu'on changeait de chevaux, Boucher alla parler à M. de Bouillé; Léonard ne descendit point de la voiture. Comme je le reconnus, je m'approchai pour lui parler; mais il feignit de ne pas me reconnaître; je me retirai et demandai à Boucher si M. de Choiseul était encore bien éloigné; il me répondit qu'il ne croyait pas qu'il pût arriver avant onze heures, mais que je n'avais qu'à suivre les ordres de M. de Bouillé. Lorsque les chevaux furent mis, ils continuèrent leur route. Je demandai à M. de Bouillé s'il n'avait rien de nouveau à m'ordonner; il me dit que non, mais il me recommanda de ne pas oublier de le réveiller sitôt que M. de Choiseul ariverait; je me retirai, et allai souper avec mon camarade et l'ordonnance de M. de Bouillé. Vers les dix heures, je fus me promener sur la place avec mon camarade. A dix heures et demie, il régnait le plus grand silence; presque tout le monde était couché. Vers les onze heures, nous allions rentrer à l'auberge, lorsque nous entendîmes plusieurs coups de fouet, et un homme qui criait ho hu ho! j'ai cru d'abord que c'était le courrier de M. de Choiseul. Comme il ne faisait pas de lune, je ne le voyais pas; il avait déjà traversé la ville; il prenait la route de Stenay; je l'appelai et m'approchai de lui, et ne le reconnaissant pas pour être à M. de Choiseul, je lui demandai ce qu'il voulait ; il me répondit qu'il courait après une voiture, et qu'il appelait du monde pour savoir si on l'avait vu passer. Je lui demandai si la voiture, après laquelle il courait, n'appartenait pas à M. de Choiseul ; il me répondit qu'il ne le croyait pas ; je lui assurai qu'il n'avait passé, depuis dix heures du matin, qu'un cabriolet appartenant à M. de Choiseul ; il me répliqua que ce n'était point cela qu'il cherchait, et que la voiture qu'il demandait était une grande berline, et qu'il ne devait pas y avoir plus d'une demi-heure qu'elle était passée ; je lui ai assuré qu'il pouvait l'attendre, et que j'étais sûr qu'elle n'était pas passée. Après avoir causé à peu près un quart-d'heure avec lui, il me quitta et rentra en ville ; nous nous promenâmes encore un quart-d'heure après qu'il nous eut quittés. Comme nous étions sur le point de rentrer à l'auberge, nous entendîmes du bruit du côté de l'auberge du Lion d'or où était descendu le courrier ; nous nous en approchâmes pour savoir d'où provenait le bruit, nous entendîmes le courrier dire : Il va arriver une voiture dans laquelle je soupçonne être le Roi. Je n'en suis pas bien sûr, mais néanmoins il faut arrêter la voiture, et demander aux voyageurs à voir leurs passe-ports. J'envoyai mon camarade avertir M. de Bouillé de cette nouvelle, quoique je la crusse fausse ; le courrier continuait de pérorer, il se forma un groupe autour de lui, et plusieurs personnes dirent : C'est sûrement le trésor qu'attend Bouillé ; il faut arrêter ce dernier. A ces mots je courus l'avertir. M. de Bouillé me dit qu'il fallait nous sauver ; je lui sellai ses chevaux, ce que ne pouvait faire son ordonnance tant il était ivre. M. de Bouillé me dit de me préparer à le suivre. A peine nos chevaux étaient-ils prêts que notre auberge était déjà entourée d'hommes armés de fourches, faulx, etc., etc. ; cependant nous parvînmes à monter à cheval et à nous faire jour à travers la foule. Il était à peu près minuit ou une heure, on criait de tout côté : Arrêtez Bouillé. Le Roi était arrêté et reconnu. M. de Bouillé, son ordonnance, l'officier de royal-allemand et mon camarade parvinrent à s'échapper ; on tira après eux deux coups de fusil, mais sans pouvoir les atteindre ; un bourgeois, en voulant les arrêter, reçut un coup de sabre sur la tête. Moi, après avoir renversé plusieurs personnes en voulant suivre M. de Bouillé, le cheval que je montais fut abattu d'un coup de fléau ; l'on s'empara de mes chevaux et on me conduisit à l'auberge du Pot d'étain ; je fus mis dans une chambre qui donnait sur la rivière; on me traitait d'agent de M. de Bouillé; plusieurs personnes armées de toutes sortes d'armes gardaient ma porte en dehors, un seul homme armé d'un fusil était dans ma chambre; le tocsin sonnait et la générale battait. J'entendis dire dans l'escalier qui montait à ma chambre : Ce coquin est un aide-de-camp de Bouillé; les uns disaient : Il faut le tuer ; d'autres : Il faut le garotter. Je représentai à la sentinelle qui était dans ma chambre et qui paraissait me plaindre , que ma vie courait le plus grand danger, et je le priai de me laisser sauter par une fenêtre qui donnait sur la rivière. Il me répondit qu'on le punirait à ma place, et qu'à regret il ne pouvait consentir à ma demande. Je profitai d'un instant où il ne se méfiait pas de moi pour m'échapper : je le renversai d'un coup de poing et sautai dans la rivière; il y avait à peu près neuf à dix pieds de haut, et environ un pied d'eau dans la rivière à l'endroit où je la traversai , enfin personne n'osa me suivre. Pour me joindre, il fallait sortir de l'auberge, passer sur la place , et faire un assez long détour, ce qui ne put se faire en ce que les rues étaient remplies et barricadées avec des chariots, des tonneaux , etc. Je parvins donç , sans être arrêté, à la maison où était le Roi ; elle était entourée d'une foule d'hommes armés, les sentinelles étaient les unes sur les autres; à mesure que je pénétrais, chaque sentinelle me demandait ce que je voulais : je répondis que j'étais de la suite du Roi ; alors on me conduisit à l'appartement qu'il occupait. La première personne qui se présenta à ma vue, ce fut M. de Choiseul qui me demanda ce qui se passait dehors. Comme je n'avais pas eu le temps de bien examiner les appareils, je ne pus lui faire qu'un rapport très-imparfait. M. de Choiseul m'envoya, avec M. de Floirac , chez le maire pour hâter le départ du Roi , en représentant qu'il n'allait qu'à Montmédy. Non-seulement toutes les représentations de M. de Floirac furent rejetées , mais on le traita d'aristocrate. Je ne me rappelle pas ce qu'il devint pour l'instant; je fus arrêté de nouveau et reconduit à l'auberge du Pot d'étain, avec un brigadier et un maréchal-des-logis du régiment de *Monsieur* qui s'étaient sauvés de Clermont pour rejoindre M. de Damas qui était détenu avec le Roi; l'on nous mit dans la chambre où avait couché M. de Bouillé, mais bien gardés; vers les six heures un gendarme vint à l'auberge où j'étais en prison, et demanda le domestique de M. de Choiseul; le maître de l'auberge lui dit que j'étais prisonnier; le gendarme me fit rendre ma liberté, et m'ordonna d'amener le cheval de M. de Choiseul à la porte de Sauce où il était avec le Roi. Vers les six heures et demie ou sept heures, le Roi, la famille royale et madame de Tourzel montèrent en voiture et prirent la route de Clermont.

M. de Romeuf, qui était arrivé de Paris à franc étrier en courant après le Roi, demanda à M. de Choiseul s'il pouvait lui prêter un cheval; M. de Choiseul m'ordonna de lui donner celui que je montais. M. de Romeuf n'était pas encore à cheval qu'on cria d'arrêter MM. de Choiseul, de Damas et l'aide-de-camp de La Fayette; ce qui fut exécuté dans la minute; nos chevaux nous furent arrachés de nos mains. MM. de Choiseul, de Damas, Floirac, Remy, Romeuf et moi nous fûmes conduits à l'hôtel-de-ville, exposés à toutes sortes de vexations; plusieurs coups de faulx dirigés sur M. de Choiseul, entre autres un qui lui aurait infailliblement ravi la vie, s'il n'eût été paré par un gendarme qui les éloigna tous avec son mousqueton; enfin, nous parvînmes, malgré les assaillans, à l'hôtel-de-ville vers les onze heures. D'après les ordres de M. de Choiseul, je parvins à sortir de l'hôtel-de-ville pour savoir ce qui se passait dehors et ce qu'étaient devenus nos chevaux; j'appris qu'ils étaient dans une auberge, gardés par plusieurs factionnaires; j'allai dans un café où je demandai du thé, du papier et de l'encre; j'écrivis quatre lettres, une au père de M. de Choiseul, une à madame de Grammont, une à madame de ****, et l'autre à une femme de ma connaissance à. . . . . . . La maîtresse du café me proposa de me cacher chez elle jusqu'à ce que la tranquillité fût rétablie; je la remerciai et sortis de chez elle vers les deux heures. J'appris vers les trois heures que MM. de Choiseul, de Damas, etc., etc., avaient été mis en liberté au retour des officiers municipaux qui avaient fait la conduite au Roi; mais un instant après, j'appris qu'ils étaient arrêtés de nouveau par le peuple contre les ordres de la municipalité, et qu'ils avaient été conduits dans un cachot. Je portai mes lettres à la poste; en sortant du bureau, je reçus un coup de crosse de fusil sur la tête, qui me renversa sur le pavé; j'entendis plusieurs voix : Oui, oui; c'est lui! il écrit à l'Empereur; enfin, on me releva; j'étais sans connaissance. Après qu'on eut lu mes lettres à haute-voix, et voyant qu'elles ne contenaient rien de suspect, on me déshabilla depuis les pieds jusqu'à la tête. On ne me trouva qu'un portefeuille contenant quelques assignats qui ne m'ont jamais été rendus ; on me proposa de prendre un fusil, et de suivre l'exemple des hussards de Lauzun, dont la plus grande partie étaient ivres et criaient : *Vive la nation!* Je répondis que j'étais attaché à M. de Choiseul, et que je désirais partager son sort ; on me traita d'aristocrate, et on me menaça de me mettre en prison, si je refusais de prendre les armes ; je répondis que je désirais qu'on me mît avec M. de Choiseul ; on me conduisit dans un cachot séparé de lui. Je demandai pourquoi on refusait de me mettre dans son cachot. Pour toute réponse, on m'ordonna de me taire ; on me lia avec des cordes (sûrement il n'y avait pas de fers). Je restai dans cet état sans boire ni manger depuis les quatre heures de l'après-midi du 22 jusqu'à dix heures du matin du 23. Mon cachot donnait sur la rue ; à chaque instant j'entendais dire : On les pendra demain. Vers le soir du 22, arriva un détachement de Verdun, composé de volontaires et de mineurs, pour nous conduire, le lendemain 23, à Verdun. Vers les sept à huit heures du matin du 23, j'entendis monter en charrette MM. de Choiseul, de Damas, etc., etc. M. de Romeuf fut mis en liberté avec ordre de partir sur-le-champ pour Paris. M. de Choiseul, qui ignorait ce que j'étais devenu, pria M. de Romeuf de prendre des informations sur moi. Lorsqu'on l'eut informé que j'étais en prison, il s'adressa à la municipalité pour obtenir ma liberté. Vers les dix heures elle me fut accordée. Je témoignai à M. de Romeuf mon inquiétude sur le sort de M. de Choiseul ; M. de Romeuf parut s'intéresser beaucoup à lui, et il me dit que je pouvais être tranquille, qu'il avait échappé au plus grand danger. M. de Romeuf, après s'être fait promettre qu'il me serait délivré un passe-port pour rejoindre M. de Choiseul, partit pour Paris vers onze heures ; mon passe-port me fut donné à onze heures et demie, et à midi j'ai pris la route de Clermont. A deux lieues de Varennes je fus arrêté par une bande d'hommes armés de fourches, faulx, etc. ; on me jeta à bas de mon cheval, je montrai mon passe-port, et lorsqu'on en eut fait la lecture, on le déchira et on me reconduisit à Varennes.

La municipalité désapprouva la conduite de ces hommes, et elle me délivra un second passe-port et me fit rendre mes chevaux.

Vers les quatre heures, j'ai repris ma route, toujours par Clermont. A peu près à une lieue de Varennes, je fus une seconde fois arrêté par une autre bande qui venait encore au secours de Varennes. Lorsque j'eus montré mon passe-port, on en fit le même usage que du premier. Après avoir tenu conseil entre eux pour savoir ce qu'on devait me faire, il fut décidé à la majorité des voix que je serais pendu à un poteau de justice qui était à une demi-lieue de Varennes. En conséquence, ils me lièrent avec leurs écharpes et m'entraînaient vers ledit poteau de justice, lorsqu'à peu près à un quart de lieue du poteau, nous rencontrâmes un gendarme qui allait à Clermont porter la nouvelle que Varennes était dans la plus parfaite tranquillité, et qu'il n'y avait plus rien à craindre. Ce gendarme était celui qui avait sauvé la vie à M. de Choiseul à Varennes. Comme la situation où j'étais ne permettait pas au gendarme de me reconnaître, il demanda à cette populace effrénée ce que j'étais, et ce qu'on voulait me faire. On lui répondit que j'étais un aristocrate et qu'on allait me pendre. Je voulus parler au gendarme, mais on m'imposa le silence en me maltraitant. Le gendarme, au lieu de continuer sa route vers Clermont, retourna au galop à Varennes pour informer la municipalité de ce qu'il avait vu. A peu près à deux cents pas du lieu destiné à la fête qu'on me préparait, arrivèrent au-devant de nous trois officiers municipaux, qui, après avoir fortement réprimandé la bande, me rendirent encore une fois ma liberté. Je demandai à la municipalité la permission de coucher à Varennes et d'en repartir le lendemain matin; elle me l'accorda, ainsi que deux hommes de garde qui me furent donnés avec ordre à eux de ne pas me quitter tout le temps que je resterais à Varennes, et d'empêcher qu'aucune insulte ne me fût faite. Un de mes chevaux, qu'avait monté un homme de la bande qui m'avait arrêté, me fut rendu vers les dix heures du soir. J'appris que l'homme avait été démonté, et qu'il était mort de sa chute. Le gendarme me mena loger chez lui; il était aubergiste, et avait pour enseigne, *au général La Fayette*; enfin, il eut de moi tous les soins possibles.

Le lendemain 24, la municipalité me délivra un troisième passeport. Dans la crainte d'éprouver le même sort que la veille, je priai la municipalité de me donner deux gendarmes que je paierais, ce qui me fut accordé. Vers neuf heures, je fus à l'hôtel-de-ville pour remercier la municipalité : je vis dans la salle un soldat de royal-allemand. J'ai resté un instant pour l'entendre, mais il ne parlait pas français ; on fut lui chercher un interprète par lequel il fit dire que la plus grande partie de son régiment étaient des aristocrates. Il dit aussi que M. de Bouillé dit à son régiment que le Roi l'avait envoyé lui dire d'arriver promptement à Varennes ; mais cela était faux, car M. de Bouillé ne parla point au Roi ni à personne de sa suite. J'ai laissé là le soldat. Vers les dix heures, j'ai repris ma route vers Clermont, accompagné de deux gendarmes. J'arrivai vers midi ou une heure ; les dragons de *Monsieur* étaient couverts de rubans tricolores : plusieurs me reconnurent et voulurent me faire arrêter, mais les gendarmes représentèrent à la municipalité que j'étais sous l'empire de la loi ; alors on me laissa tranquille. J'ai soupé et couché à Clermont. Le lendemain 25, je partis vers les neuf à dix heures du matin ; j'arrivai à Verdun vers les deux ou trois heures de l'après-midi.

N° X.

Extrait d'un rapport de M. Deslons.

M. Deslons, qui commandait alors le détachement de Dun, occupait avec ses hussards toutes les rues et les issues de la ville. Ayant été informé par M. de Rodwel de la dangereuse situation de la famille royale, il marcha avec ses troupes sur Varennes, sans attendre l'ordre du général, laissant à Dun un officier et vingt-quatre hommes pour assurer le passage à travers cette ville. Il fit en une heure et demie les cinq lieues qui séparent Dun de Varennes, et arriva dans cette dernière ville à cinq heures du matin. Il se proposait de commencer immédiatement l'attaque et de vaincre tous les obstacles pour parvenir jusqu'au Roi, mais les barricades qu'il aperçut en entrant dans la ville le forcèrent de renoncer à son plan. Le poste avancé de la garde nationale exigea de M. Deslons qu'il allât rendre compte à la municipalité des motifs qui l'amenaient à Varennes. Il refusa et demanda la liberté de joindre son détachement à celui qui était dans la ville, on lui répondit que sa demande était contraire aux ordres du Roi.

M. Deslons, convaincu par cette réponse que le Roi était à Varennes, sollicita la permission de lui rendre ses devoirs. M. de Seignemont, commandant de la garde nationale et chevalier de Saint-Louis, y consentit: il s'engagea de le protéger et lui donna sa parole d'honneur qu'il parlerait au Roi sans témoins. Pour assurer l'exécution de cette promesse, M. Deslons exigea qu'on remît un otage entre les mains de ses hussards; il se proposait d'informer le Roi des secours qui étaient arrivés, de ceux qu'on attendait, et d'observer s'il ne serait pas possible de forcer, l'épée à la main, les barricades. Elles lui parurent si fortes, particulièrement sur le pont, qu'il perdit l'espoir d'y réussir, à moins que le détachement de M. Boudet ne voulût y concourir. En arrivant à la maison où la famille royale était détenue, il aperçut, à sa grande surprise, trente hussards devant la porte, et commandés par un garde national. Cette évidente défection lui enleva toute espérance de faire entrer son détachement dans la ville. Après avoir attendu près d'une heure et demie, il fut introduit dans la chambre où était le Roi, mais M. de Seignemont, oubliant sa parole d'honneur, y entra avec lui. Lorsque M. Deslons lui en fit le reproche devant le Roi, il s'excusa en disant que les citoyens ne voulaient point consentir à lui accorder une conférence particulière avec Sa Majesté. Il permit toutefois à M. Deslons de s'entretenir à voix basse avec Sa Majesté dans un coin de la chambre. Le Roi fut alors instruit de sa situation réelle, des obstacles insurmontables que les barricades opposaient, et de la défection d'une partie des troupes. M. Deslons l'informa en même temps de la marche de M. de Bouillé à la tête du régiment royal-allemand.

Le Roi était dans une si violente agitation que M. Deslons lui répéta trois fois cette information, parce qu'il semblait ne l'avoir pas entendue; enfin il pria Sa Majesté de lui donner des ordres pour M. de Bouillé.

« Vous pouvez lui dire, répondit le Roi, que je suis ici prisonnier, et que je doute fort qu'il puisse m'en tirer; mais je le prie d'y faire tous ses efforts. »

M. Deslons parla aussi à la Reine, mais comme elle était plus proche du commandant de la garde nationale, il lui fit en allemand le même rapport qu'il avait fait au Roi. Cette infortunée princesse se plaignit amèrement de ses persécuteurs, et particulièrement de ce qu'ils ne lui voulaient pas permettre d'aller à Verdun, où le Roi et sa famille auraient pu se reposer plus commodément. Le Roi ayant invité M. Deslons à ne point prolonger sa conversation en allemand pour éviter de se rendre suspect, cet officier prit congé et demanda tout haut les ordres de Leurs Majestés. « Je suis prisonnier, lui répondit le Roi, et je ne puis plus donner d'ordres. »

M. Deslons, ayant rejoint son détachement, envoya un bas-officier à M. Boudet avec ordre d'attaquer ceux qui détenaient le Roi, tandis qu'il forcerait les barricades et s'avancerait à son secours.

Après une absence fort longue, le bas-officier revint sans avoir pu parler à M. Boudet que le peuple avait bloqué avec son détachement dans le couvent et le jardin des Cordeliers.

Dans ces circonstances, M. Deslons n'eut d'autre ressource que d'attendre l'arrivée de royal-allemand, mais il ne tarda pas à apprendre que le Roi et sa famille, forcés de remonter dans leur voiture, étaient sur la route de Paris, environnés d'une multitude armée. Le chevalier de Bouillé étant venu joindre M. Deslons, ils tentèrent de traverser la rivière, dans l'intention d'attaquer l'escorte qui conduisait le Roi, et de le délivrer. Ils passèrent le premier bras, mais l'autre était trop profond, et ne pouvant point donner de secours à la famille royale, ils se résignèrent à attendre M. de Bouillé qu'ils rencontrèrent vers les neuf heures du matin près de Varennes. Désolé d'un départ auquel il ne s'attendait pas, le général persistait à suivre le Roi et à tenter un dernier effort, mais personne ne savait où trouver un gué pour passer la rivière qui séparait le régiment de la famille royale, et les chevaux étaient épuisés d'une marche longue et forcée. Stenay est à plus de cinq lieues de Varennes; d'ailleurs le roi étant parti depuis plus d'une heure et demie, on ne pouvait plus espérer de l'atteindre ni par conséquent de le délivrer. M. de Bouillé, plongé dans la plus vive douleur, gagna Stenay avec ses troupes.

N° XI.

Déclaration du sieur Thomas, *attaché à la maison de M. le duc de Choiseul.*

Le 21 juin, environ à sept heures du soir, nous arrivâmes à Varennes pour y coucher et y attendre des ordres. La ville était tranquille, et nous n'y fîmes aucune sensation. Nous étions dix à douze personnes ; nous avions un grand fourgon, un chariot allemand et des chevaux de relais. Nous descendîmes à l'auberge de **** où arrivèrent aussi des chevaux de relais de M. de Bouillé. On nous fit quelques questions sur le lieu de notre destination, mais sans l'air de l'inquiétude, seulement par curiosité.

A peine avions-nous soupé et fait remiser le fourgon, que M. de Bouillé fils, arrivant à cheval, nous dit qu'il nous apportait l'ordre d'aller coucher plus loin et de continuer jusqu'à Montmédy, mais de laisser avec lui les chevaux qui devaient servir aux relais. *Tom* et *James* restèrent avec le cocher de M. de Bouillé. Nous partîmes immédiatement. Le chemin, en sortant de Varennes par la route de Dun, fait une descente si rapide, si tortueuse et si étroite, que nous mîmes tous pied à terre, et fûmes souvent obligés d'employer le cric pour faire sortir les roues du fourgon des trous où elles étaient entrées, ou pour les faire passer par-dessus les inégalités du terrain.

Il était tard lorsque nous arrivâmes à Dun, nous y couchâmes le 22. Il y avait à peine deux heures que nous étions couchés lorsque *Tom*, qui s'était sauvé de Varennes, monta à notre chambre et nous dit tout bas qu'il était venu à toute bride; qu'on disait le Roi arrêté à Varennes, qu'il y avait du train, qu'il ne savait que penser de tout cela. Je me consultai avec *Reverchon*, et nous jugeâmes que le plus prudent était de partir sur-le-champ, parce que, dans le cas où ce serait le Roi qui se sauverait, nous courions risque d'être arrêtés s'il arrivait avant nous à Montmédy, et que dans le cas où il ne pourrait se sauver, nous avions des risques à courir aussitôt que la nouvelle en parviendrait où nous étions. On mit les chevaux ; nous partîmes.

Tom s'était sauvé avec deux chevaux, j'en montai un et marchai à quelque distance en avant des équipages.

Peu après notre sortie de Dun, j'aperçus un régiment à cheval venant à ma rencontre au grand trot, et à l'instant, un officier se détacha piquant des deux, et vint me demander à qui appartenaient ces équipages qu'il apercevait. Je reconnus M. de Bouillé, je lui dis qu'ils étaient à M. le duc de Choiseul. Où est le Roi, me dit-il? Ce mot fut pour moi un trait de lumière. Je lui répondis: On le dit arrêté. Mais qui vous envoie ici? Personne que monsieur votre fils qui nous a dit hier au soir de nous porter sur Montmédy, mais sans nous assigner le lieu où nous devions nous arrêter. Maintenant voudriez-vous avoir la bonté de nous dire ce que nous devons faire? Je n'en sais rien, allez où vous pourrez. Pendant ce court colloque, le régiment l'avait gagné; il se mit à la tête en jurant, commanda le galop et disparut dans un instant.

La traite de Dun à Montmédy étant trop longue, nous nous arrêtâmes dans un village sur la droite, peu distant de Stenay. Ce village étant hors du chemin, personne n'y avait l'idée du départ du Roi; nous y restâmes une couple d'heures, n'ayant à répondre qu'à des questions relatives au camp qu'on devait former près de là, et où nous étions censés aller.

Nous regagnâmes la grande route, nous laissâmes Stenay sur la gauche, et prîmes le chemin de Montmédy; nous faisions la plus grande hâte possible; le chemin s'élève de beaucoup et découvre à une grande distance. Chaque tourbillon de poussière que nous apercevions au loin nous faisait espérer que c'était le Roi, et en même temps craindre que, s'il était entré dans la ville avant nous, et qu'il fût poursuivi, nous serions au moins pillés, en supposant que nous pussions nous sauver. Arrivés dans cette ville, tout y était tranquille; nous nous logeâmes, et nous attendîmes en silence et avec inquiétude de nouveaux ordres ou l'arrivée. Ce ne fut que vers le soir que la nouvelle de l'arrestation arriva; elle y produisit de l'étonnement, mais point de fermentation. M. de Bouillé fit dire à son nègre, un peu avant que la nouvelle fût répandue, de passer à Luxembourg. Je fus bien étonné de n'avoir pas reçu le même ordre; j'en ignorais alors la cause. On ne s'occupa pas de nous; nous eûmes le temps de prendre les portefeuilles, de les ouvrir, d'en choisir les papiers, de replacer le tout dans la voiture ; à la vérité, nous l'avions fait avec précaution, nous les avions enveloppés comme s'ils eussent été des paquets. On apprit toutes les circonstances de l'arrestation du Roi, de celle de MM. de Choiseul et de Damas ; on s'occupa alors de nous, on saisit les voitures, on les conduisit près de la municipalité ; j'y entrai avec Reverchon, on nous questionna : il fut arrêté qu'on nous enverrait à Verdun, et pour ce un détachement fut commandé, qui nous conduisit par une route plus courte que celle de Varennes. Ce premier détachement était assez bon, mais vers le milieu du chemin ils furent remplacés par les dragons de Condé, espèce de bandits qui nous accablaient d'invectives, souffraient qu'on nous jetât des pierres, et que, s'ils ne nous livraient pas à la fureur du peuple, c'est qu'ils se croyaient en possession du destin de la France ; supposant que le fourgon contenait des trésors, et mettant leur point d'honneur à nous livrer entre les mains des autorités constituées tels qu'ils nous avaient reçus ; du reste, les signes d'un triomphe complet, des branches d'arbre en couronne autour de leurs chapeaux, des branches faisant des panaches à leurs chevaux, chantant, attirant la multitude, buvant à toutes les portes, et criant victoire et vive la nation. On nous conduisit au milieu des huées à l'hôtel-de-ville de Verdun ; là, les voitures furent vidées, les effets déposés dans un grenier, pillés, etc. Personne n'eut la liberté de toucher quoi que ce fût qui lui appartînt ; on nous permit de rester dans une auberge, j'obtins la permission d'aller voir ces MM., à condition qu'un officier m'accompagnerait et que je n'y parlerais aucune langue étrangère.

J'ai dit que j'avais trouvé Varennes tranquille, j'y vis seulement quelques hommes de troupes que je crus être des hussards.

Le chemin entre Clermont et Varennes était aussi tranquille, et nous n'y rencontrâmes personne.

Entre Varennes et Dun nous trouvâmes différens piquets et des officiers à cheval courant la campagne et venant nous demander qui nous étions, et nous examiner pour voir s'ils ne reconnaîtraient pas quelques-unes de nos figures. La fille du cuisinier, qu'ils prirent sûrement pour une dame déguisée, attira beaucoup leur attention.

Si tous les malheurs de la France et de l'Europe entière ont dépendu de cette journée, on ne peut se dissimuler qu'ils ont dépendu des deux plus petites causes; l'inexpérience des courriers qui accompagnaient le Roi, et celle de celui qui était chargé des relais à Varennes. Il n'y avait pas plus d'inconvénient que M. de Bouillé fils fût vu dans Varennes où il n'était pas connu, que toute autre personne ; et s'il eût fait ce qu'il devait, il aurait placé du monde pour l'avertir dès qu'on aurait aperçu l'ombre d'une voiture; il aurait examiné, comme les officiers, sur la route de Dun, et tout aurait marché sans obstacle. Les relais étaient placés à l'extrémité de la ville, personne de la suite du Roi ne savait où ils étaient, et M. de Bouillé était renfermé dans son auberge. Il avait reçu cet ordre de son père? je n'en crois rien. Disons que M. de Bouillé père a senti les torts de son fils, et que, pour les couvrir, il a dit lui avoir donné cet ordre.

J'ai dit l'inexpérience des courriers, parce que le zèle ne peut pas toujours suppléer à la force et à l'habitude. Des trois courriers, un aurait toujours dû avoir au moins une heure d'avance sur les voitures; dans ce cas, arrivé à Varennes, il aurait eu le temps de découvrir la retraite de M. de Bouillé et d'avoir les chevaux prêts, etc., etc.

N° XII.

Lettre de M. Heymann.

12 août 1791.

Sire,

Souffrez qu'un loyal et fidèle soldat dépose à vos pieds les assurances de son respectueux et entier dévouement pour la personne sacrée de Votre Majesté.

Je ne suis qu'un soldat qui n'ai jamais connu aucune intrigue ; scrupuleux aux devoirs qui m'attachent à mon Roi, je les ai toujours remplis (j'ose l'affirmer à Votre Majesté) avec honneur et sans reproche depuis quarante-trois ans que j'ai le bonheur de la servir. On a cependant osé suspecter ma probité et calomnier mes intentions dans les efforts malheureux que j'ai faits aux ordres de M. de Bouillé. Ces calomnies sont parvenues de l'enceinte de Paris aux oreilles de vos augustes frères et des personnes qui les environnent; elles se sont même répandues jusque dans la cour de Prusse. Mais Sa Majesté le roi de Prusse a daigné me rassurer lui-même par ses bontés, et m'a accordé une pension alimentaire en attendant que je puisse rentrer au service de mon Roi que je ne crois pas avoir quitté.

J'ai tout sacrifié pour servir mon Roi, et la dernière goutte de mon sang est prête à couler pour lui. Donnez vos ordres, Sire, vous verrez avec quelle satisfaction vous serez obéi. Mon honneur et ma conscience me donnent la consolation que Votre Majesté rend justice à la pureté de mes sentimens, et cette idée me dédommage entièrement de l'injustice que j'éprouve des malveillans dont le grand intérêt est de diviser en faisant suspecter les honnêtes gens.

Je suis avec un profond respect,

Sire,

De Votre Majesté, le très-humble, etc.

Signé, HEYMANN.

Nº XIII.

Lettre des Administrateurs de Verdun, au Président de l'Assemblée nationale.

Nous vous adressons le procès-verbal de ce qui s'est passé ici et dans les environs, les 22 et 23 de ce mois. Ce procès-verbal n'instruira pas, sans doute, l'Assemblée nationale de ces faits essentiels et importans qui sont constatés par les procès-verbaux de Varennes et de Clermont; mais il la convaincra du patriotisme et de toute l'activité de la garde nationale, ainsi que de la trahison du sieur Bouillé; il contient aussi l'arrestation de MM. Damas et Choiseul, colonels-commandans des régimens ci-devant Monsieur et royal-dragons, et du sieur Floirac, capitaine, et du quartier-maître du régiment ci-devant de Monsieur : nous envoyons à l'Assemblée les procès-verbaux de l'arrestation de ces Messieurs, les ordres de M. de Bouillé, dont ils étaient porteurs. L'agitation et les inquiétudes du peuple font craindre qu'il n'essaie à se porter à quelques excès; c'est pourquoi nous désirons que l'Assemblée prenne une délibération, et qu'elle nous soit apportée par le premier courrier à qui nous commandons d'en prendre le résultat.

Nous sommes, etc. — Les Administrateurs.

Verdun, 24 juin 1791

Nº XIV.

Lettre de M. de Choiseul, *colonel du premier régiment de dragons, à M. le Président de l'Assemblée nationale.*

Prisons de Verdun, 24 juin 1791.

Monsieur le Président, la municipalité de Verdun a l'honneur de rendre compte à l'Assemblée nationale des détails de mon arrestation, j'ai celui de vous prier de mettre sous ses yeux les détails suivans :

D'après l'ordre de M. de Bouillé, je me suis rendu à Varennes dans la nuit du 21 au 22. Le Roi et la famille royale y étaient arrivés depuis quelque temps. J'ai pris les ordres du Roi; il m'a ordonné de rester près de sa personne. Le lendemain, lors du départ de la famille royale pour retourner à Paris, j'étais à la suite de Sa Majesté avec la garde nationale, lorsque, m'étant arrêté un moment pour procurer un cheval à M. de Romeuf, chargé du décret de l'Assemblée nationale, quelques citoyens de Varennes, voyant la municipalité et la force publique éloignées, se jetèrent sur M. de *Romeuf* et sur moi, et, malgré les ordres et les efforts d'un officier municipal, resté seul avec nous, nous fûmes conduits au cachot avec M. de Damas. Nous avons été transférés aujourd'hui à Verdun, où je serai détenu jusqu'à l'arrivée des ordres de l'Assemblée nationale. C'est au zèle et au soin courageux de la garde nationale de Verdun et de ses volontaires que nous devons la vie depuis vingt-quatre heures; nous devons aussi la même reconnaissance aux officiers municipaux de la ville de Verdun. N'étant point coupable, j'ai l'honneur de solliciter la justice de l'Assemblée.

Je suis avec respect, etc.

CHOISEUL.

Déclaration faite par M. de Choiseul, *colonel du premier régiment de dragons, à son premier interrogatoire dans les prisons de Verdun, le 23 juin.*

Dans les différens voyages que j'ai faits à Metz, dans les mois de mai et de juin, pour rendre mes devoirs et prendre les ordres de M. de Bouillé, général de l'armée de la Meuse et de la Moselle, il me parla souvent, ainsi qu'aux autres chefs des corps, des mouvemens de troupes qu'il serait obligé de faire pour couvrir les frontières dégarnies dans les parties de Stenay et Montmédy, et de son projet d'établir un camp pour couvrir la Meuse; il m'ordonna même, par un ordre positif, de retarder mon départ pour Neuf-Brisac, où la moitié de mon régiment est en garnison; et sur la représentation que je lui fis, que, ne pouvant tirer du dépôt de Commercy que quatre-vingts ou cent dragons, le reste étant des recrues, un si petit nombre d'hommes ne pouvait pas être un détachement de colonel, et que ma place était à Neuf-Brisac. Il me répondit que son intention était de partager le commandement des troupes à cheval auxquelles il manquait des colonels, entre MM. Charles de Damas et moi. Il m'annonça, ainsi qu'aux autres officiers, que son intention était d'aller visiter les frontières avec M. Heymann et les officiers-généraux de son armée, afin de faire les dispositions des cantonnemens; il m'ordonna même de faire reconnaître le chemin le plus court de Commercy à Dun, en passant par Varennes, pour savoir si les équipages du premier régiment de dragons, ci-devant Royal, pourraient y passer, ainsi que ceux du treizième régiment de dragons, ci-devant Monsieur; je fis reconnaître le chemin, je le lui donnai par écrit, et il m'ordonna de me trouver, le mardi 21, à Varennes, jour, me dit-il, auquel il devait s'y rendre; qu'il y déciderait les différens cantonnemens qui seraient sous mon commandement, et qu'il m'y donnerait ses ordres.

Dans le mouvement général des troupes de son armée, il destina Mouzon pour être la garnison de mon régiment, conjointement avec celui du treizième régiment de dragons, commandé par M. Charles de Damas qui commandait le tout comme l'ancien. En conséquence des ordres, mon détachement partit de Commercy le 18, se joignit à Saint-Mihiel au détachement du treizième régiment, coucha le 19 à Heppe, le 20 à Clermont, le 21 séjour. M. de Damas détacha ce jour trente dragons à Sainte-Ménehould, selon l'ordre de M. de Bouillé, pour l'escorte d'un trésor. Le reste de l'ordre de route était d'aller le 22 à Stenay, passant par Varennes, et le 23 à Mouzon.

Les équipages de mon régiment, avec ceux m'appartenant personnellement, prirent cette route les jours prescrits. J'ai su, depuis mon arrestation, que, le mercredi 22, M. de Bouillé ayant rencontré ces équipages sur la route, entre Dun et Stenay, allant à Mouzon, demanda aux conducteurs à qui ils appartenaient, et leur ordonna d'aller à Montmédy, ce qu'ils exécutèrent. Je me rendis donc, selon l'ordre que j'avais reçu, le mardi 21, à Varennes; j'appris que le Roi y était, et qu'il était chez le procureur-syndic de la commune. Je demandai à la municipalité d'y être conduit; je pris les ordres du Roi, et il m'ordonna de rester près de sa personne.

J'étais à cheval, suivant sa voiture avec la garde et la gendarmerie nationales, lors de son départ pour retourner à Paris, lorsque, m'étant arrêté pour faire donner un cheval à M. de Romeuf, aide-de-camp de M. de La Fayette, et chargé du décret de l'Assemblée nationale, je dis au domestique qui me suivait de lui donner le sien. Le peuple, nous voyant séparés de la voiture, en profita pour se jeter sur nous; nous fûmes alternativement, dans le courant de la journée, relâchés et retenus. Enfin, dans la soirée, on nous jeta dans un cachot, MM. de Romeuf, de Damas, de Floirac, Remy et moi; nous fûmes près d'être assassinés à chaque instant; les volontaires de la garde nationale de Verdun, arrivés peu auparavant, nous sauvèrent la vie. Un garde et un gendarme national me parèrent chacun des coups de faulx qui m'étaient adressés; nos sentinelles, malgré leur vigilance, ne purent empêcher qu'on ne passât des fusils au travers des barreaux du cachot pour nous tirer; le lendemain, M. de Romeuf fut relâché, et je fus transféré, avec MM. Charles de Damas, Floirac et Remy, dans les prisons de la ville de Verdun.

Signé Choiseul-Stainville.

N° XV.

Lettre de M. Charles de Damas, *colonel du régiment de* Monsieur, *dragons, à M. le Président de l'Assemblée nationale.*

Prisons de Verdun, 24 juin 1791.

Monsieur le Président,

J'ai reçu de M. de Bouillé l'ordre de partir de Saint-Mihiel pour me rendre à Mouzon, en passant par Clermont, où j'avais séjour. Le jour de mon arrivée à Clermont, j'ai reçu ordre de me tenir prêt à monter à cheval.

Le lendemain 21, à cinq heures du soir, j'avais été prévenu que peut-être on nous enverrait loger à Varennes. Je me suis tenu prêt à l'heure présumée, les chevaux sellés dans l'écurie; à la chute du jour, j'ordonnai de desseller. A neuf heures, il a passé quelques voitures sur lesquelles on a jeté quelques soupçons dans la ville; à dix heures, une ordonnance du régiment de royal-dragons, dont un détachement avait eu ordre de s'arrêter à Sainte-Ménehould pour escorter un convoi, vint me dire que la ville avait arrêté la troupe. L'incertitude sur tout ce qui se passait, la crainte d'être retenu si je tardais à partir, et l'arrivée d'une ordonnance de hussards, qui venait au-devant de ma troupe, me déterminèrent à faire monter à cheval pour commencer ma route à minuit. J'allais rendre compte de cette disposition à la municipalité, lorsqu'elle m'envoya dire que cette marche causait du trouble dans la ville, qu'on désirait que je différasse; j'insistai en montrant l'ordre que j'avais. Pendant ce temps, les dragons montèrent à cheval: je me rendis sur la place où s'était transportée la municipalité; elle me répéta qu'elle désirerait que je ne partisse pas; que les habitans étaient prêts à m'en empêcher par la force, et j'entendis battre la générale dans la ville; alors je ne balançai pas à faire mettre pied à terre à ma troupe, et à renvoyer les dragons dans leurs quartiers. Pendant ce temps, le bruit s'est répandu que ces voitures avaient été arrêtées à Varennes, qu'on avait envoyé des courriers. Autant par curiosité que par l'espèce de soupçon que j'avais moi-même, je me décidai à aller sur la route pour avoir plus tôt des nouvelles.

Je n'avais avec moi qu'un capitaine du régiment et un maréchal-des-logis ; j'appris en route que ces voitures contenaient la famille royale, et étaient arrêtées à Varennes ; je pris le parti d'y aller.

Je suis arrivé à Varennes, et je me suis aussitôt transporté à la municipalité qui m'a mené chez le Roi.

Lorsqu'il est monté en voiture pour retourner, la municipalité ordonna qu'on me fît venir : je restai en arrière sur ma bonne foi ; quelques personnes ont eu l'idée de m'arrêter, je ne fis aucune difficulté d'attendre les ordres de la municipalité pour ordonner mon départ. Le peuple des campagnes, arrivé en foule, s'y est opposé, j'ai été mené en prison, aujourd'hui amené à Verdun. Je n'ai rien à me reprocher ; j'ai exécuté des ordres dont j'ignorais l'objet : je demande ma liberté. Je supplie M. le Président de vouloir bien me pardonner ces détails qui sont d'une exacte vérité. Je demande avec instance l'élargissement de M. de Floirac, capitaine du régiment, qui m'a accompagné sans savoir où il allait, et celui de M. Remy, quartier-maître, qui allait au logement avec un maréchal-des-logis, un fourrier et un dragon, qui a été arrêté passant par Varennes.

Je suis avec respect, monsieur le Président, etc.

Signé CHARLES DE DAMAS.

N° XVI.

Procès-verbal.

A dix heures et demie sont sortis MM. Genri et ***, membres de la Société des amis de la constitution établie à Bar-le-Duc. Ils étaient députés de ce département et de cette société. Ils ont donné connaissance à l'assemblée du décret de l'Assemblée nationale, occasioné par le départ du Roi, et ont suivi la route de Varennes pour y apprendre toutes les circonstances de son arrestation, et la séance a été levée à minuit.

Et cejourd'hui 23 juin 1791, dès onze heures et demie du matin, MM. les administrateurs du directoire de district et les officiers municipaux, s'étant réunis, ont appris, par un exprès arrivé de Clermont, qu'un parti autrichien s'était porté sur Varennes.

Quoique ce fait ne fût pas vraisemblable, et que l'assemblée pensât que c'était quelque détachement du régiment de royal-allemand dispersé dans ces cantons, qui avait paru du côté de Varennes, elle dépêcha aussitôt un courrier à Varennes, et ensuite, ayant appris que le détachement de la garde nationale, parti la veille pour Varennes, revenait avec quatre officiers arrêtés, il a été adressé une réquisition, au commandant de la ville, d'un détachement de cent dragons du deuxième régiment, pour aller à sa rencontre; et enfin, à trois heures après midi, les détachemens sont entrés dans la ville avec les prisonniers. M. Gorgei, colonel commandant de la garde nationale, s'est rendu au plus tôt à l'assemblée, et, ayant fait entrer les prisonniers, il a remis à l'assemblée les procès-verbaux de l'arrestation qui seront envoyés à l'Assemblée nationale.

On voit par ces procès-verbaux que le sieur de Choiseul, commandant le premier régiment de dragons, ci-devant royal, et le sieur Damas, également commandant le régiment de dragons, ci-devant Monsieur, M. Floirac, capitaine, et Remy, quartier-maître, ont été saisis et arrêtés comme suspects d'avoir connu le départ du roi; d'avoir voulu le favoriser ainsi que sa sortie hors du royaume; et que la municipalité de Varennes, ayant délibéré de faire transporter les officiers dans la maison d'arrêt de cette ville, les a confiés à cet effet au sieur Gorgei et à son détachement. Ces officiers ayant cherché à se disculper, exhibant les ordres qu'ils avaient reçus de M. de Bouillé, signés de lui-même et dont ils ne connaissaient pas le but, l'assemblée n'a pas dû juger la légalité ou l'illégalité de leur arrestation. En conséquence, elle a délibéré de les faire conduire aussitôt dans la maison d'arrêt où ils seront détenus jusqu'à ce que l'Assemblée nationale, à qui il a été arrêté d'adresser le procès-verbal de leur arrestation, ait ordonné qu'ils soient élargis ou qu'ils soient envoyés, s'il y a lieu, à Orléans pour y être jugés par le tribunal provisoire établi dans cette ville pour juger les crimes de lèse-nation. Ce fait, l'assemblée a accompagné les officiers jusqu'à la maison d'arrêt pour les soustraire au ressentiment et à l'agitation du peuple.

Le 23 juin, sept heures du soir, le suppléant de M. le procureur du district a remis sur le bureau une lettre par laquelle M. Burnot, maire d'Anvillers, l'informe que les soldats, mécontens des courses qu'on leur avait fait faire, refusent d'aller plus loin jusqu'à ce qu'ils aient reçu des ordres de la nation ; et après quelques détails, il termine par demander qu'on pourvoie à la sûreté de cette ville.

Et ce jourd'hui 24 juin, MM. les administrateurs de district et officiers municipaux ont clos et arrêté le présent procès-verbal qui sera adressé sur-le-champ à l'Assemblée nationale.

A Verdun le 24 juin 1791, à midi.

N° XVII.

Décret de l'Assemblée nationale.

L'Assemblée nationale, après avoir entendu le rapport des sept comités ci-dessus ;

Attendu qu'il résulte des pièces dont le rapport lui a été fait, que M. Bouillé, général de l'armée française sur la Meuse, Sarre et Moselle, a conçu le projet de renverser la constitution ; qu'à cet effet il a cherché à se faire un parti dans l'Empire, sollicité et exécuté des ordres non contre-signés, attiré le roi et sa famille dans une ville de son commandement, disposé des détachemens sur le passage, fait marcher des troupes vers Montmédy, préparé un camp près cette ville, cherché à corrompre les soldats, les a engagés à la désertion pour se réunir à lui, et sollicité les puissances voisines à faire une invasion sur le territoire français ; décrète :

1°. Qu'il y a lieu à accusation contre M. Bouillé, ses complices et adhérans, et que procès leur sera fait et parfait devant la haute Cour nationale provisoire séante à Orléans ; qu'à cet effet les pièces qui auront été adressées à l'Assemblée nationale, seront envoyées à l'officier qui fait, auprès de ce tribunal, les fonctions d'accusateur public.

2°. Qu'attendu qu'il résulte également des pièces dont le rapport lui a été fait, que MM. Heyman, Klinglin et d'Hofflize, maréchaux-de-camp employés dans la même armée de M. Bouillé, Desoteux, adjudant-général ; Bouillé fils, major de hussards, et de Goguelat, aide-de-camp ; que M. Choiseul-Stainville, colonel du premier régiment de dragons ; Mandel, Fersen, colonels propriétaires du régiment royal-suédois, sont prévenus d'avoir eu connaissance du complot dudit Bouillé, et d'avoir agi dans les vues de le favoriser, il y a lieu à accusation contre eux, et que leur procès leur sera fait et parfait devant la haute Cour nationale provisoire séante à Orléans.

3°. Que les personnes dénommées dans les articles précédens, contre lesquelles il y a lieu à accusation, qui sont ou seront arrêtées par la suite, seront conduites sous bonne et sûre garde dans les prisons d'Orléans, et que les pièces de procédure commencées au tribunal du deuxième arrondissement, ainsi que dans les autres tribunaux du royaume, seront envoyées à celui d'Orléans qui demeurera seul chargé de la suite de la procédure.

4°. Que MM. Damas, Dandoins, Vallecourt, Marassin, Lalonde, Floirac et Remy, l'un capitaine, l'autre sous-lieutenant au treizième régiment de dragons; MM. Lacour, lieutenant au premier régiment de dragons, d'Hofflize, sous-lieutenant au régiment de Castella suisse, et madame de Tourzel, resteront en état d'arrestation jusqu'après les informations, pour être statué ultérieurement sur leur sort.

Que les dames Brunier et Neuville seront mises en liberté.

Opinion de M. de Choiseul d'Aillecourt, *député à l'Assemblée nationale.*

« Je crois n'avoir besoin, Messieurs, que de retracer les faits » pour justifier la conduite de MM. de Damas et de Choiseul. » M. de Bouillé annonce lui-même que ce ne fut que sur ses ins- » tances que le Roi se détermina à aller à Montmédy. Vous avez » connaissance de l'ordre du Roi à M. de Bouillé, pour placer » des troupes de Châlons, à Montmédy, vous l'avez aussi des or- » dres de ce général aux différens corps qu'il commandait (lettre » de Sainte-Ménehould, datée du 22).

» Le 13, il donna ordre au premier escadron du régiment royal » (premier régiment de dragons) de partir de Commercy pour se » rendre à Saint-Mihiel ; d'y joindre les escadrons du régiment

» de Monsieur (treizième régiment de dragons) pour se rendre
» ensemble à Mouzon.

» Le 14, il fait marcher quarante hommes du régiment royal
» pour attendre, le 20 et le 21, à Sainte-Ménehould, un convoi
» d'argent. Un ordre du 15 change celui du 13, et retarde la
» marche du premier escadron du régiment royal jusqu'au 18,
» pour suivre cependant sa première destination. Le régiment
» royal est celui que commande M. de Choiseul, et je vous prie
» d'observer que de ces deux détachemens, l'un devait se rendre à
» Mouzon par Saint-Mihiel, celui composé de quarante hommes à
» Sainte-Ménehould; aucun des deux à Varennes.

» Quelle a été la conduite de ces différens détachemens? A
» Sainte-Ménehould (lettre des officiers municipaux datée du 22
» à trois heures du matin) l'arrivée d'un détachement de hus-
» sards fait naître les premières alarmes. Le commandant de ce
» détachement montre ses ordres. Ce premier détachement est
» remplacé par les quarante dragons du régiment royal, et ce
» mouvement, qui n'augmentait pas le nombre des troupes à
» Sainte-Ménehould, augmente les craintes. Cependant les voitures
» passent et les *dragons sont encore tranquilles*. Le peuple demande
» le désarmement des troupes, quoiqu'elles soient tranquilles.
» Pour satisfaire, disent les officiers municipaux, nous avons cru
» devoir obtempérer à cette demande, et nous avons obtenu le dé-
» sarmement des dragons; et pour mieux nous assurer de l'offi-
» cier, autant que pour le soustraire à la violence et au méconten-
» tement des habitans, nous l'avons fait conduire et recomman-
» der dans les prisons de la ville. — Que nous présente ce procès-
» verbal ou cette lettre? Des alarmes causées par l'arrivée
» d'un détachement de hussards, augmentées parce qu'il est re-
» levé par des dragons. Le commandant montre les ordres de son
» général, le peuple y répond en demandant le désarmement de
» la troupe, les officiers municipaux obéissent au peuple; les dra-
» gons obéissent à tous deux, et la précaution des officiers muni-
» cipaux va jusqu'à faire conduire et recommander dans les pri-
» sons l'officier commandant. Si vous pouvez louer le zèle craintif
» des officiers municipaux, au moins, à ce qu'il me semble, ne
» pouvez-vous inculper en rien le commandant de ce premier dé-
» tachement, puisqu'après le passage des voitures, les officiers

» municipaux avouent que les dragons étaient tranquilles, et nous » fournissent ainsi la plus grande preuve qu'ils ignoraient leur » mission.

» Le directoire de Clermont (procès-verbal du directoire de » Clermont) nous a appris ce qui s'était passé dans cette ville, et » la lettre que M. de Damas a écrite à l'Assemblée y est conforme. » Dans presque tous les points, le directoire s'était assemblé, dit » le procès-verbal, sur ce que les citoyens étaient alarmés d'avoir » vu M. de Damas rassembler les détachemens de divers régimens. » M. de Damas ne rassemblait pas de détachemens; rien n'est si » éloigné d'un rassemblement de troupes que les dispositions né- » cessaires pour l'escorte d'un convoi qui doit se faire par des » détachemens successifs; il apprit que les alarmes *augmentaient* » *d'autant plus qu'on avait vu des soldats escorter des berlines sui-* » *vies de courriers.* Je ferai ici la même observation que j'ai déjà » faite, les voitures étaient passées, et M. de Damas avait encore » l'idée du trésor qu'il devait escorter : donc il ne savait pas que » ces voitures étaient le trésor lui-même. Sous le prétexte de faire » escorter un trésor, on voyait les officiers du détachement de » dragons aller de maison en maison ordonner à leurs soldats de » partir à l'instant. Si, dans l'opinion des officiers, le trésor eût été » dans les voitures qui étaient passées, il était trop tard pour rem- » plir leur mission; elle devenait inutile. Dès qu'ils ne la croyaient » pas remplie, ils attendaient donc encore le trésor; dès qu'ils » l'attendaient, ils ne savaient donc pas ce que ces voitures con- » tenaient; ils ignoraient donc le motif de leurs ordres.

» Les députés de la municipalité observèrent à M. de Damas » que les voitures qu'il voulait faire escorter *étaient suspectes.* Il » ne voulait pas les faire escorter puisqu'elles étaient passées » (ordres montrés par M. de Damas); il répond qu'il a des ordres; » il les montre; la municipalité veut les juger : M. de Damas veut » les exécuter. M. de Damas avait un ordre de son supérieur, la » troupe n'obéit pas. Que pouvait faire M. de Damas en cette cir- » constance ?

» Le procès-verbal exprime lui-même que les dragons mirent » pied à terre sur les ordres de M. de Damas; cependant, conti- » nue le procès-verbal, M. de Damas reste à cheval avec ses offi- » ciers : M. de Damas et ses officiers avaient vu les dragons refuser

» d'obéir aux ordres dont ils étaient porteurs. Les dragons les » avaient abandonnés, mais ils ne se croyaient pas quittes de leur » devoir ; ils étaient seuls, mais ils devaient obéir à l'ordre qu'ils » avaient reçu ; la municipalité ne pouvait les en dispenser ; elles » n'ont reçu que le pouvoir de requérir les troupes de ligne, et de » diriger leur action dans l'intérieur des villes, mais elles ne peuvent » gêner la marche des différens corps ; cela serait d'autant plus inu- » tile qu'elles sont sûres d'arrêter leur activité dans les lieux où elles » se trouvent placées. — Sommé de nouveau de se rendre à l'hô- » tel-de-ville pour exhiber ses ordres, il s'avance vers son loge- » ment, mais au lieu de s'y arrêter, il s'enfuit. — Sommé de nou- » veau, il avait donc déjà montré ses ordres et ils étaient connus. » Il craignait peut-être que les officiers municipaux ne lui offris- » sent la même protection qu'à l'officier qui les commandait à » Sainte-Ménehould, et par humanité ne le fissent recommander » dans les prisons. La lettre de M. de Damas à l'Assemblée, le » Mémoire succinct qu'il a publié est en grande partie conforme » au récit du directoire.

» Je prendrai succinctement les faits qui ne sont que les consé- » quences des ordres que M. de Bouillé avait donnés pour la » marche des différens détachemens ; vous connaissez ces ordres.

» M. de Damas était en marche avec un escadron du treizième » régiment de dragons, ci-devant Monsieur, pour aller à Mouzon, » ainsi que le premier escadron du premier régiment, ci-devant » royal. Il eut ordre de retarder d'un jour leur arrivée à Cler- » mont, de n'y arriver que le 20, et d'y prendre séjour le 21.

» Ce fut alors qu'il reçut un ordre de M. de Bouillé pour en- » voyer de Clermont à Sainte-Ménehould un capitaine et quarante » hommes du régiment royal pour y attendre un convoi, et en même » temps de se tenir prêt à Clermont avec trente dragons pour re- » cevoir le convoi, lorsque le premier détachement des dragons » de royal le lui amènerait.

» Un officier de l'état-major, porteur d'ordres de M. de Bouillé, » prescrit à M. de Damas de faire monter à cheval à cinq heures » du soir le 21 ; que probablement il irait à Varennes afin d'abré- » ger la journée trop forte de Clermont à Stenay ; l'ordre était de » monter à cheval à cinq heures, mais le second, qui devait être » celui d'exécution, n'était encore que présumé. A la nuit, n'ayant

» reçu aucun ordre, M. de Damas fait desseller. A neuf heures, » les voitures passent. A dix heures et demie, sur la nouvelle du » désarmement du détachement de dragons de Sainte-Ménehould, » au milieu des alarmes de la ville, M. de Damas, ayant l'idée » de l'ordre qu'il avait reçu, d'être à cinq heures à cheval, l'in- » quiétude de celui qu'on lui avait annoncé pour aller à Varennes » et qu'il ne recevait pas; incertain, craignant d'avoir mal inter- » prété l'ordre qu'il a reçu, il fait monter à cheval. Les officiers mu- » nicipaux s'en alarment, le peuple s'en effraie. M. de Damas montre » son ordre pour monter à cheval et sa route pour aller à Mouzon par » Varennes et Stenay. Les officiers municipaux lui font la réquisi- » tion formelle de faire descendre de cheval. M. de Damas, en » leur représentant qu'ils n'ont pas le droit d'empêcher une troupe » de partir, cède à leur demande et fait mettre pied à terre. — » M. de Damas, étonné de ce que les premiers ordres qu'il avait » reçus n'avaient pas été dans le cas d'être mis à exécution, incer- » tain sur les bruits et les alarmes qui se répandaient, inquiet, » prend le chemin de Varennes avec un officier de son régiment. » Arrivé à Varennes, il apprend que le Roi y est. Il va à la mu- » nicipalité qui le conduit chez le Roi, il y passe la nuit : les » officiers municipaux ne s'opposent pas à son départ; mais pen- » dant qu'ils sont allés accompagner le Roi ramené vers Clermont, » le peuple l'arrête avec M. de Choiseul et l'aide-de-camp de » M. de La Fayette. Mis en liberté, ils sont ramenés une seconde » fois et mis en prison. Tels sont les faits relatifs à M. de Damas, » et je vous demande d'arrêter votre attention sur les consé- » quences qu'on peut en tirer. — A la chute du jour, M. de Da- » mas fait desseller ses chevaux.... Croyez-vous, Messieurs, que » si M. de Damas eût été dans le secret; s'il eût su que c'était le » Roi et la famille royale qu'il devait escorter, il se fût lassé d'at- » tendre? Les voitures passent à neuf heures du soir, et ce n'est » qu'à dix heures et demie que M. de Damas, sur un avis incer- » tain, fait seller les chevaux. Si M. de Damas eût su ce que con- » tenaient les voitures, eût-il attendu une heure et demie après » leur passage pour faire monter à cheval.

» L'inquiétude de M. de Damas sur l'exécution de ses ordres, » prouve manifestement qu'il en ignorait le motif; il avait celui » de monter à cheval à cinq heures. Il devait aller à Stenay le len-

» demain ; il avait été prévenu que probablement on l'enverrait » dès le soir à Varennes, afin de rendre cette journée moins forte; » il ne faisait donc qu'exécuter ses ordres en y allant : les officiers » municipaux lui font une réquisition formelle, et il se soumet.

» Quelles sont les raisons qui engagèrent M. de Damas à aller » à Varennes (lettre de M. de Damas) pendant le temps, dit-il, » que les voitures étaient arrêtées à Varennes, qu'on avait envoyé » divers courriers pour avertir les gardes nationales ? Divers soup- » çons me déterminèrent à aller sur la route avec un capitaine du » régiment. Si M. de Damas eût été dans le secret, déjà suspect à » Clermont, abandonné de sa troupe, accompagné d'un seul offi- » cier, aurait-il été au-devant des dangers qui pouvaient l'at- » tendre ? S'il eût été du secret, au lieu de rester à cheval quelques » instans avec les officiers, et ensuite de se séparer d'eux, n'eût-il » pas cherché à les emmener avec lui? M. de Damas ne sachant » pas le secret, sa marche s'explique naturellement. L'intérêt qui » s'était communiqué dans Clermont, de savoir qui était dans ces » voitures, les soupçons déjà en mouvement, la multiplicité, l'in- » certitude des ordres, leur inutilité, tout devait exciter la curio- » sité de M. de Damas.

» Serait-ce l'empressement d'exécuter les ordres, le zèle d'obéis- » sance des officiers qui pourraient encore vous inspirer quelque » doute ? Ne pouvez-vous concilier le zèle dans l'exécution avec » l'ignorance du motif?... Ah! Messieurs, craignez d'en prendre » ombrage, ne laissez pas perdre cette habitude à l'armée; vous » la détruiriez bien vite avec le système de l'obéissance raisonnée. » Je crois donc, Messieurs, avoir pleinement justifié, et le déta- » chement de Sainte-Ménehould, et M. de Damas qui commandait » à Clermont.

» Ce qui s'est passé à Varennes est infiniment plus simple en- » core, s'il est possible, et me présente à défendre quelqu'un d'un » intérêt plus cher à mon cœur; mais je n'ai besoin, pour le » défendre, que d'exposer les faits. — Il me reste à vous par- » ler de l'arrestation de M. de Choiseul à Varennes, et de celle » de M. de Damas. Ce n'est qu'à Varennes que se trouve M. de » Choiseul ; deux détachemens de son régiment étaient, l'un à » Sainte-Ménehould, l'autre à Clermont, lui seul est à Varennes. » Il y est par un ordre particulier de M. de Bouillé, qui lui enjoi-

» gnait de se rendre en personne à Varennes, où il devait se » trouver pour lui donner lui-même d'autres ordres. Il apprend » que le Roi et la famille royale sont à Varennes, il va chez le » Roi (lettre de M. de Choiseul). Le Roi part, et MM. de Choi- » seul et de Damas restent : il ne leur vient pas l'idée qu'ils puis- » sent être suspects ; M. de Choiseul ne commandait pas les hus- » sards, puisque le sieur Drouet dit que, lorsqu'ils furent som- » més de descendre de cheval, M. de Goguelat, qui les comman- » dait, s'y refusa ; il ne commandait pas non plus de dragons, » puisque les uns étaient à Sainte-Ménehould, les autres à Cler- » mont; le peuple n'arrête MM. de Choiseul et de Damas, que parce » qu'il les rencontre, que parce qu'ils s'offraient eux-mêmes avec » la sécurité d'une conscience tranquille. C'est malgré les efforts » des officiers municipaux, dit M. de Choiseul, que je fus arrêté ; » où furent-ils arrêtés ? Ils revenaient de Clermont, ils retournaient » à leur troupe, ils suivaient la voiture du Roi. — Cependant la » commune s'assemble, le procureur de la commune requiert l'ar- » restation, non-seulement de MM. de Damas et de Choiseul, mais » bien aussi de M. de Romeuf, aide-de-camp de M. de La Fayette : » malgré la réquisition du procureur de la commune, la délibéra- » tion met ce dernier en liberté ; il faut convenir qu'elle ne porte » même pas l'empreinte de la chaleur, ni de soupçons bien pro- » noncés (délibération de la commune de Varennes) ; il y est dit » que, quant aux deux autres officiers, connus sous les noms de » Damas et de Choiseul, il a été également arrêté que, tant pour » la tranquillité publique que pour la sûreté de leurs personnes, » ils seront transférés à Verdun. Ces deux motifs étaient donc les » seuls qu'on pût alléguer, et je vous prie d'observer ici, Mes- » sieurs, que ce ne sont pas les seuls officiers municipaux qui par- » lent un langage aussi modéré ; ce sont tous les habitans, la com- » mune tout entière. Il paraît, par le procès-verbal, que les es- » prits de la garde nationale seule étaient un peu échauffés, la muni- » cipalité était même absente et occupée à suivre le Roi ; car M. de » Romeuf, qui, par générosité pour MM. de Damas et de Choiseul, » retarde son départ, dit expressément qu'il attendait le retour de » la municipalité.

» M. Remy, quartier-maître du régiment de Monsieur, que » M. de Damas avait envoyé de Clermont pour préparer le loge-

» ment, le 21 au soir, fut arrêté; M. de Floirac, qui ne voulait » pas le quitter, le fut aussi, et le procès-verbal d'arrestation » n'articule aucun fait contre eux.

» Je devrais borner ici la justification de MM. de Damas et de » Choiseul; ce n'est que par les faits qu'ils doivent être défendus. » Vouloir en tirer des conséquences, ce serait se méfier de vos » lumières et prétendre diriger votre justice; mais je sens qu'il » faut détruire jusqu'au plus léger soupçon. Je vous parlerai donc » de la lettre de M. de Klinglin à sa bonne amie, de ses assertions » et de ses conjectures. Cette lettre a été interceptée: ce n'est point » dans ce moment que je rappellerai à l'Assemblée qu'elle a tou- » jours consacré, même observé l'inviolabilité du secret des » lettres, et que, peut-être, une preuve acquise par un délit de- » vrait s'anéantir devant le législateur indigné; mais je ne veux » point user d'un moyen qui ne serait légitime que parce qu'il » serait légal; et si la justice doit se conformer à la loi et toujours » y atteindre, l'honneur sait même quelquefois en refuser le » bienfait.

» M. de Klinglin rend compte dans sa lettre de l'opinion anté- » rieure de M. de Bouillé, des conjectures que pouvaient offrir ses » conversations, et de la manière dont il avait disposé les troupes de » son commandement; mais en même temps M. de Klinglin avoue » qu'il ne peut pénétrer le secret de ce général: je n'osai pas, dit- » il, questionner un homme qui ne se déboutonnait pas. M. de » Klinglin, officier-général, ancien militaire, n'était donc pas dans » le secret de M. de Bouillé.

» Ce n'est, selon lui, que le 21 au matin que, dans le moment » où M. de Bouillé avait besoin de lui pour l'envoyer à Montmédy, » il lui confie son secret. M. de Klinglin passe toute la journée » du 21 à Montmédy, le 22, à se mettre en sûreté, et le 23 il sait » tout cela. Dans sa première lettre, il fait un long récit de ses » espérances, de sa joie et de sa douleur, des moyens que M. de » Bouillé avait employés; et il ne parle pas de M. de Choiseul: ce » n'est que dans une note ajoutée à la lettre qu'il parle de cet offi- » cier. Il y dit que les troupes dont il devait disposer n'ont pas » marché dans un autre endroit; il dit que M. de Choiseul a été » avec quarante hommes de Clermont à Varennes: il pouvait » avoir des ordres d'exécution et n'en pas connaître le motif. Il

» est vrai que M. de Klinglin dit : *M. de Choiseul qui était du*
» *secret*, et M. de Klinglin n'en était pas lui-même. M. de Klin-
» glin était officier-général, voyait M. de Bouillé tous les jours, et
» cependant cet homme ne se déboutonnait pas ; et M. de Choiseul,
» jeune officier avec toute la vivacité de son âge, avait excité da-
» vantage la confiance de M. de Bouillé qu'on dit si adroit. M. de
» Klinglin était nécessaire à M. de Bouillé pour faire tout préparer
» à Montmédy, et M. de Bouillé ne se confie à lui que le 21 au
» matin ; et l'on pourrait croire, sur une simple parole hasardée,
» sur une simple opinion particulière dans une lettre, que ce même
» M. de Bouillé eût confié son secret à un officier jeune, à qui il
» n'avait aucun intérêt de rien dire, de qui il n'avait à exiger
» qu'une obéissance passive ? M. de Klinglin était nécessaire à
» l'exécution, et il ne l'a su qu'au moment même. M. de Choiseul
» n'avait rien à commander, ne devait qu'obéir : pourquoi M. de
» Bouillé lui aurait-il confié le motif véritable qui le faisait agir ?
» Enfin, l'on ne pourrait vouloir accorder quelque attention à M. de
» Klinglin, lorsqu'il avance que quelqu'un savait ce qu'il avoue
» ne savoir pas lui-même. Tel était le seul mot de la lettre de M. de
» Klinglin qui méritât d'être réfuté ; qu'importe ensuite qu'il entre
» dans les détails d'exécution, qu'il accuse la marche plus ou
» moins lente des détachemens qui devaient faire l'escorte, que
» M. de Choiseul dût commander des hussards à Varennes ou des
» dragons à Clermont ?... J'observerai à cette occasion que M. de
» Klinglin avance un fait prouvé impossible. Il dit que M. de
» Choiseul vint, pendant la nuit, à Varennes avec quarante che-
» vaux ; ces quarante hommes avaient eu ordre de partir le 19
» de Clermont, pour être le 20 ou 21 à Sainte-Ménehould. Les
» ordres de M. de Bouillé en font foi. Ce détachement ne pouvait
» donc être en même temps à Sainte-Ménehould et à Varennes.

» M. de Choiseul ne commandait pas non plus les hussards,
» puisqu'il est prouvé par le sieur Drouet que c'était M. de Go-
» guelat ; M. de Choiseul était donc seul, il avait ordre de se
» rendre à Varennes ; n'est-il pas absurde alors de penser qu'il
» sût un secret que M. de Bouillé n'avait pas dit à ses officiers
» généraux ? Si l'on se rappelle ensuite le calme de M. de Choi-
» seul, la sécurité avec laquelle il est resté à Varennes après le
» départ du Roi, les efforts des officiers municipaux pour l'em-

» pêcher d'être arrêté, l'expression modérée du procès-verbal de » la commune, peut-on conserver la moindre incertitude sur la » conduite de M. de Damas et de M. de Choiseul? Pourriez-vous » les rendre responsables lorsqu'ils ne peuvent refuser d'obéir, » lorsqu'ils ne peuvent savoir le motif des ordres qu'ils reçoivent? » J'ai trouvé juste et sage que, dans le premier moment où vous » n'aviez encore aucune information sur les faits qui s'étaient » passés tant à Sainte-Ménehould qu'à Clermont et à Varennes, » l'Assemblée ait décrété que les officiers détenus dans les prisons » de Verdun y resteraient en état d'arrestation; mais aujourd'hui » qu'il ne vous est parvenu aucune charge contre eux, qu'il vous » est prouvé que MM. de Damas et de Choiseul ne connaissaient » pas l'objet de leur mission, quelle pourrait être la raison de les » priver de leur liberté? Je vous répéterai donc les mêmes paroles » que M. de Choiseul vous adressait en entrant dans sa prison : » *N'étant pas coupable, je demande mon élargissement.*

» Je n'ai répondu que par des faits; j'ai cru devoir me renfermer » dans l'exposition simple des différentes circonstances, et si j'ai » pu comprimer pendant quelques instans le sentiment vif qui me » porte vers un des accusés, j'espère cependant qu'après avoir dé» fendu sa cause dans le moment où mon parent et mon ami est » malheureux et innocent, vous m'excuserez de laisser échapper » ici l'expression de mon amitié et de mon estime.

» CHOISEUL-D'AILLECOURT. »

N° XVIII.

Lettre écrite au Roi par M. de Choiseul.

Prisons de Verdun, 20 juillet 1791.

SIRE,

Je profite d'un moment de liberté pour oser mettre aux pieds de Votre Majesté l'expression respectueuse de ma douleur et le serment de fidélité qu'il m'est si doux de lui renouveler dans ces affreuses circonstances. Vivre pour vous servir et mourir pour vous, Sire, voilà mes vœux et ma gloire. Je jouis de mon sort; il m'honore; et si je suis victime de l'injustice, j'aurai la douceur de songer qu'ayant rempli tous mes devoirs de sujet fidèle et reconnaissant, je n'ai pas un seul reproche à me faire, et que j'ai obtenu l'intérêt, l'estime, et, s'il m'est permis de m'en flatter, les regrets de Votre Majesté.

Je suis avec respect,

Sire,

De votre Majesté,

Le très-humble, très-obéissant et très-fidèle serviteur et sujet.

Signé D. CHOISEUL-STAINVILLE.

N° XIX.

Extrait des registres des délibérations du Directoire du district de Clermont, au département de la Meuse.

Aujourd'hui mardi, 21 juin, à deux heures de relevée, le district de Clermont s'est assemblé sur ce que tous les citoyens de la ville de Clermont alarmés d'avoir vu, pendant le cours de la journée, des mouvemens que le commandant du 13e régiment de dragons, nommé Damas, avait fait faire à un escadron de ce régiment arrivé le 20 de ce mois en cette ville pour y loger, avec les ordres de M. de Bouillé, portant qu'il devait arriver le 19; sur ce qu'on avait vu les soldats se munir de pierres à feu; qu'à l'heure de dix heures du soir, l'inquiétude des citoyens était augmentée, lorsqu'après le passage de deux voitures, précédées d'un cabriolet, dont une berline à six chevaux et deux courriers en avant, et dont l'arrivée semblait avoir été prévue, parce que deux jours auparavant un détachement de hussards, ci-devant Lauzun, en garnison à Varennes, avait été dépêché à leur rencontre sous prétexte d'aller escorter un trésor à Châlons; sur ce qu'on a vu les officiers dudit régiment aller de maison en maison éveiller les dragons et leur donner ordre de monter à cheval et de s'assembler en armes sur la place de l'hôtel-de-ville pour partir à l'instant sans leur faire connaître leur destination; sur les plaintes et les mouvemens des citoyens, le directoire du district et la municipalité, s'étant réunis pour en conférer, ont délibéré de se rendre sur-le-champ auprès du commandant à l'instant même pour lui faire part des alarmes des citoyens ; en conséquence, M. le maire de Clermont, M. Martinet, membre du directoire de district, et le procureur syndic se sont rendus au logement du sieur Damas qui se disposait à partir, et lui ont exposé les alarmes et les inquiétudes des citoyens causées par les mouvemens qu'il avait fait faire aux dragons pendant le cours de la journée, par le passage desdites voitures par une route détournée de celle de la poste ordinaire, et par le départ de ses troupes, et lui ont demandé les ordres qui autorisaient une telle conduite, suspecte à tous égards dans les circonstances actuelles, annonçant leurs qualités et fonctions ; à quoi ledit sieur Damas a répondu d'un air embarrassé et avec beaucoup d'émotion : Qu'il ne faisait rien qui pût être suspect ; qu'il avait des ordres. Sommé de les exhiber, il a tiré de sa poche précipitamment un ordre qu'il a dit être de M. de Bouillé et une lettre qu'il a dit être de M. de Goguelat ; sur ce qui lui a été observé par M. le maire qu'il outrepassait les ordres qu'il exhibait, il a répondu d'un ton fort animé qu'il était le maître d'en ordonner, et que sa troupe partirait, quoique les députés l'aient requis au nom de la loi de tranquilliser les citoyens en faisant coucher la troupe en cette ville ; sur un mouvement de refus précipité, après avoir replié lesdits ordres, le maire lui a dit : Qu'il le sommait de s'arrêter. Ledit Damas est sorti précipitamment de sa chambre ; il s'est porté dans la rue, en criant : A moi dragons ! tandis que lesdits députés étaient encore dans la chambre et en sortaient. Ces mouvemens ayant confirmé les alarmes présentées par les citoyens qu'une telle démarche était suspecte et les mettait en péril, la municipalité s'est à l'instant rassemblée. La trompette des dragons a sonné pour monter à cheval ; malgré l'obscurité de la nuit, on a battu la générale. Les gardes nationales rassemblées, les officiers municipaux revêtus de leurs écharpes et le corps administratif s'étant rendus sur la place où les dragons étaient rangés en bataille, ayant à leur tête ledit sieur et les autres officiers, M. le maire et les officiers municipaux lui ont représenté que d'un côté il exposait les citoyens, et que de l'autre il compromettait les dragons. Sommé de se rendre à l'hôtel-de-ville pour exhiber ses ordres et les faire examiner, il s'y est constamment refusé ; mais vivement pressé par différentes interpellations, il les a enfin remis à M. le maire tels qu'ils viennent d'être énoncés.

Dans ces circonstances critiques, les officiers municipaux, les administrateurs du district et le procureur-syndic, craignant les suites de l'incivisme de cet officier commandant, se sont portés vers les dragons auxquels ils ont demandé la manifestation de leur patriotisme : ces braves soldats se sont empressés de répondre au vœu des administrateurs, et ils n'ont fait aucun mouvement au commandement de marcher qui leur a été donné par le commandant. Les administrateurs et officiers municipaux, touchés du patriotisme des dragons, ont crié : Vive la nation! ce cri a été aussitôt répété par les dragons, qui, un instant après, ont mis pied-à-terre. Cependant, ledit sieur Damas et les officiers restaient à cheval; mais, sommé de nouveau de se rendre à l'hôtel-de-ville, ledit sieur Damas s'est porté précipitamment chez lui, et au lieu de s'y arrêter s'est enfui. Lesdits corps réunis s'y sont rendus, croyant l'y trouver, mais ils se sont persuadés qu'il ne s'y était pas seulement rendu et qu'il ne restait dans sa chambre que l'étendard enfermé dans son étui. Les dragons étant rentrés paisiblement dans leur logement, il a été établi des gardes et patrouilles pour la sûreté publique; de quoi, il a été, sans désemparer, dressé procès-verbal dans la salle du directoire de district, en présence des officiers municipaux, du procureur-syndic de la commune et des administrateurs qui s'y sont rendus le 22 juin 1791, deux heures du matin, et ont signé, etc.

Et ledit jour, 22 juin, vers les deux heures du matin, le directoire étant assemblé en la salle de ses séances, il est arrivé un courrier dépêché par le procureur-syndic et la municipalité de Varennes; lequel a dit qu'immédiatement après le passage des voitures suspectées, la municipalité avait pris toutes les précautions nécessaires, afin de découvrir ce qu'elles renfermaient, et même les faire arrêter si on le croyait nécessaire; que le sieur Drouet, maître de la poste aux chevaux de Ste.-Ménehould, ayant traversé les bois par un chemin de détour, avait devancé, ainsi que lui, lesdites voitures; que le sieur Elliot, gendarme de la brigade du Clermontois, avait fait le trajet et le retour en moins d'une heure et demie, et qu'il avait rapporté que les personnes, qui composaient les voitures, étaient le Roi, la Reine, M. le Dauphin et la famille royale, malgré leurs certificats qui indiquaient le contraire; que leur départ était favorisé par un détachement de hussards qui se trouvait à Varennes. Sur cet avis, le directoire, considérant que le salut de l'État exigeait qu'aucun individu de la famille royale ne sortît en ce moment du royaume, dont ces personnes paraissent vouloir s'absenter en prenant les routes les plus courtes pour arriver sur les terres soumises à la domination étrangère, et dont elles n'étaient plus éloignées que d'environ neuf lieues, a arrêté, sur les conclusions du procureur-syndic, que la municipalité de Clermont ordonnerait aussitôt à un détachement de la garde nationale de cette ville d'en partir sur-le-champ pour se rendre à celle de Varennes, et qu'il serait aussitôt dépêché des courriers à toutes les municipalités et districts des villes voisines, chargés de porter aux municipalités les ordres les plus précis de faire partir à l'instant leurs gardes nationales pour se rendre tant à Clermont qu'à Varennes, afin de donner main-forte suffisante sur la réquisition des municipalités; à s'opposer même par la force au départ des personnes et voitures arrêtées, au cas que les troupes de ligne se missent en devoir de le favoriser, ce qui a été à l'instant exécuté; et attendu les circonstances impérieuses où il se trouvait, le directoire a arrêté de continuer ses séances sans désemparer. Vers les trois heures du matin, le directoire a été averti qu'un aide-de-camp de M. le commandant de la garde nationale parisienne passait en cette ville, porteur d'ordres de l'Assemblée nationale. A l'instant, un de ces Messieurs s'est rendu sur son passage, et sur l'invitation qui lui a été faite de faire part de sa mission à l'administration, il a annoncé aux membres du directoire que le Roi, la Reine et M. le Dauphin étaient sortis de la capitale, et que, dans la crainte que des suggestions perfides des ennemis des lois publiques n'eussent engagé le chef de la nation française à quitter le royaume, l'Assemblée nationale avait ordonné d'arrêter ou de faire arrêter toutes personnes qui sortiraient hors du royaume, et d'empêcher la famille royale de continuer sa route; et sur l'indication donnée audit aide-de-camp de l'arrestation desdites personnes à Varennes, il a continué sa route vers la ville de Varennes pour suivre l'objet de sa mission. Les gardes nationales arrivant en foule des différentes municipalités, il leur a été enjoint par le directoire de se rendre à Varennes pour y exécuter les ordres qui y seront donnés; et attendu la fuite du sieur Damas, commandant d'escadron du 13e régiment de dragons, actuellement à Clermont, et la suspicion des chefs et officiers, qui, par l'effet de la démarche d'hier, avaient perdu la confiance de la troupe.

Le directoire, considérant d'ailleurs la nécessité d'avoir à sa disposition de la troupe de ligne, dont le patriotisme lui était connu, a arrêté que provisoirement le 3e régiment de dragons, qui était à Clermont, y resterait jusqu'à ce qu'il en serait ordonné autrement, et que l'étape lui serait fournie aujourd'hui par l'entrepreneur sur les ordres de la municipalité.

Différens courriers, dépêchés à Varennes par le directoire, ne rapportant aucune nouvelle du retour de Sa Majesté; et le directoire, considérant que la proximité où est le territoire de Varennes des frontières du royaume, près desquelles se trouvent des rassemblemens de troupes étrangères formés par les puissances étrangères; l'incertitude où l'on est des dispositions de la troupe de ligne qui paraissent avoir été faites, par le sieur Bouillé, de manière à favoriser le départ de la famille royale, ce qui est prouvé par l'ordre déposé au directoire qu'il avait donné à son aide-de-camp et au sieur Damas, et à la malheureuse incertitude du civisme des officiers des troupes de ligne, a arrêté, après avoir entendu le procureur-syndic, qu'il se rendrait en corps aussitôt à Varennes pour porter au Roi le vœu des citoyens, lui exprimer l'inquiétude qu'occasione son départ, enfin le prier de ne pas retarder son retour dans la capitale, qui seul peut ramener la tranquillité dans le royaume, et d'où dépend enfin le salut de l'État.

A l'instant, les administrateurs, le procureur-syndic et les secrétaires sont partis pour se rendre à Varennes, et remis à leur retour la continuation du présent acte; et ledit jour, dès dix heures du matin, le directoire, de retour et rassemblé en la salle de ses séances, a arrêté que le récit de ce qui s'était passé serait inscrit par continuation au présent acte, ainsi qu'il suit :

Le directoire, convaincu du patriotisme des dragons, dont ils avaient donné la veille des preuves non-équivoques, a requis lesdits dragons de monter à cheval, et de se rendre à Varennes sous le commandement de M. Saurin, officier de mérite, qui avait la confiance des soldats, et d'un officier de la garde nationale de Clermont, ce qui a été fait à l'instant, et le directoire a pris la route de Varennes.

Vers la moitié du chemin, le directoire, informé de l'approche, a été à la rencontre de Sa Majesté dont la voiture était escortée de plus de 6000 hommes de la garde nationale, et d'une foule de citoyens de tout âge et de tout sexe. M. le président, au nom du directoire, a témoigné au Roi les sentimens des citoyens sur les alarmes qu'avait répandues son départ; à quoi Sa Majesté a répondu : Que son intention n'était pas de sortir du royaume. Ensuite, il a continué sa route jusqu'en cette ville au milieu de l'allégresse qu'inspirait au peuple la certitude qu'il ne quitterait pas, et des cris répétés des citoyens et des gardes nationales, de vive la nation ! La conduite des dragons a été aussi vivement applaudie. Lorsque nous sommes entrés dans cette ville, les mêmes témoignages de joie ont éclaté de toute part, et le Roi a continué sa route au milieu d'une partie des gardes nationales, de celle des dragons chargés d'accompagner Sa Majesté jusqu'à Ste.-Ménehould.

Il a été présenté par M. Sauce, procureur de la commune de Varennes, un passe-port qui lui avait été remis lors de l'arrestation des voitures, daté du 5 de ce mois, signé Louis, et plus bas : Montmorin, donné à la baronne de Korff, allant à Francfort avec deux enfans, une femme, un valet de chambre et trois domestiques.

Le directoire a arrêté que ledit passe-port, ensemble l'ordre du sieur Bouillé, daté de Stenay du 20 juin, donné au commandant des dragons à Clermont de faire monter les troupes à cheval au jour et à l'heure qui leur seraient indiqués par le sieur Goguelat, officier de l'état-major, et porteur dudit ordre, et la lettre de M. Goguelat au commandant, datée de Ste.-Ménehould du 11 juin, présentée par le sieur Damas au maire de Clermont, seront déposés par M. Martinet, administrateur, et Mongins, secrétaire, à l'Assemblée, lesquels y remettront une expédition de la présente délibération, et seront chargés d'exprimer à l'Assemblée nationale les sentimens d'admiration et de reconnaissance pour ses travaux immortels, l'assurant du plus parfait dévouement pour faire respecter et exécuter la loi. Et ont signé.

Lettre des administrateurs du district de Clermont aux municipalités de ce canton et aux citoyens français.

Des personnes de la plus haute considération viennent d'être arrêtées à Varennes. Cette ville et celle de Clermont sont garnies de troupes chargées de les escorter, et les gardes nationales de Clermont ont secondé les troupes de notre ville. Mais, vite à notre secours ; d'autres troupes sont sur le point d'arriver, la patrie est en danger, les dragons sont patriotes, venez sans perdre de temps.

Cette lettre est à la suite d'une copie légalisée d'ordres donnés par M. Bouillé, dont voici la teneur :

De par le roi, François-Claude-Amour de Bouillé, lieutenant-général des armées du roi, chevalier de ses ordres, commandant général de l'armée sur le Rhin, la Meurthe, la Moselle, frontières des villes adjacentes du Palatinat et Luxembourg, il est ordonné à un escadron du premier régiment de dragons de partir avec armes et bagages de Commercy, le 17 de ce mois, pour se rendre à Saint-Mihiel d'où il repartira, le lendemain 18, avec un escadron du treizième régiment de dragons, et ils se rendront ensemble à Mouzon où ils resteront jusqu'à nouvel ordre, vivant en bonne intelligence et discipline sur la route. L'étape et le logement seront fournis, conformément aux ordonnances, à l'escadron du premier régiment, à Saint-Mihiel le 17 juin.

Metz, le 13 juin 1791. Signé Bouillé.

Par le commandant de l'armée. Signé Tuff.

Le 18 juin, a passé à Saint-Mihiel l'escadron ci-dessus, composé de six capitaines, d'un lieutenant, deux sous-lieutenans, trois maréchaux-des-logis, soixante-dix dragons et quatre-vingts chevaux de troupe, auxquels le logement et l'étape en vivres et fourrages ont été fournis pour un jour, suivant l'ordonnance.

A Saint-Mihiel le 18 juin 1791. Signé Pouzert.

De par le roi, François-Claude-Amour de Bouillé, etc., il est ordonné à un capitaine du premier régiment de dragons de partir avec quarante hommes dudit régiment, le 19, de Clermont pour se rendre à Sainte-Ménehould où il attendra, le 20 ou le 21, un convoi d'argent qui lui sera remis par un détachement du sixième régiment de hussards, venant du Pont-de-Sommevelle, route de Châlons. Les dragons seront logés de gré à gré dans les auberges. Les frais pour la nourriture des chevaux seront remboursés au commandant du détachement, et il sera donné à chaque dragon quinze sous en outre de sa paie, pour lui tenir lieu d'étape.

Du 14 juin 1791. Signé Bouillé.

De par le roi, François-Claude-Amour de Bouillé, etc., il est ordonné à l'escadron du premier régiment de dragons, qui, en vertu de nos ordres précédens, devait se rendre à Saint-Mihiel le 17 de ce mois, de ne partir de Commercy que le 18 pour arriver le même jour à Saint-Mihiel, et suivre la destination que nous lui avons prescrite.

Metz le 15 juin 1791. Signé Bouillé.

N° XX.

Lettre de M. le duc de Choiseul à M. Dutems.

Je viens de lire, Monsieur, dans les papiers publics, que vous devez, au mois de mai prochain, faire paraître une nouvelle édition de vos Souvenirs en cinq volumes.

J'ai lu celle en trois volumes, qui a paru il y a quelques mois, et je l'ai lue avec cet intérêt que notre ancienne connaissance et notre liaison m'ont inspiré, et avec celui qui devait nécessairement naître des détails qui y sont décrits sur Chanteloup, sur mon oncle, sur ma famille et sur moi-même.

Si pendant mon séjour à Londres, où j'avais souvent l'honneur de vous voir, vous m'eussiez demandé d'unir mes souvenirs aux vôtres sur ce qui regarde ma famille et moi-même, j'aurais pu rectifier l'exactitude et la vérité dans quelques-uns de ces détails.

Voici le texte de votre récit.

Tom. III, p. 113.

« J'appris aussi de M....... et du marquis de Bouillé, etc. »

Je vous ferai observer d'abord que, si vous eussiez comparé les récits que M. de Bouillé vous a faits, ceux qu'il a imprimés dans ses Mémoires, ceux qu'il a fait inscrire dans l'ouvrage de M. Bertrand de Molleville, il n'y en a pas un de semblable. La vérité cependant n'est qu'une, et il est peut-être remarquable que la même personne fasse des récits différens dans des ouvrages livrés au public.

Cette observation, qui donne nécessairement aux lecteurs observateurs des doutes et de l'étonnement, ne m'a point surpris. Car, lorsqu'on veut déguiser des faits, la route n'est plus sûre, et le relevé de ces variantes, relevé que je ferai paraître un jour en même temps que le récit du voyage de Varennes, remettra chaque chose à sa véritable place.

Je me contenterai aujourd'hui de vous faire observer que M. M... et M. de Bouillé n'étant point avec le roi, et M. de Bouillé étant resté à Stenay, et étant de-là passé à Luxembourg pour ne plus rentrer en France, a eu sur cet événement moins de lumières que ceux qui, comme moi, y étaient, n'ont pas quitté le Roi, et ont été arrêtés avec lui. D'autres raisons, qui seront un jour connues, expliqueront la foule des contradictions qui se trouvent dans les relations de M. de Bouillé et dans celles faites par ses ordres.

Je me borne aujourd'hui à rectifier l'article de votre ouvrage.

J'avais été dépêché par M. de Bouillé au Roi le 10 juin; je partis de Paris le 20, jour même du départ du Roi, neuf heures avant lui.

Le Roi passa par tous les postes qui m'étaient confiés.

J'avais assuré sa route dans la partie la plus difficile, qui était de Paris à Varennes.

Mes détachemens ont fait leur devoir. Le Roi a passé à Clermont, poste confié à M. Charles de Damas et à son régiment.

Le Roi fut arrêté à Varennes, poste confié à M. le chevalier de Bouillé, fils cadet du général. Toutes les précautions étaient prises dans les autres postes, hors dans celui-là.

Le Roi fut arrêté à six lieues de la frontière, à six lieues du général en chef qui était à Stenay, à six lieues de son quartier-général.

Le Roi passa de Paris à Varennes sans être inquiété, et certes c'était, je crois, le plus difficile de lui faire traverser soixante lieues dans l'intérieur, et de l'amener à six lieues de la frontière, au milieu des troupes destinées à le recevoir, à six lieues du général de l'expédition, et dans un poste commandé par son fils.

Je n'étais ni à Châlons ni à Ste.-Ménehould. A Châlons, il n'y avait point de détachement; et je ne pouvais y être.

J'ai attendu le Roi au Pont-de-Sommevelle.

Je n'ai point passé, ni en allant ni en venant, à Ste.-Ménehould.

Je n'ai donc pu y paraître *agité* ni y *donner des soupçons*, n'étant dans aucun de ces endroits.

Ste.-Ménehould était gardé par un détachement de quarante dragons de mon régiment (royal-dragons), maintenant 1er régiment.

Le chef de ce détachement s'appelait M. Dandoins, capitaine.

Il fit son devoir. Le Roi y passa avec tranquillité. Le hasard le fit remarquer par Drouet, le maître de poste, qui, n'osant pas faire d'esclandre à cause des dragons, suivit à cheval de loin pour voir si à Clermont il aurait plus de facilité. Ne l'ayant pas osé à Clermont, à cause du régiment de M. Charles de Damas, il gagna, par la traverse, Varennes; et n'y ayant trouvé aucun obstacle, aucune troupe sur pied, aucun officier pour s'opposer, aucune précaution prise par l'officier-commandant, qui était le fils du général, il en a profité pour y faire arrêter le Roi.

Les détails particuliers se trouveront dans ma narration.

Autre erreur. On ne prend point de Ste.-Ménehould le chemin de Varennes.

On va de Ste.-Ménehould à Clermont, en Argonne, deux postes. Et de Clermont, on suit la route de Verdun jusqu'à un embranchement où l'on trouve la route de Varennes qui n'est point route de poste, et par laquelle on gagne Dun, Stenay et Montmédy.

Ste.-Ménehould n'est point un village; c'est une petite ville.

Votre récit eût été plus exact, si, au lieu de me placer dans des endroits où je n'ai pas même paru, et d'attribuer à mon inquiétude l'arrestation du Roi qui traversa encore seize lieues de poste, depuis le premier point des détachemens jusqu'à celui où il fut arrêté, et dont le dernier détachement dépendait de M. de Damas ; et le Roi y passa jusqu'à celui de M. le chevalier de Bouillé où il fut arrêté ; vous eussiez, dis-je, été plus exact, et surtout plus véridique et plus juste, en disant :

« La fatalité, qui a toujours été attachée à la personne du Roi, » s'est bien manifestée dans cette importante occasion ; car le Roi » parti de Paris, parcourant une route longue dans l'intérieur, » route assurée par les soins de M. le duc de Choiseul, de M. de » Goguelat, de M. Charles de Damas ; arrivé comme par miracle » à onze heures du soir (après avoir traversé des villes dangereu- » ses) à un petit bourg, nommé Varennes, à six lieues de M. de » Bouillé, dans un poste confié au fils du général, qui commandait » soixante hussards (tandis que quarante dragons du régiment » de M. de Choiseul en avaient imposé à la ville de Ste.-Méne- » hould), et que la ville de Clermont, encore plus dangereuse, » n'avait pas été un obstacle, grâce à M. Charles de Damas ; cette » fatalité a fait arrêter le Roi dans un bourg où tout dormait, et » au milieu d'un pays rempli de troupes placées par le général, » même pour ce but, et sans qu'aucun secours partît de la nuit » pour le délivrer.

» Le Roi fut ramené à Paris. M. de Choiseul et M. de Damas » arrêtés ; et le premier, décrété d'accusation par l'Assemblée » constituante, fut envoyé pour être jugé à la haute Cour natio- » nale d'Orléans où son procès lui fut fait, et d'où il ne sortit que » par l'amnistie, lors de l'acceptation de la constitution par le Roi » captif, en septembre suivant, et M. de Damas fut envoyé en » arrestation à la *Mercy* à Paris. »

Voilà, Monsieur, ce que j'eusse eu l'honneur de vous dire sur cet événement si vous eussiez daigné me consulter, ainsi que les personnes que vous citez ; et votre ancienne amitié pour moi, pour ma famille, vous eût, sans doute, fait préférer un détail véridique aux erreurs que je relève dans votre ouvrage.

A. — Déclaration laissée par le Roi a son départ pour Varennes.

Tant que le Roi a pu espérer voir renaître l'ordre et le bonheur du royaume, par les moyens employés par l'Assemblée nationale, et par sa résidence auprès de cette assemblée dans la capitale du royaume, aucun sacrifice personnel ne lui a coûté; il n'aurait pas même argué de la nullité dont le défaut absolu de liberté entache toutes les démarches qu'il a faites depuis le mois d'octobre 1789, si cet espoir eût été rempli; mais aujourd'hui, que la seule récompense de tant de sacrifices est de voir la destruction de la royauté, de voir tous les pouvoirs méconnus, les propriétés violées, la sûreté des personnes mise partout en danger, les crimes rester impunis, et une anarchie complète s'établir au-dessus des lois, sans que l'apparence d'autorité que lui donne la nouvelle constitution soit suffisante pour réparer un seul des maux qui affligent le royaume; le Roi, après avoir solennellement protesté contre tous les actes émanés de lui pendant sa captivité, croit devoir mettre sous les yeux des Français et de tout l'univers, le tableau de sa conduite et celui du gouvernement qui s'est établi dans le royaume.

On a vu Sa Majesté, au mois de juillet 1789, pour écarter tout sujet de défiance, renvoyer les troupes qu'elle n'avait appelées auprès de sa personne qu'après que les étincelles de révolte s'étaient déjà manifestées dans Paris et dans le régiment même de ses gardes; le Roi, sûr de sa conscience et de la droiture de ses intentions, n'a pas craint de venir seul parmi les citoyens armés de la capitale.

Au mois d'octobre de la même année, le Roi, prévenu depuis long-temps des mouvemens que les factieux cherchaient à exciter, fut, dans la journée du 5, averti assez à temps pour pouvoir se retirer où il l'eût voulu; mais il craignit qu'on ne se servît de cette démarche pour allumer la guerre civile, il aima mieux se sacrifier personnellement, et, ce qui était plus déchirant pour son cœur, mettre en danger la vie des personnes qui lui sont les plus chères. Tout le monde sait les événemens de la nuit du 6 octobre, et l'impunité qui les couvre depuis près de deux ans. Dieu seul a empêché l'exécution des plus grands crimes, et a détourné de la nation française une tache qui aurait été ineffaçable.

Le Roi, cédant au vœu manifesté de l'armée, des Parisiens, vint s'établir avec sa famille au château des Tuileries. Il y avait plus de cent ans que les rois n'y avaient fait de résidence habituelle, excepté pendant la minorité de Louis XV. Rien n'était prêt pour recevoir le Roi, et la disposition des appartemens est bien loin de procurer les commodités auxquelles Sa Majesté était accoutumée dans les autres maisons royales, et dont tout particulier qui a de l'aisance peut jouir.

Malgré la contrainte qui avait été apportée et les incommodités de tout genre qui suivirent le changement de séjour du Roi, fidèle au système de sacrifice que Sa Majesté s'était fait pour procurer la tranquillité publique, elle crut, dès le lendemain de son arrivée à Paris, devoir rassurer les provinces sur son séjour dans la capitale, et inviter l'Assemblée nationale à se rapprocher de lui en venant continuer ses travaux dans la même ville.

Mais un sacrifice plus pénible était réservé au cœur de Sa Majesté; il fallut qu'elle éloignât d'elle ses gardes-du-corps, de la fidélité desquels elle venait d'avoir une preuve bien éclatante; dans la funeste matinée du 6, deux avaient péri victimes de leur attachement pour le Roi et pour sa famille, et plusieurs encore avaient été blessés grièvement en exécutant strictement les ordres du Roi qui leur avait défendu de tirer sur la multitude égarée. L'art des factieux a été bien grand pour faire envisager sous des couleurs si noires une troupe aussi fidèle, et qui venait de mettre le comble à la bonne conduite qu'elle avait toujours tenue.

Mais ce n'était pas tant contre les gardes-du-corps que leurs intentions étaient dirigées que contre le Roi lui-même; on voulait l'isoler entièrement en le privant du service de ses gardes-du-corps dont on n'avait pas pu égarer les esprits, comme on avait réussi auprès de ceux des gardes-françaises, qui, peu de temps auparavant, étaient le modèle de l'armée.

C'est aux soldats du même régiment, devenus troupes soldées par la ville de Paris, et aux gardes nationaux de cette même ville, que la garde du Roi a été confiée. Ces troupes sont entièrement sous les ordres de la municipalité de Paris, dont le commandant général relève. Le Roi, gardé ainsi, s'est vu par-là prisonnier dans ses propres États, car comment peut-on appeler autrement l'état d'un Roi qui ne commande que pour les choses de parade à sa garde, qui ne nomme à aucune des places, et qui est obligé de se voir entouré de plusieurs personnes dont il connaît les mauvaises intentions pour lui et pour sa famille? Ce n'est pas pour inculper la garde nationale parisienne et ses troupes du centre que le Roi relève ces faits; c'est pour faire connaître l'exacte vérité; et en la faisant connaître, il a rendu justice au zèle pour le bon ordre et l'attachement pour sa personne, qu'en général cette troupe lui a montré, lorsque les esprits ont été laissés à eux-mêmes, et qu'ils n'ont pas été égarés par les clameurs et les mensonges des factieux.

Mais plus le Roi a fait de sacrifices pour le bonheur de ses peuples, plus les factieux ont travaillé pour en faire méconnaître le prix et présenter la royauté sous les couleurs les plus fausses et les plus odieuses.

La convocation des états-généraux, le doublement des députés du tiers-état, les peines que le Roi a prises pour aplanir toutes les difficultés qui pouvaient retarder l'assemblée des états-généraux, et celles qui s'étaient élevées depuis leur ouverture, tous les retranchemens que le Roi avait faits sur sa dépense personnelle, tous les sacrifices qu'il a faits à ses peuples dans la séance du 23 juin; enfin, la réunion des ordres opérée par la manifestation du vœu du Roi, mesures que Sa Majesté jugea alors indispensables pour l'activité des états-généraux : tous ses soins, toutes ses peines, toute sa générosité, tout son dévouement pour son peuple, tout a été méconnu, tout a été dénaturé.

Lorsque les états-généraux s'étant donné le nom d'Assemblée nationale, ont commencé à s'occuper de la constitution du royaume, qu'on se rappelle les Mémoires que les factieux ont eu l'adresse de faire venir de plusieurs provinces, et les mouvemens de Paris pour faire manquer les députés à une des principales clauses portées dans tous leurs cahiers qui portent *que la confection des lois se ferait de concert avec le Roi*. Au mépris de cette clause, l'Assemblée a mis le Roi tout-à-fait hors de la Constitution, en lui refusant le droit d'accorder ou de refuser la sanction aux articles qu'elle regarde comme constitutionnels, en se réservant le droit de ranger dans cette classe ceux qu'elle juge à propos, et en restreignant sur ceux réputés purement législatifs la prérogative royale à un droit de suspension jusqu'à la troisième législature, droit purement illusoire comme tant d'exemples ne le prouvent que trop.

Que reste-t-il au roi autre chose que le vain simulacre de la royauté? On lui a donné vingt-cinq millions pour les dépenses de sa liste civile, mais la splendeur de la maison qu'il doit entretenir pour faire honneur à la dignité de la couronne de France, et les charges qu'on a rejetées dessus, même depuis l'époque où ces fonds ont été réglés, doivent en absorber la totalité.

On lui a laissé l'usufruit de quelques-uns des domaines de la couronne, avec plusieurs formes gênantes pour leur jouissance. Ces domaines ne sont qu'une petite partie de ceux que les Rois ont possédés de toute ancienneté, et des patrimoines des ancêtres de Sa Majesté, qu'ils ont réunis à la couronne. On ne craint pas d'avancer que si tous ces objets étaient réunis, ils dépasseraient de beaucoup les sommes allouées pour l'entretien du Roi et de sa famille, et qu'alors il n'en coûterait rien au peuple pour cette partie.

Une remarque qui coûte à faire au Roi, est l'attention qu'on a eue de séparer, dans les arrangemens sur la finance et toutes les autres parties, les services rendus au Roi personnellement ou à l'État, comme si ces objets n'étaient pas vraiment inséparables, et que les services rendus à la personne du Roi ne l'étaient pas aussi à l'État.

Qu'on examine ensuite les diverses parties du gouvernement : *la Justice*, le Roi n'a aucune participation à la confection des lois ; il a le simple droit d'empêcher jusqu'à la troisième législature sur les objets qui ne sont pas réputés constitutionnels, et celui de prier l'Assemblée nationale de s'occuper de tels ou tels objets, sans avoir le droit d'en faire la proposition formelle. La justice se rend au nom du Roi, les provisions des juges sont expédiées par lui : mais ce n'est qu'une affaire de forme, et le Roi a seulement la nomination des commissaires du Roi, places nouvellement créées, qui n'ont qu'une partie des attributions des anciens procureurs généraux, et sont seulement destinés à faire maintenir l'exécution des formes. Toute la partie publique est dévolue à un autre officier de justice. Ces commissaires sont à vie et non-révocables, pendant que l'exercice de celles des juges ne doit durer que six années. Un des derniers décrets de l'Assemblée vient de priver le Roi d'une des plus belles prérogatives attachées partout à la royauté : celle de faire grâce et de commuer les peines. Quelque parfaites que soient les lois, il est impossible qu'elles prévoient tous les cas, et ce sera alors les jurés qui auront véritablement le droit de faire grâce, en appliquant suivant leur volonté le sens de la loi, quoique les apparences paraissent contraires. Combien d'ailleurs cette disposition ne diminue-t-elle pas la majesté royale aux yeux des peuples, étant accoutumés depuis si long-temps à recourir au Roi dans leurs besoins et dans leurs peines, et à voir en lui le père commun qui pourrait soulager leurs afflictions !

L'administration intérieure. Elle est tout entière dans les mains des départemens, des districts et des municipalités, ressorts trop multipliés qui nuisent au mouvement de la machine, et souvent peuvent se croiser. Tous ces corps sont élus par le peuple et ne ressortissent du gouvernement d'après les décrets ou pour leur exécution ou pour ceux des ordres particuliers qui en sont la suite. Ils n'ont d'un côté aucune grâce à attendre du gouvernement, et de l'autre, les manières de punir ou de réprimer leurs fautes, comme elles sont établies par les décrets, ont des formes si compliquées, qu'il faudrait des cas bien extraordinaires pour pouvoir s'en servir ; ce qui réduit à bien peu de chose la surveillance que les ministres doivent avoir sur eux. Ces corps ont d'ailleurs acquis peu de force et de considération. Les Sociétés des amis de la Constitution (dont on parlera après), qui ne sont pas responsables, se trouvent bien plus fortes qu'eux, et par là, l'action du gouvernement devient nulle. Depuis leur établissement, on a vu plusieurs exemples, que, quelque bonne volonté qu'ils eussent pour maintenir le bon ordre, ils n'ont pas osé se servir des moyens que la loi leur donnait, par la crainte du peuple poussé par d'autres instigations.

Les corps électoraux, quoiqu'ils n'aient aucune action par eux-mêmes et soient restreints aux élections, ont une force réelle par leur masse, par leur durée et par la crainte naturelle aux hommes et surtout à ceux qui n'ont pas d'état fixe ; de déplaire à ceux qui peuvent servir ou nuire.

Guerre. La disposition des forces militaires, est, par les décrets, dans la main du Roi. Il a été déclaré chef suprême de l'armée et de la marine. Mais tout le travail de formation de ces deux armées a été fait par les comités de l'Assemblée, sans la participation du Roi; tout, jusqu'au moindre règlement de discipline, a été fait par eux; et s'il reste au Roi le tiers ou le quart des nominations, suivant les occasions, ce droit devient à peu près illusoire par les obstacles et les contrariétés sans nombre que chacun se permet contre le choix du Roi. On l'a vu encore obligé de refaire tout le travail des officiers généraux de l'armée, parce que les choix déplaisaient aux clubs; en cédant ainsi, Sa Majesté n'a pas voulu exposer d'honnêtes et braves militaires aux violences qui auraient sûrement été exercées contre eux, comme on n'en a vu que de trop fâcheux exemples. Les clubs et les corps administratifs se mêlent des détails intérieurs des troupes, qui doivent être absolument étrangers, même à ces derniers qui n'ont que le droit de requérir la force publique lorsqu'ils pensent qu'il y a lieu de l'employer; ils se sont servis de ce droit quelquefois même pour contrarier les dispositions du gouvernement sur la distribution des troupes; de manière qu'il est arrivé plusieurs fois qu'elles ne se trouvaient pas où elles devaient être. Ce n'est qu'aux clubs que l'on doit attribuer l'esprit de révolte contre les officiers et la discipline militaire, qui se répand dans beaucoup de régimens, et qui, si l'on n'y met ordre efficacement, sera la destruction de l'armée. Que devient une armée quand elle n'a plus ni chefs ni discipline? Au lieu d'être la force et la sauve-garde d'un État, elle en devient alors la terreur et le fléau. Combien les soldats français, quand ils auront les yeux dessillés, ne rougiront-ils pas de leur conduite, et ne prendront-ils pas en horreur ceux qui ont perverti le bon esprit qui régnait dans l'armée et la marine française! Funestes dispositions que celles qui ont encouragé les soldats et les marins à fréquenter les clubs! Le Roi a toujours pensé que la loi doit être égale pour tous; les officiers qui sont dans leur tort doivent être punis; mais ils doivent l'être, comme les subalternes, suivant les dispositions établies par les lois et règlemens; toutes les portes doivent être ouvertes pour que le mérite se montre et puisse avancer; tout le bien-être qu'on peut donner aux soldats, est juste et nécessaire, mais il ne peut y avoir d'armée sans officiers et sans discipline, et il n'y en aura jamais tant que les soldats se croiront en droit de juger la conduite de leurs chefs.

Affaires étrangères.

La nomination aux places de ministres dans les cours étrangères a été réservée au Roi, ainsi que la conduite des négociations; mais la liberté du Roi pour ces choix, est tout aussi nulle que pour ceux des officiers de l'armée. On en a vu l'exemple à la dernière nomination; la révision et la confirmation des traités que s'est réservées l'Assemblée nationale, et la nomination d'un comité diplomatique, détruisent absolument la seconde disposition. Le droit de faire la guerre ne serait qu'un droit illusoire, parce qu'il faudrait être insensé pour qu'un Roi, qui n'est ni ne veut être despote, allât de but en blanc attaquer un autre royaume, lorsque le vœu de la nation s'y opposerait, et qu'elle n'accorderait aucun subside pour la soutenir. Mais le droit de faire la paix est d'un tout autre genre. Le Roi qui ne fait qu'un avec toute la nation, qui ne peut avoir d'autre intérêt que le sien, connaît ses droits, connaît ses besoins et ses ressources, et ne craint pas alors de prendre les engagemens qui lui paraissent propres à assurer son bonheur et sa tranquillité. Mais quand il faudra que les conventions subissent la révision et la confirmation de l'Assemblée nationale, aucune puissance ne voudra prendre des engagemens qui peuvent être rompus par d'autres que par ceux avec qui elle contracte; et alors tous les pouvoirs se concentrent dans cette Assemblée; d'ailleurs, quelque franchise qu'on mette dans les négociations, est-il possible d'en confier le secret à une Assemblée dont les délibérations sont nécessairement publiquès?

Finances.

Le Roi avait déclaré, bien avant la convocation des états-généraux, qu'il reconnaissait, dans les assemblées de la nation, le droit d'accorder des subsides, et qu'il ne voulait plus imposer les peuples sans leur consentement. Tous les cahiers des députés aux états-généraux s'étaient accordés à mettre le rétablissement des finances au premier rang des objets dont cette Assemblée devait s'occuper; quelques-uns y avaient mis des restrictions pour des articles à faire décider préalablement. Le Roi a levé les difficultés que ces restrictions auraient pu occasioner, en allant au-devant lui-même, et accordant, dans la séance du 23 juin, tout ce qui avait été désiré. Le 4 février 1790, le Roi a prié lui-même l'Assemblée de s'occuper efficacement d'un objet aussi important ; elle ne s'en est occupée que tard, et d'une manière qui peut paraître imparfaite. Il n'y a point encore de tableau exactement fait des recettes, des dépenses et des ressources qui peuvent combler le déficit; on s'est laissé aller à des calculs hypothétiques; l'Assemblée s'est pressée d'abolir des impôts dont la lourdeur, à la vérité, pesait beaucoup sur les peuples, mais qui donnaient des ressources assurées ; elle les a remplacés par un impôt presque unique, dont la levée exacte sera peut-être très-difficile. Les contributions ordinaires sont à présent très-arriérées, et la ressource extraordinaire des mille deux cents premiers millions d'assignats est presque consommée. Les dépenses des ministères de la marine et de la guerre, au lieu d'être diminuées, sont augmentées, sans y comprendre les dépenses que des armemens nécessaires ont occasionés dans le cours de la dernière année, pour l'administration de ce département; les rouages en out été fort multipliés, en confiant les recettes aux administrations de districts. Le Roi, qui le premier n'avait pas craint de rendre publics les comptes de son administration des finances, et qui avait montré la volonté que les comptes publics fussent établis comme une règle du gouvernement, a été rendu, si cela est possible, encore plus étranger à ce département qu'aux autres, et les préventions, les jalousies et les récriminations contre le gouvernement ont encore été plus répandues sur cet objet. Le règlement des fonds, le recouvrement des impositions, la répartition entre les départemens, les récompenses pour les services rendus, tout a été ôté à l'inspection du Roi ; il ne lui reste que quelques serviles nominations, et pas même la distribution de quelques gratifications pour secourir les indigens. Le Roi connaît les difficultés de cette administration ; et s'il était possible que la machine du gouvernement pût aller, sans sa surveillance directe, sur la gestion des finances, Sa Majesté ne regretterait que de ne pouvoir plus concourir par elle-même à établir un ordre stable qui pût faire parvenir à la diminution des impositions (objet qu'on sait bien que Sa Majesté a toujours vivement désiré, et qu'elle eût pu effectuer sans les dépenses de la guerre d'Amérique), et de n'avoir plus la distribution des secours pour le soulagement des malheureux. Enfin par les décrets, le Roi a été déclaré chef suprême de l'administration du royaume; d'autres décrets subséquens ont réglé l'organisation du ministère, de manière que le Roi, que cela doit regarder plus directement, ne peut pourtant y rien changer sans de nouvelles décisions de l'Assemblée. Le système des chefs du parti dominant a été si bien suivi, de jeter une telle méfiance sur tous les agens du gouvernement, qu'il devient presque impossible aujourd'hui de remplir les places de l'administration. Tout gouvernement ne peut pas marcher ni subsister sans une confiance réciproque entre les administrateurs et les administrés; et les derniers règlemens proposés à l'Assemblée nationale sur les peines à infliger aux ministres ou agens du pouvoir exécutif, qui seraient prévaricateurs, ou seraient jugés avoir dépassé les limites de leur puissance, doivent faire naître toutes sortes d'inquiétudes. Ces dispositions pénales s'étendent même jusqu'aux subalternes; ce qui détruit toute subordination, les inférieurs ne devant jamais juger les ordres des supérieurs qui sont responsables de ce qu'ils commandent. Ces règlemens, par la multiplicité des précautions et des genres de délits qui y sont indiqués, ne tendent qu'à inspirer de la méfiance, au lieu de la confiance qui serait si nécessaire.

Cette forme de gouvernement, si vicieuse en elle-même, le devient encore plus par les causes.

1°. L'Assemblée, par le moyen de ses comités, excède à tout moment les bornes qu'elle s'est prescrites; elle s'occupe d'affaires qui tiennent uniquement à l'administration intérieure du royaume et à celle de la justice, et accumule ainsi tous les pouvoirs; elle exerce même, par son comité des recherches, un véritable despotisme, plus barbare et plus insupportable qu'aucun de ceux dont l'histoire ait jamais fait mention. 2°. Il s'est établi dans presque toutes les villes, et même dans plusieurs bourgs et villages du royaume, des associations connues sous le nom des amis de la constitution. Contre la teneur des décrets, elles n'en souffrent aucune autre qui ne soit pas affiliée avec elles, ce qui forme une immense corporation, plus dangereuse qu'aucune de celles qui existaient auparavant. Sans y être autorisées, mais au mépris de tous les décrets, elles délibèrent sur toutes les parties du gouvernement, correspondent entre elles sur tous les objets, font et reçoivent des dénonciations, affichent des arrêtés, et ont pris une telle prépondérance, que tous les corps administratifs et judiciaires, sans excepter l'Assemblée nationale elle-même, obéissent presque toujours à leurs ordres.

Le Roi ne pense pas qu'il soit possible de gouverner un royaume d'une si grande étendue et d'une si grande importance que la France, par les moyens établis par l'Assemblée nationale, tels qu'ils existent à présent. Sa Majesté, en accordant à tous les décrets indistinctement une sanction qu'elle savait bien ne pas pouvoir refuser, y a été déterminée par le désir d'éviter toute discussion que l'expérience lui avait apprise être au moins inutile; elle craignait de plus qu'on ne pensât qu'elle voulût retarder ou faire manquer les travaux de l'Assemblée nationale, à la réussite desquels la nation prenait un si grand intérêt; elle mettait sa confiance dans les gens sages de cette Assemblée, qui connaissaient qu'il est plus aisé de détruire un gouvernement que d'en reconstruire un sur des bases toutes différentes. Ils avaient plusieurs fois senti la nécessité, lors de la révision annoncée des décrets, de donner une force d'action et de réaction nécessaire à tout gouvernement ; ils reconnaissaient aussi l'utilité d'inspirer, pour ce gouvernement et pour les lois qui doivent assurer la prospérité et l'état de chacun, une confiance telle qu'elle ramenât dans le royaume tous les citoyens que le mécontentement dans quelques-uns, et, dans la plupart, la crainte pour leur vie ou pour leurs propriétés, ont forcés de s'expatrier.

Mais plus on voit l'Assemblée s'approcher du terme de ses travaux, plus on voit les gens sages perdre leur crédit; plus les dispositions qui ne peuvent mettre que de la difficulté et de l'impossibilité dans la conduite du gouvernement, et inspirer pour lui de la méfiance et de la fureur, augmentent tous les jours. Les autres règlemens, au lieu de jeter un baume salutaire sur les plaies qui saignent encore dans plusieurs provinces, ne font qu'accroître les inquiétudes et aigrir les mécontentemens. L'esprit des clubs domine et envahit tout; les mille journaux et pamphlets calomniateurs, incendiaires, qui se répandent journellement, ne sont que leurs échos, et préparent les esprits de la manière dont ils veulent les conduire. Jamais l'Assemblée nationale n'a osé remédier à cette licence ; bien éloignée d'une vraie liberté, elle a perdu son crédit, et même la force dont elle aurait besoin.

Pour revenir sur ses pas et changer ce qui lui paraîtrait bon à être corrigé, on voit, par l'esprit qui règne dans les clubs, de la manière dont ils s'emparent des nouvelles assemblées primaires, ce qu'on doit attendre d'eux; et s'ils laissent apercevoir quelques dispositions à revenir sur quelque chose, c'est pour détruire les restes de la royauté, et établir un gouvernement *métaphysique et* philosophique, impossible dans son exécution.

Français! est-ce là ce que vous entendiez en envoyant des représentans à l'Assemblée nationale? Désiriez-vous que l'anarchie et le despotisme des clubs remplaçassent le gouvernement monarchique, sous lequel la nation a prospéré pendant quatorze cents ans? Désiriez-vous voir votre Roi comblé d'outrages et privé de sa liberté, pendant qu'il ne s'occupait que d'établir la vôtre?

L'amour pour ses Rois est une des vertus des Français, et Sa Majesté en a reçu personnellement des marques trop touchantes pour pouvoir jamais les oublier. Les factieux sentaient bien que tant que cet amour subsisterait, leur ouvrage ne pourrait jamais s'achever; ils sentirent également que, pour l'affaiblir, il fallait, s'il était possible, anéantir le respect qui l'a toujours *accompagné*; et c'est la source des outrages que le Roi a reçus depuis deux ans, et de tous les maux qu'il a soufferts. Sa Majesté n'en retracerait pas ici l'affligeant tableau, s'il ne voulait faire connaître à ses fidèles sujets l'esprit de ces factieux qui déchirent le sein de leur patrie en feignant de vouloir la régénérer.

Ils profitèrent d'abord de l'espèce d'enthousiasme où l'on était pour M. *Necker*, pour lui procurer, sous les yeux même du Roi, un triomphe d'autant plus éclatant que, dans le même instant, les gens qu'ils avaient soudoyés pour cela affectaient de ne faire aucune attention à la présence du Roi. Enhardis par ce premier essai, ils osèrent, dès le lendemain, à Versailles, faire insulter M. l'archevêque de Paris, le poursuivre à coups de pierres, et mettre sa vie dans le plus grand danger. Lorsque l'insurrection éclata dans Paris, un courrier, que le Roi avait envoyé, fut arrêté publiquement et fouillé, et les lettres du Roi même furent ouvertes. Pendant ce temps, l'Assemblée nationale semblait insulter à la douleur de Sa Majesté, en ne s'occupant qu'à combler d'estime ces mêmes ministres, dont le renvoi a servi de prétexte à l'insurrection, et que depuis elle n'a pas mieux traités pour cela. Le roi s'étant déterminé à aller porter de lui-même des paroles de paix dans la capitale, des gens, apostés sur toute la route, eurent grand soin d'empêcher ces cris de *vive le Roi*, si naturels aux Français; et les harangues qu'on lui fit, loin de porter l'expression de la reconnaissance, ne furent remplies que d'une ironie amère.

Cependant, en accoutumant de plus en plus le peuple au mépris de la royauté et des lois, celui de Versailles essayait de pendre deux hussards à la grille du château, arrachait un parricide au supplice, s'opposait à l'envoi d'un détachement de chasseurs, destiné à maintenir le bon ordre; tandis qu'un énergumène faisait publiquement, au Palais-Royal, la motion de venir enlever le Roi et son fils, de les garder à Paris, et d'enfermer la Reine dans un couvent; et que cette motion, au lieu d'être rejetée avec l'indignation qu'elle aurait dû exciter, était applaudie. L'Assemblée, de son côté, non contente de dégrader la royauté par ses décrets, affectait même du mépris pour la personne du Roi, et recevait, d'une manière impossible à qualifier convenablement, les observations du Roi sur les décrets de la nuit des 4 et 5 août. Enfin, arrivèrent les journées des 5 et 6 octobre : le récit en serait superflu, et Sa Majesté l'épargne à ses fidèles sujets; mais elle ne peut pas s'empêcher de faire remarquer la conduite de l'Assemblée pendant ces horribles scènes. Loin de songer à les prévenir, ou du moins à les arrêter, elle resta tranquille, et se contenta de répondre à la motion de se transporter en corps chez le Roi : Que cela n'était pas de sa dignité.

Depuis ce moment, presque tous les jours ont été marqués par de nouvelles scènes, plus affligeantes les unes que les autres pour le Roi, ou par de nouvelles insultes qui lui ont été faites. A peine le Roi était-il aux Tuileries, qu'un innocent fut massacré, et sa tête promenée dans Paris presque sous les yeux du Roi. Dans plusieurs provinces, ceux qui paraissaient attachés au Roi ou à sa personne ont été persécutés, plusieurs même ont perdu la vie, sans qu'il ait été possible au Roi de faire punir les assassins, ou même d'en témoigner sa sensibilité. Dans le jardin même des Tuileries, tous les députés qui ont parlé contre la royauté ou contre la religion (car les factieux, dans leur rage, n'ont pas plus respecté l'autel que le trône), ont reçu l'honneur du triomphe, pendant que ceux qui pensent différemment y sont à tout moment insultés, et leur vie même continuellement menacée.

A la fédération du 14 juillet 1790, l'Assemblée, en nommant le Roi, par un décret spécial, pour en être le chef, s'est montrée par-là penser qu'elle aurait pu en nommer un autre ; et dans cette même cérémonie, malgré la demande du Roi, la famille royale a été placée dans un endroit séparé de celui qu'il occupait : chose inouïe jusqu'à présent! (C'est pendant cette fédération que le Roi a passé les momens les plus doux de son séjour à Paris. Il s'arrête avec complaisance sur le souvenir des témoignages d'attachement et d'amour que lui ont donnés les gardes nationaux de toute la France rassemblés pour cette cérémonie.)

Les ministres du Roi, ces mêmes ministres que l'Assemblée avait forcé le Roi de rappeler, ou dont elle avait applaudi la nomination, ont été contraints, à force d'insultes et de menaces, à quitter leur place, excepté un.

Mesdames, tantes du Roi, et qui étaient restées constamment près de lui, déterminées par motif de religion, ayant voulu se rendre à Rome, les factieux n'ont pas voulu leur laisser la liberté qui appartient à toute personne, et qui est établie par la déclaration des Droits de l'Homme. Une troupe, poussée par eux, s'est portée vers Bellevue pour arrêter Mesdames; le coup ayant été manqué par leur prompt départ, les factieux ne se sont pas déconcertés, ils se sont portés chez Monsieur, sous prétexte qu'il voulait suivre l'exemple de Mesdames; et quoiqu'ils n'aient recueilli de cette démarche que le plaisir de lui faire une insulte, elle n'a pas tout-à-fait été perdue pour leurs systèmes. Cependant, n'ayant pu faire arrêter Mesdames à Bellevue, ils ont trouvé le moyen de les faire arrêter à Arnay-le-Duc, et il a fallu des ordres de l'Assemblée nationale pour leur laisser continuer leur route, ceux du Roi ayant été méprisés.

A peine la nouvelle de cette arrestation fut-elle arrivée à Paris, qu'ils ont essayé de faire approuver par l'Assemblée nationale cette violation de toute liberté; mais leur coup ayant été manqué, ils ont excité un soulèvement pour contraindre le Roi à faire revenir Mesdames. Mais la bonne conduite de la garde nationale (dont il s'est empressé de lui témoigner sa satisfaction) ayant dissipé l'attroupement, ils eurent recours à d'autres moyens. Il ne leur avait pas été difficile d'observer qu'au moindre mouvement qui se faisait sentir, une grande quantité de fidèles sujets se rendaient aux Tuileries, et formaient une espèce de bataillon capable d'en imposer aux malintentionnés. Ils excitèrent une émeute à Vincennes, et firent courir à dessein le bruit qu'on se servirait de cette occasion pour se porter aux Tuileries, afin que les défenseurs du Roi pussent se rassembler comme ils l'avaient déjà fait, et qu'on pût dénaturer leurs intentions aux yeux de la garde nationale, en leur prêtant les projets de forfaits même contre lesquels ils s'armaient. Ils réussirent si bien à aigrir les esprits, que le Roi eut la douleur de voir maltraiter sous ses yeux, sans pouvoir les défendre, ceux qui lui donnaient les plus touchantes preuves de leur attachement. Ce fut en vain que Sa Majesté leur demanda elle-même les armes qu'on leur avait rendues suspectes; ce fut en vain qu'ils lui donnèrent cette dernière marque de leur dévouement, rien ne put ramener ces esprits égarés, qui poussèrent l'audace jusqu'à se faire livrer et briser même ces armes dont le Roi s'était rendu le dépositaire.

Cependant le Roi, après avoir été malade, se disposait à profiter des beaux jours du printemps pour aller à Saint-Cloud, comme il y avait été l'année dernière, une partie de l'été et de l'automne; comme ce voyage tombait dans la semaine sainte, on osa se servir de l'attachement connu du Roi pour la religion de ses pères, pour animer les esprits contre lui, et dès le dimanche au soir, le club des Cordeliers se permit de faire afficher un arrêté, dans lequel le Roi même est dénoncé comme réfractaire à la loi. Le lendemain, Sa Majesté monte en voiture pour partir; mais, arrivé à la porte des Tuileries, une foule de peuple parut vouloir s'opposer à son passage; et c'est avec bien de la peine qu'on doit dire ici que la garde nationale, loin de réprimer les séditieux, se joignit à eux, et arrêta elle-même les chevaux. M. de La Fayette fit tout ce qu'il put pour faire comprendre à cette garde l'horreur de la conduite qu'elle tenait. Rien ne put réussir: les discours les plus insolens, les motions les plus abominables retentissaient aux oreilles de Sa Majesté; les personnes de sa maison, qui se trouvaient là, s'empressèrent de lui faire au moins un rempart de leurs corps, si les intentions, qu'on ne manifestait que trop, venaient à s'exécuter. Mais il fallait que le Roi bût le calice jusqu'à la lie: ses fidèles serviteurs lui furent encore arrachés avec violence; enfin, après avoir enduré pendant une heure et trois quarts tous les outrages, Sa Majesté fut contrainte de rentrer et de rester dans sa prison; car, après cela, on ne saurait autrement appeler son palais. Son premier soin fut d'envoyer chercher le directoire du département, chargé par état de veiller et à la tranquillité et à la sûreté publique, et de l'instruire de ce qui venait de se passer. Le lendemain, elle se rendit elle-même à l'Assemblée nationale pour lui faire sentir combien ces événemens étaient contraires, même à la nouvelle constitution; de nouvelles insultes furent tout le fruit que le Roi retira de ces deux démarches. Il fut obligé de consentir à l'éloignement de sa chapelle et de la plupart de ses grands-officiers, et d'approuver la lettre que son ministre a écrite en son nom aux cours étrangères; enfin, d'assister le jour de Pâques à la messe du nouveau curé de Saint-Germain-l'Auxerrois.

D'après tous ces motifs, et l'impossibilité où le Roi se trouve d'opérer le bien et d'empêcher le mal qui se commet, est-il étonnant que le Roi ait cherché à recouvrer sa liberté et se mettre en sûreté avec sa famille?

Français, et vous surtout Parisiens, vous habitans d'une ville que les ancêtres de Sa Majesté se plaisaient à appeler la bonne ville de Paris, méfiez-vous des suggestions et des mensonges de vos faux amis; revenez à votre Roi, il sera toujours votre père, votre meilleur ami; quel plaisir n'aura-t-il pas à oublier toutes ses injures personnelles, et de se revoir au milieu de vous, lorsqu'une Constitution qu'il aura acceptée librement, fera que notre sainte religion sera respectée, que le gouvernement sera établi sur un pied stable, et que, par son action, les biens et l'état de chacun ne seront plus troublés, que les lois ne seront plus enfreintes impunément, et qu'enfin la liberté sera posée sur des bases fermes et inébranlables.

A Paris, le 20 juin 1791. *Signé* LOUIS.

Le Roi défend à ses ministres de signer aucun ordre en son nom jusqu'à ce qu'ils aient reçu ses ordres ultérieurs. Il enjoint au garde-des-sceaux de l'État de les lui renvoyer d'abord qu'il en sera requis de sa part.

A Paris, le 20 juin 1791. *Signé* LOUIS.

B.

La réclamation de madame la duchesse douairière de Choiseul, dont il est parlé, page 7 de l'avant-propos, trouve naturellement sa place dans les pièces justificatives. Les Mémoires de M. le marquis de Bouillé se trouvant dans les premiers volumes de cette Collection, on y a lu son opinion sur le ministère du feu duc de Choiseul ; il est naturel que les réclamations et la réfutation de cette opinion se trouvent placées dans cette même Collection ; je remplis d'ailleurs une obligation sacrée qui m'a été imposée, avant sa mort, par sa respectable veuve, par cette illustre dame qui a été honorée et admirée jusqu'à son dernier moment : j'imprime la lettre qui m'en prescrit le devoir ; l'original en sera déposé avec les autres pièces chez un notaire.

(*Note du duc de Choiseul.*)

Lettre écrite par le duc de Choiseul à M. Bertrand de Molleville, en lui envoyant la copie de la lettre de madame la duchesse de Choiseul, sa tante.

20 juin 1800.

J'ai l'honneur, Monsieur, de vous envoyer la copie de la lettre de la duchesse de Choiseul, ma tante, que j'ai eu hier celui de vous communiquer. Je n'ai rien à ajouter à ses réclamations aussi justes qu'énergiques et sensibles. Sa lettre n'est point destinée à maintenant être rendue publique ; je la confie à votre loyauté et à votre justice. Vous avez accueilli, avec franchise et honneur, nos justes plaintes ; vous avez senti, Monsieur, que les mots d'*infamie* et de *banqueroute* s'étaient unis, pour la première fois dans votre ouvrage, au nom de mon oncle, au mien et à celui d'une famille à qui ces noms sont inconnus. Vous avez été, dans cette discussion, ce que vous serez toujours, Monsieur, juste et loyal ; et votre promesse, de faire disparaître de votre ouvrage ces honteuses taches et calomnies, est pour moi sacrée et consolatrice.

Je ne vous parlerai point ici des réclamations personnelles que je pourrais faire, et que je ferai un jour contre les récits inexacts relatifs au départ du feu Roi pour Varennes; ni ne récriminerai sur l'époque où ces relations ont paru, lorsque j'étais en situation de ne pouvoir probablement jamais y répondre. Je me borne à vous prier, Monsieur, de vouloir bien insérer la note suivante dans la prochaine édition de vos Mémoires :

« L'impartialité, qui caractérise cet ouvrage, m'oblige à déclarer » que M. le duc de Choiseul, désigné par la lettre *N* dans ces » relations et dans les Mémoires de M. le marquis de Bouillé, se » plaint de beaucoup d'inexactitudes et d'erreurs, et dans les faits, » et dans ce qui lui est personnel. Il publiera un jour une relation » circonstanciée de ce malheureux événement. Sa longue prison » en France, pendant la publication de ces Mémoires, lui » avait ôté la possibilité d'y répondre; et sa crainte de réveiller » des souvenirs douloureux lui avait précédemment fait une loi du » silence. »

Réponse de M. Bertrand

23 juin 1800.

J'insérerai avec grand plaisir, M. le Duc, dans la partie de mon ouvrage, dont l'original s'imprime dans ce moment à Paris, la note que vous me faites l'honneur de m'envoyer, et à laquelle je me permettrai seulement de changer les mots : « *Beaucoup d'inexacti-* » *tudes et d'erreurs, et dans les faits, et dans ce qui lui est person-* » *nel.* » J'espère qu'il vous paraîtra suffisant que je dise : « *Que* » *vous vous êtes plaint de différentes inexactitudes dans les faits qui* » *vous sont personnels.* » A l'égard de l'article qui blesse madame la duchesse de Choiseul, et dont elle se plaint avec autant de justice que de dignité, il sera changé comme elle le désire; mais, comme il se trouve dans la seconde partie de l'ouvrage qui ne sera imprimée que l'année prochaine, je serais fâché qu'elle ne sût qu'alors combien j'ai été touché et édifié de ses réclamations ; et je vous prie, M. le Duc, de vouloir bien la tranquilliser à cet égard.

J'ai l'honneur, etc.

Réponse du duc de Choiseul à M. Bertrand.

27 juin 1800.

J'ai envoyé à ma tante par une occasion sûre, Monsieur, la réponse que vous avez bien voulu me faire; et elle partagera sûrement ma reconnaissance. Je ne vois pas d'inconvéniens à la publicité de la note entière que je vous ai demandé d'insérer dans la nouvelle édition de votre ouvrage. Les mots *erreurs*, *et dans les faits*, *et dans ce qui m'est personnel* sont justes. Vous êtes le maître d'ajouter que cette note vous a été remise par moi; et cela vous devient alors étranger, puisque ce n'est pas votre opinion que vous émettez. J'ai l'honneur de soumettre cette observation à votre loyauté, et j'y joins l'assurance des sentimens aussi distingués qu'inviolables avec lesquels j'ai l'honneur d'être, etc.

Lettre de madame la duchesse douairière de Choiseul à M. le duc de Choiseul, son neveu, sur l'ouvrage de M. Bertrand.

Juin 1800.

Je suis bien touchée, mon cher neveu, de vous voir aussi sensible à l'injure que l'ouvrage de M. Bertrand de Molleville fait à la Mémoire de M. votre oncle, qu'aux douloureuses injustices dont il fourmille à votre égard. Quel moment pour vous attaquer! Quel moment pour l'insulter! Qu'avez-vous donc fait à M. Bertrand, vous qui ne couriez pas la même carrière? Que lui a fait M. de Choiseul, dont jusque-là il paraît avoir ignoré l'existence, puisqu'il ne compte aucun ministre depuis le règne de Louis XIV? Que lui a fait madame de Grammont qu'il ne connaissait pas? Que lui ai-je fait moi-même? Mais il est vrai que rien n'a dû l'avertir que je sois. — Une honnête femme écarte l'attention comme un grand homme l'attire; ainsi, M. Bertrand n'a pas dû entendre parler de moi. Mais faites-lui entendre mes cris, mon cher neveu, puisqu'il me déchire. Comment lui, qui, sans doute, aspire à l'estime, et à qui j'y suppose tous les droits, s'est-il rendu la trompette de la calomnie (car je ne l'en veux pas croire l'auteur)? Calomnier, c'est dire comme vrai un mal que l'on sait être faux; et j'espère, pour M. Bertrand, qu'il n'aura fait que croire, sans examen, ce qu'on lui aura dit sans vérité; mais c'est précisément en cette erreur que consiste l'insulte. Comment un homme sensé, s'il est honnête homme, croit-il légèrement ce qui attaque l'honneur? Et comment se permet-il de dire, d'écrire, d'imprimer ce qui attaque l'honneur, sans avoir vérifié si ce qu'il dit, ce qu'il écrit, ce qu'il imprime, est vrai? C'est, au moins, une grande légèreté pour un homme qui aspire à la considération. N'y aura-t-il donc que les sots et les fripons qui aient leur aune pour y mesurer tout le monde, et le galant homme, l'homme d'honneur n'aura-t-il pas sa toise pour l'appliquer à son semblable? Sondons notre cœur, nous y trouverons pour les autres, dans l'inconnu, l'estime ou le mépris que nous méritons ou que nous encourons nous-mêmes. M. de Choiseul était inconnu à M. Bertrand, puisqu'il en était ignoré. Comment donc M. Bertrand se permet-il contre lui une allégation déshonorante? C'est une cruelle légèreté d'attacher une imputation *infâme à la mémoire d'un homme* plus honorablement célèbre encore par ses vertus que par la gloire de son ministère; c'est une cruelle légèreté de souiller des cendres respectables; c'est une cruelle légèreté d'insulter toute une famille dans la personne de son chef; c'est une cruelle légèreté d'assassiner une veuve sur la tombe de son mari. Il ne vit plus pour vous repousser, M. Bertrand, celui que vous attaquez: et vous l'attaquez! Une faible femme reste seule en France pour le défendre...... Elle espère, au moins, que vous ne le tuerez pas dans l'histoire.

M. Bertrand est si mal informé, en tout ce qui concerne le prêt dont la généreuse bonté de Louis XVI honora M. de Choiseul, qu'il n'y a pas un mot de son récit qui ne contienne une erreur.

M. Bertrand dit que le prêt était de trois millions, qu'il ne portait pas intérêt, et qu'on exigea caution.

Le prêt était de quatre millions, et M. votre oncle ne l'accepta qu'en obtenant d'en payer l'intérêt, et d'en fournir caution, quoique sa fortune fût une garantie plus que suffisante de sa valeur. Il le reçut vers la fin de 1784; et il fut remboursé par la vente de Chanteloup, au mois de juillet 1786, quatorze mois après la mort du débiteur.

Tout cela est assez indifférent; mais, ce qui ne l'est pas, c'est que M. Bertrand ose avancer que, sans ce prêt, M. de Choiseul aurait été...... Ma plume se refuse à tracer ce mot infâme qui coule si facilement de celle de M. Bertrand ; mais il est heureusement avéré que, sans la révolution, sa succession serait entièrement liquidée ; et plus heureusement encore prouvé que, malgré la révolution, elle le sera également, quoique plus tard, grâces à elle, à moins cependant de forces majeures qu'on ne peut ni prévoir ni empêcher, telles que celles qui l'ont retardée jusqu'à ce jour ; comme, par exemple, d'achever de prendre ce qui en reste. Mais, sera-ce lui alors qui sera le coupable? S'il y a tort, c'est sur sa veuve, qui n'a pas su mieux faire, qu'il doit retomber ; s'il y a honte, c'est à son front à en rougir ; mais lui, lui! Ses yeux se sont fermés au sein de l'honneur.

Un galant homme doit réparer un tel ouvrage; et je crois M. Bertrand assez estimable pour que je puisse lui en demander réparation. M. Burke, étranger à mon pays, crut de sa religion de rétracter une erreur bien moins offensante dans l'édition suivante de l'ouvrage qui la contenait; je puis donc demander à M. Bertrand, attendre de lui la même justice qui honore encore plus celui qui la rend, que celui qui la reçoit. Il doit à la vérité de reconnaître qu'il a été trompé par des personnes mal informées dans toute cette partie de ses Mémoires concernant M. de Choiseul. Je le répète, c'est à *la vérité* qu'il doit cette rétractation ; car, si elle paraissait une complaisance pour moi, elle ne serait rien pour lui.

Je crois M. Bertrand aussi inexactement informé de la tracasserie entre M. de Calonne et le baron de Breteuil, dans laquelle il fait entrer une prétendue intrigue de M. de Choiseul et de madame de Grammont, contre M. de Calonne et en faveur de Foulon...... Des assemblées de gens de robe à l'hôtel de Choiseul.... des rapports de police, etc. Tout cela est absurde, quant à ce qui regarde M. votre oncle. J'ai lieu de croire que M. Bertrand confond ici les temps, et que M. de Choiseul n'existait plus lors du fait dont il rapporte l'anecdote; car nous l'avons perdu le 8 mai 1785, et par la nature, l'objet et la catastrophe de cette intrigue, elle doit se rapporter à 1787, et ne peut guère avoir commencé avant 1786. Il ne s'agit donc que de vérifier les dates pour savoir s'il y a alibi; et s'il y a alibi, il est de la loyauté de M. Bertrand d'avouer et de prouver par ces dates, qu'il a aussi été induit en erreur sur cet article, comme sur l'autre, en ce qui concerne M. de Choiseul. Mais qu'il y ait alibi ou non, je prouverai qu'il est impossible qu'il fût pour rien dans cette étrange machination, et cette démonstration doit suffire pour obtenir rétractation d'une imputation au moins abjecte et ridicule pour celui qu'elle inculpe.

J'en appelle à votre propre témoignage, vous qui ne l'avez pas perdu de vue dans les dernières années de sa vie. Vous savez si jamais il a pu tenir d'assemblées de gens de robe, lui qui n'en connaissait pas deux ou trois au plus, et qui ne les voyait peut-être pas deux ou trois fois par hiver.

Cependant il est vrai que Foulon, vers 1784, avait cherché à se raccrocher dans sa maison, mais je crois plutôt par bon air que dans l'espoir d'obtenir protection de lui, comme la maréchale de Duras Bournonville se lavait la bouche sur le balcon de l'antichambre de madame de Maintenon, qui donnait sur la cour royale à Versailles, pour faire croire qu'elle avait dîné chez elle; car Foulon ne pouvait oublier que M. de Choiseul l'avait surpris dans l'intrigue de madame Du Barry, ni se flatter que M. de Choiseul l'eût oublié. Mais pourquoi M. votre oncle n'aurait-il pas reçu Foulon de même qu'il recevait le baron de Breteuil qui n'a cessé de venir chez lui jusqu'à son exaltation au ministère, quoique le Mémoire de l'abbé Georgel, dans son affaire avec le comte de Broglie, eût dévoilé la correspondance secrète, et forcé M. le baron à avouer le rôle qu'il y jouait à celui contre qui il le jouait.

Mais ne troublons ni le repos des vivans, ni la cendre des morts. Quelqu'un pleure peut-être sur cette cendre, respectons les larmes; respectons surtout une mort horrible et non méritée. Quant aux vivans, ils savent assez eux-mêmes ce qu'ils sont, sans qu'on prenne la peine de le leur dire.

J'invoquerai encore vos souvenirs en faveur de madame de Grammont aussi accusée, au même article, d'intrigue contre M. de Calonne. Vous avez toujours connu ses sentimens pour lui; mais c'est à moi qu'il appartient d'attester du goût constant de M. de Choiseul pour M. de Calonne, moi qui l'ai souvent combattu sans pouvoir le détruire. Moi seule ai des torts envers M. de Calonne, des torts impardonnables. Mon respect pour les obligations que je lui ai en la personne de mon mari, mort pénétré de reconnaissance pour lui, ne me permet pas de révéler la nature de ces torts expiés chaque jour par ma profonde vénération pour sa fidélité.

Mais s'il est vrai que M. de Choiseul vécût encore dans le temps que cette singulière tracasserie se tramait, alors je soupçonnerais (si j'ose avoir une opinion sur elle) qu'en effet elle a pu être le résultat d'une machine montée par le baron de Breteuil, autant pour perdre M. de Calonne que pour éloigner M. de Choiseul qu'il pouvait avoir la sottise de craindre. Il ignorait le : *Il faut être deux*, de M. votre oncle à la Reine, lorsqu'elle lui parla du ministère, que *le Roi et moi le voulions*, *et le Roi ni moi ne le voudrions.*

M. Lenoir peut avoir été trompé lui-même à cette trame ; car certainement ses espions ne lui ont fait que de faux rapports, au moins en ce qui regarde M. de Choiseul ; et certainement encore un des deux rapports était faux, puisqu'ils n'étaient pas conformes sur le même fait, ce qui les rend l'un et l'autre également suspects. Cela ressemble fort au Mémoire qui avait été donné en 1760 à M. le Dauphin, où l'on supposait pareillement des assemblées tenues par M. de Choiseul, dans je ne sais quelle rue qu'il ne connaissait pas, contre les jésuites auxquels il ne pensait pas : allégation dont la fausseté fut si authentiquement prouvée. Cela ressemble encore à la police montée contre lui et M. de Sartines, par le chancelier Maupeou, à la fin de son ministère, avec les propres agens de ce lieutenant de police ; comme il y a eu pendant plus de vingt ans une contre-diplomatie montée contre le ministre des affaires étrangères, dont les agens étaient ceux-là même qu'il employait pour le service du Roi dans les différentes cours ; diplomatie qui n'a jamais été qu'un vil espionage, sans effet comme sans objet.

Tels sont, mon cher neveu, les intérêts que je recommande à votre attachement pour la mémoire de M. votre oncle. Portez mes justes et douloureuses plaintes ; mais n'allez pas pour moi plus loin que moi ; et vous ajouterez encore par ce service et votre modération à ma tendresse pour vous.

Signé la duchesse douairière DE CHOISEUL.

EXTRAIT

D'un écrit imprimé à Londres, chez Cadell et Davies, dans le Strand 1797, ayant pour titre : MÉMOIRES SUR LA RÉVOLUTION FRANÇAISE, par le marquis de Bouillé ; tome Ier, chapitre Ier, pages 2, 3 et 4 ;

AVEC DES OBSERVATIONS

Par madame la duchesse de Choiseul, douairière, remises à M. le marquis de Bouillé, le 12 août 1800.

EXTRAIT DES MÉMOIRES.

I.

« A la mort de ce ministre (le cardinal de Fleury), le souverain » (Louis XV) qu'il avait si bien servi, prince faible et efféminé, » livra sa personne et son royaume entre les mains de ses maî- » tresses qui elles-mêmes les abandonnèrent à la merci de mi- » nistres souvent incapables, et qui dûrent toujours leurs places » à l'intrigue. Quelques-uns (n. 1), comme le duc de Choiseul, » par leur imprudence, leur légèreté et leur audace, renversèrent » promptement tout le système moral et politique du gouverne- » ment que Louis XIV, aidé des plus grands hommes d'État » de son siècle, avait établi. Dès-lors commence à paraître ce » principe de révolution qui menaça long-temps le royaume avant » de le détruire. »

Observations.

Cette étrange diatribe renferme de terribles assertions profondément inculpantes, outrageusement injurieuses contre un homme qui n'est plus : dont le fer assassin, le temps destructeur et l'émigration ont fait disparaître, ou dispersé en grande partie, la famille, les amis, les contemporains. Brave Bouillé, où est l'honneur de cette attaque étrangère au point d'histoire que vous traitez, et au rôle personnel que vous y jouez? Quelle rage vous excite contre celui qui s'empressa d'accueillir le brillant début de votre valeur et de vos talens militaires; et que lui reste-t-il pour le défendre?... Douze années des derniers beaux jours de la France qui ont consacré sa mémoire, et une femme, une faible femme! Ne rougissez point d'un tel champion; cette femme est sa malheureuse veuve: trente-cinq ans spectatrice de ses vertus privées, elle en doit témoigner. Restée dépositaire des monumens de ses services publics, elle a le droit de renverser les faibles bases de vos si légèrement graves allégations.

Mais comment réfuter des allégations vagues?... Pascal ne pouvait pas prouver qu'il n'était pas porte d'enfer. Je vais cependant tenter la réfutation de celles de M. de Bouillé, en lui demandant compte de toutes.

Les ministres imprudens, légers, audacieux, à la tête desquels on place M. de Choiseul, *renversèrent promptement*, dit M. de Bouillé, *tout le système moral et politique de Louis XIV*. Est-ce M. de Choiseul qui a donné des maîtresses à Louis XV? Et Louis XIV n'en avait-il pas?... Quel établissement de Louis XIV M. de Choiseul a-t-il renversé? Est-ce lui qui a détruit la maison du Roi?...

En accusant M. de Choiseul d'imprudence, il aurait fallu citer ses imprudences ministérielles, car sans doute c'est le ministre, qui appartient à l'histoire, et non la personne aujourd'hui sans parole et sans défense que M. de Bouillé prétend attaquer ici.

Sa légèreté: *Aimerait-on mieux que je fusse lourd*, répondait-il à la malignité qui lui faisait ce reproche à son début? Elle le lui faisait parce que, chargé d'emplois importans, il ne faisait pas l'important. Alors il n'avait pas encore opéré, il opéra: à l'œuvre on connut l'ouvrier, et le reproche tomba.

Le travail de M. de Choiseul était facile, mais les opérations qui en résultaient étaient-elles légères et mal combinées? A la marine, où il n'a pas trouvé un vaisseau, n'a-t-il pas commencé la création de celle qu'a laissée M. de Praslin? Nos fortifications n'ont-elles pas été relevées par lui; le génie, l'artillerie n'ont-ils pas été portés, sous son administration, à un degré de supériorité qu'attestent nos derniers exploits? N'a-t-il pas terminé une guerre désastreuse qu'il n'avait pas entreprise, dont il n'avait pas nommé les généraux, et dont il n'a dirigé que les deux dernières campagnes, sans faire perdre à la France un seul des alliés avec lesquels elle l'avait commencée, et en lui en acquérant de nouveaux? A la paix, le cabinet de Versailles ne dirigea-t-il pas tous ceux de l'Europe jusqu'à sa disgrâce? Enfin, avant et depuis son ministère, aucune des différentes administrations qui lui furent ensemble ou successivement confiées, ont-elles été plus économiquement administrées? A-t-on fait de plus grandes choses et à moindres frais dans chaque partie? Voyez son compte rendu au Conseil, du mois d'avril 1770. Réfutez-le; c'est ce que les ministres ses ennemis, qui le remplaçaient, n'ont pu faire : ils alléguaient aussi.

Quel genre d'audace lui reproche-t-on? L'audace peut être dans le maintien, dans les paroles ou dans les actions; celle du maintien est l'affaire de l'homme privé, le jugement en appartient à la société, qui n'en garde pas la mémoire; dans les paroles, M. de Choiseul avait l'audace d'être franc jusqu'en politique, et cette audace lui avait procuré la confiance du public et celle des cours étrangères; au conseil, il avait l'audace, presque toujours heureuse, de soutenir les droits des provinces et l'honneur des engagemens; en administration (c'était son action), qu'a-t-il entrepris qui ne fût pour le service de l'État? A-t-il entrepris ce que les circonstances et les moyens qui lui étaient confiés ne lui permettaient pas d'entreprendre? A-t-il rempli tout ce que les circonstances et ses moyens lui permettaient de tenter? S'il a fait tout ce qu'il pouvait faire, s'il n'a pas tenté ce qu'il ne pouvait pas faire, il n'a donc pas été imprudent, il n'a donc pas été un audacieux administrateur, ou du moins n'a-t-il pas été téméraire : la témérité est le tort de l'imprudence. Le crime de l'audace est quand son objet est la destruction et la subversion. Qu'a-t-il détruit, qu'a-t-il subverti, malgré toutes les destructions et subversions dont on l'accuse? Il fallait les spécifier, les prouver, et non les alléguer. Il est, vous le savez, brave Bouillé, de brillantes et honorables audaces; mais souiller des cendres respectables n'est pas de ce genre.

II.

« Ce fut M. de Choiseul qui acheva de corrompre la cour. »

M. de Choiseul acheva de corrompre la cour! Comment? en quoi?.....

III.

« Il se servit des mêmes moyens, la corruption et l'intrigue, » pour perdre la noblesse de province. »

Il se servit des mêmes moyens, la corruption et l'intrigue, pour perdre la noblesse de province!

Je demande toujours quelle était cette corruption. Quant à l'intrigue, jamais imputation ne fut plus vague; il faudrait définir ce que c'est que l'intrigue, et appliquer sa définition à des faits. Le mérite uni à la puissance excite l'envie; l'envie et l'ambition provoquent les moyens bas, les manœuvres sourdes, les trames perfides qu'on nomme intrigue : souvent le désœuvrement du courtisan les emploie. M. de Choiseul eut toujours l'honneur d'être l'objet de l'intrigue, et finit par avoir celui d'en être la victime; il eut toujours aussi le bonheur de la dédaigner, et n'eut jamais le temps de la pratiquer. Il avait bien autre chose à faire; il fallait qu'il servît, il servait.

IV.

« A sa voix elle abandonna l'antique demeure de ses pères. »

Comment est-ce à sa voix que la noblesse de province a abandonné l'*antique demeure de ses pères?* Quel moyen avait-il de l'appeler? pourquoi l'aurait-il appelée qu'en voulait-il faire? qu'en pouvait-il faire? quel besoin avait-il d'elle? Qu'on me cite un seul gentilhomme que M. de Choiseul ait tiré de sa province?

On entend pourquoi le cardinal de Richelieu attirait la noblesse des provinces à la cour. C'était comme ôtage qu'il l'y attirait par des faveurs, parce que, du temps de Louis XIII, la grande noblesse habitait encore les provinces, et, du fond des provinces, pouvait encore être redoutable à la cour. On entend aussi pourquoi le dernier maréchal de Duras, excédé des prétentions mal fondées à la gloriole de la présentation, a fait faire le règlement qui fixe à 1400 le droit d'être présenté. Il s'est trompé; car l'on conçoit que tout ce qui, dans les provinces, pouvait prouver de

1400 , a voulu le venir prouver à Versailles. Ce fut certainement un mal, parce qu'on se ruina pour une sottise; la ruine produit la corruption comme le luxe ; la corruption est également dans les excès opposés du besoin ou de l'abus, parce qu'elle commence où l'ordre finit ; mais le tort résultant de cette erreur ne peut être imputé à M. de Choiseul.

V.

« Bientôt il eut appris aux nobles à préférer leur intérêt et l'in-
» trigue à l'honneur, ce dépôt sacré dont ils avaient été si long-
» temps les fidèles gardiens. »

Je n'entends pas davantage comment ce fut M. de Choiseul *qui eut bientôt appris aux nobles à préférer leur intérêt et l'intrigue à l'honneur*. On n'a pas besoin de précepteur pour apprendre à rechercher son intérêt ; et s'il laissa propager l'intrigue, c'est donc parce qu'il ne daignait pas l'apercevoir, et qu'il ne s'est jamais permis de punir celles manifestées contre lui, qu'il avait le droit et le pouvoir de punir.

J'observerai cependant qu'aucun ministre de la guerre, avant M. de Choiseul, n'a autant employé d'officiers-généraux pendant la paix dans les provinces, et retenu plus long-temps les officiers secondaires à leurs régimens. Ce n'était pas là attirer la noblesse à la cour; ce n'était pas là la corrompre; mais c'était lui apprendre à connaître ses véritables intérêts par la voix de l'honneur, en lui procurant l'instruction de son état, lui en faisant contracter l'habitude, lui en inspirant le goût, au moyen de l'émulation, des distinctions et des récompenses justement distribuées.

VI.

« Il infecta du même esprit l'armée en changeant sa constitu-
» tion, qui, toute extraordinaire qu'elle était, ne la rendait pas
» moins une des meilleures de l'Europe. »

Est-ce ainsi qu'*il infecta l'armée du même esprit* (d'intérêt et d'intrigue) *en changeant sa constitution ?* Eh! M. de Bouillé, quel rapport les intrigues de cour ont-elles avec une tactique militaire? Comment! vous admirez celle des troupes allemandes. Nous venions d'être battus pendant sept ans, faute d'avoir cette tactique, et vous blâmez le ministre qui l'adopta : soyez donc conséquent.

VII.

« Au lieu de retenir les parlemens dans les limites posées par la » main toute puissante de Louis XIV, il fut le premier ministre » qui s'efforça de pervertir l'esprit de ces grands corps ; il eut le » malheur d'y réussir. Les magistrats abandonnèrent cette sévérité » de mœurs, cette gravité dont s'honoraient leurs pères, et qui » toujours avait été le caractère distinctif de la magistrature » française. »

Quoi ! ce fut M. de Choiseul *qui pervertit l'esprit des parlemens !* Eh quel rapport M. de Choiseul avait-il avec les parlemens ? On sait que les parlemens des provinces, du ressort des différens départemens du ministère, n'étaient pas sous la direction des ministres de ces départemens, ils ne ressortissaient qu'au chancelier. M. de Choiseul, en ses fonctions de ministre de la guerre, des affaires étrangères, ou de la marine, n'avait pas plus de relation avec le parlement de Paris qu'avec les autres. Il discutait au conseil, comme les autres ministres, les affaires de ces corps qui y étaient portées. La circonstance où il influa le plus sur les décisions prises à leur égard, fut en 1766, lors de la prétention accueillie par celui de Paris, qu'élevèrent quelques parlemens de province, de ne faire avec lui qu'une seule et unique cour, séante par fraction à Rennes, à Pau, etc. Le conseil sentit le danger de cette unité pour l'autorité du Roi, et M. de Choiseul détermina Sa Majesté de se transporter au parlement, sans y être attendue, pour faire anéantir, en sa présence, les actes de cette illégale union. En effet, le 3 mars, Louis XV, sans assembler les Pairs, sans l'appareil d'un lit de justice, arrive au Palais, y tient son parlement, y énonce ses volontés souveraines, et les fait exécuter. Elles le furent sans réclamation. Cet acte de vigueur, l'unique de ce genre sous son règne, contint plusieurs années l'effervescence novatrice des jeunes têtes. Louis XIV, à peine saisi des rênes du gouvernement, avait ainsi préservé la longue durée du sien des luttes scandaleuses de ces tribunaux suprêmes avec leur souverain. Est-ce à celui qui a provoqué cette ferme et utile mesure qu'on doit reprocher d'avoir *renversé les limites posées par la main toute puissante de Louis XIV?* Grâces au ciel, on n'a pas davantage à lui reprocher d'avoir refusé aux parlemens l'appui de sa voix dans leurs justes, légaies et respectueuses remontrances, pour tout ce qui intéressait l'ordre public et le salut du peuple. Ainsi, à l'un ou l'autre égard, il ne peut être coupable d'avoir *perverti l'esprit de ces grands corps.*

M. de Choiseul respectait l'ancienne magistrature attachée à ses anciens principes, à ses antiques mœurs. Il redoutait l'exaltation des nouvelles opinions dont s'enivraient les jeunes magistrats. Il n'avait pas de liaison avec les premiers, parce que leur gravité les retenait dans l'intérieur de leurs familles; il n'en avait pas plus avec les derniers qui n'auraient pas trouvé auprès de lui l'aveu de leur système et l'espoir de leur ambition. La saine partie du public a toujours rendu justice aux sentimens de M. de Choiseul à cet égard, et n'a pas cru davantage à l'imputation d'intrigue avec le parlement dont on motiva sa disgrâce, qu'il n'avait cru à l'accusation qui en fut portée en 1760 dans un Mémoire remis à M. le Dauphin et dont la fausseté fut juridiquement prouvée.

On ne peut assez s'étonner de voir M. de Bouillé devenir l'écho de Montjoie dont les écrits fourmillent en tous genres d'erreurs si grossières que la vérité même serait décréditée sous sa plume. Mais Montjoie paraît être animé contre M. de Choiseul d'un esprit de parti (dans l'objet duquel il se trompe cependant encore); l'on ne peut supposer cet esprit de parti à M. de Bouillé : quoi qu'il en soit, lui conviendrait-il de répéter Montjoie, de répéter des injures?.....

VIII.

« Ce fut encore cet homme qui changea l'esprit et le caractère
» du haut clergé en prodiguant à la jeune noblesse les premières
» dignités de l'Église. »

On n'est pas moins étonné de voir M. de Bouillé accuser M. de Choiseul *d'avoir changé l'esprit et le caractère du haut clergé, en prodiguant à la jeune noblesse les premières dignités de l'Église.*

M. de Choiseul n'avait pas la feuille : le premier des Jarente, évêque d'Orléans, fut le distributeur des bénéfices pendant toute la durée du ministère de M. de Choiseul. Ils étaient amis, et cependant, nul n'a moins importuné de sollicitations M. l'évêque d'Orléans que l'a fait M. de Choiseul. Si donc, en effet, *l'esprit et le caractère* du haut clergé ont été détériorés dès l'époque de son entrée au ministère, il faut attribuer cette détérioration, de quelque manière qu'elle se soit opérée, aux mauvais choix de M. l'évêque d'Orléans (dont M. de Bouillé était aussi l'ami). Mais pour inculper les choix de M. l'évêque d'Orléans, il faudrait prouver qu'effectivement l'esprit du haut clergé avait changé, que le haut clergé était mal composé, et que sa mauvaise composition était la cause du changement de *son esprit et de son caractère.* Le courage, la patience, la résignation, la fidélité dont cet ordre s'est honoré, attestent ses vertus : elles réfutent les imputations dont on veut le flétrir, et disculpent M. l'évêque d'Orléans dans ce qui reste encore de ses choix.

Pourquoi reproche-t-on plus à Louis XV qu'à Louis XIV d'avoir composé de noblesse la majeure partie du haut clergé ? Elle la composait également sous Louis XIV et sous Louis XV. Le mérite sans la noblesse a obtenu les dignités de l'Église, comme il les avait obtenues sous Louis XIV. Ces deux princes croyaient pouvoir récompenser les services de leur noblesse par des bénéfices qui contribuaient aux frais de l'éducation de leurs familles. Avaient-ils tort?.... M. de Bouillé ne se souvient-il plus qu'il fut élevé par son respectable oncle, l'évêque d'Autun?

IX.

« Il ébranla le système politique de la France en cimentant une » alliance avec son ancienne ennemie, la maison d'Autriche. »

Voici encore du Montjoie. Il a prétendu accuser M. de Choiseul de l'alliance de la France avec la maison d'Autriche, en lui attribuant le traité de Versailles qui établit cette alliance. Ce traité est de 1756, et M. de Choiseul était alors ambassadeur à Rome. C'est cette honteuse ignorance de la date des faits de l'histoire de notre temps et de leurs auteurs, qui a dispensé de répondre aux invectives que Montjoie vomit d'ailleurs sur M. de Choiseul ; et M. de Bouillé accuse M. de Choiseul *d'avoir ébranlé le système politique de la France, en cimentant une alliance avec son ancienne ennemie, la maison d'Autriche !*

J'avoue que cette phrase m'est absolument inintelligible. *Ebranler* est un acte premier. Cette expression peut se rapporter au traité de 1756, qui changea le système politique en nous alliant à la maison d'Autriche. — *Cimenter* est une opération subséquente. C'est consolider, raffermir un établissement formé. Mais loin de moi la pensée que M. de Bouillé ait voulu insulter à des mânes augustes.

Il ne m'appartient pas de discuter les avantages ou les désavantages du traité de Versailles. Tout ce que je puis dire, c'est que M. de Choiseul crut mettre un contre-poids dans la balance, à la puissance de la maison d'Autriche, en faisant le pacte de famille.

X.

« Il fomenta les troubles qui s'étaient élevés en Amérique dans
» les colonies anglaises. »

Il sera difficile à M. de Bouillé de prouver comment M. de Choiseul, exilé en 1770, a pu fomenter *les troubles qui s'étaient élevés en Amérique dans les colonies anglaises*, troubles survenus sous le règne de Louis XVI et long-temps après Louis XV, décédé le 10 mai 1774; et si M. de Bouillé ne peut pas le prouver, pourquoi l'a-t-il avancé?....

XI.

« Enfin, il protégea la secte dangereuse des philosophes et des
» hommes de lettres, il leur permit de répandre partout leurs
» principes destructeurs; telle fut la conduite de ce ministre pen-
» dant les douze années qu'il gouverna la France. »

Quant à l'imputation *d'avoir protégé la secte dangereuse des philosophes*, M. de Choiseul perd ici son procès des deux côtés. Je renvoie M. de Bouillé sur cet article aux lettres imprimées de d'Alembert à Voltaire; il y verra la haine des philosophes contre M. de Choiseul et les raisons de cette haine. Cette opposition de vue sur le même homme dans le même point, ne pourrait-elle pas faire présumer que M. de Choiseul tint à leur égard ce juste milieu qui tue l'opinion par le mépris, et la persécution qui la fonde ?

Il faut espérer que M. de Bouillé, avide de tous les genres de gloire et pour qui elles sont toutes faites, ne dédaignera pas celle d'être juste, et que, mieux informé, il ne refusera pas son estime à la mémoire d'un homme qui obtint celle de ses contemporains et mérita celle de la postérité : une noble rétractation préviendrait la peine qu'on éprouverait à publier cette défense en colonne de l'attaque. Toute publicité est une sorte d'indécence pour une honnête femme ; mais la pudeur même doit céder à l'honneur, et c'est à quoi il faudrait bien que cette femme se résolût, si on l'y forçait par une injurieuse persistance.

De la part de la duchesse de Choiseul douairière, à M. le marquis de Bouillé.

Pour copie conforme à celui donné à M. de Bouillé et à celui déposé entre les mains de *Monsieur*.

Le duc DE CHOISEUL.

Londres, le 12 août 1800.

Lettre de madame la duchesse douairière de Choiseul à M. le duc de Choiseul, son neveu.

20 septembre 1800.

Puisque M. de Bouillé vous refuse, mon cher neveu, la rétractation des injustices qu'il vous fait dans ses Mémoires, injustices propagées par ceux qui l'ont copié, je pense, qu'après lui avoir soumis vos réclamations avec les égards dus à votre supérieur en grade, à celui qui fut votre général, vous ne pouvez vous dispenser de rétablir publiquement l'intégrité des faits, dont l'erreur vous inculpe aussi grièvement.

Ce n'est point à la tête des Mémoires que vous allez donner, que je veux faire paraître la réfutation des calomnies que M. de Bouillé a répandues dans les siens contre M. votre oncle ; c'est en éclairant la génération présente sur les faits particuliers dont vous avez été coopérateur, que vous instruirez les générations futures d'une des causes de la plus formidable époque de l'histoire du monde; parlez donc d'abord à vos contemporains, et laissez-moi à votre suite appeler le témoignage de la génération encore existante, mais antérieure à la vôtre, en faveur d'un homme qui mérita quelques feuilles à sa gloire. Dans ce livre dédié aux siècles à venir, où vivent pour la postérité ceux dont les services et les vertus firent la prospérité et furent l'honneur de leurs ancêtres, je ne laisserai pas souiller ces feuilles respectables qui doivent être consacrées à la mémoire de mon mari.

Je suis étonnée que M. de Bouillé croie effacer, par la petite politesse qu'il m'adresse dans la réponse qu'il vous a faite, l'insulte que j'ai reçue de lui en cette mémoire honorable et chérie.

Je ne puis assez m'étonner que M. de Bouillé sépare tellement les *hommes en place* de leurs familles qu'il les suppose étrangères aux injures personnelles faites au caractère propre de leur chef. Si je conviens que le jugement de l'administration des hommes en place appartient au public, M. de Bouillé me permettra de ne le point regarder comme l'organe du public, et de m'en tenir à la sanction dont ce même public honora les travaux de M. de Choiseul.

Je ne puis trop m'étonner que M. de Bouillé prétende n'avoir pas attaqué le personnel de M. de Choiseul, lorsqu'il l'accuse d'avoir été *léger, imprudent, intrigant, corrupteur de tous les ordres de l'Etat* (nominativement) (1); d'avoir achevé de corrompre la cour; d'avoir enfin renversé le système politique et moral, etc.

Est-il rien de plus personnel que ces vices de cœur et d'esprit? Malheur, en effet, à l'administrateur dont l'administration en serait entachée. La clameur publique dicte alors la sentence que la postérité portera sur lui, et cette clameur ne laisse à sa triste famille qu'à gémir et rougir; mais gloire et honneur, au contraire, à l'administrateur dont l'éclat de talens a mis les vertus en évidence. Sa famille, appuyée sur l'assentiment et la justice publics, peut repousser l'injustice particulière; et M. de Bouillé, en me refusant la rétractation de celles qu'il fait à la moralité de mon mari (lorsqu'il l'accuse d'avoir été le *principe* des subversions qui ont désolé l'Europe, vingt ans après son ministère), m'impose

(1) Voyez les Mémoires de M. de Bouillé, sur la Révolution française, imprimés à Londres en 1797; tome Ier, chap. Ier, pages 2, 3 et 4.

l'obligation de défendre sa mémoire. Cette obligation m'est chère ; mais je suis fâchée, pour M. de Bouillé, que ce soit avec *réflexion* qu'il ait *livré au public un ouvrage dans lequel* il prend les calomnies, dont il s'est laissé surprendre, pour les *vérités utiles* qu'il a cherché à dire.

J'userai donc du droit dont la modestie me privait, et que son refus me rend; et j'espère, mon cher neveu, n'avoir qu'à appliquer ses injurieuses allégations à des faits connus du public pour rappeler son approbation sur l'administration de M. votre oncle, et rattacher son estime à sa personne.

Je ne serai pas plus embarrassée de répondre aux prétendues preuves que M. de Bouillé dit avoir acquises, *étant gouverneur de la Guadeloupe en 1768, que les troubles de l'Amérique*, *commencés* (dit-il) *en 1765*, étaient l'ouvrage de M. de Choiseul. Je lui observerai que si la séparation des colonies anglaises de leur métropole est un crime que la France doive punir, il en faut remonter l'époque au traité de paix de 1763.

Par ce traité, la France cédait à l'Angleterre le Canada, province d'une étendue considérable, éloignée de nos îles, séparée de nos autres possessions du continent américain par les colonies continentales anglaises, et qui nous était plus onéreuse que profitable. Son union avec les provinces britanniques, en ajoutant à leur force, et les délivrant du poids de la pression du Canada sur elles, chaque fois que la guerre se rallumait entre les deux puissances, préparait leur future indépendance de leur métropole. Les plénipotentiaires, qui signèrent ce traité, s'applaudirent du sacrifice qu'ils croyaient nous arracher ; mais M. de Choiseul ne sacrifiait pas, il semait. Le Parlement d'Angleterre s'en aperçut ; et l'on n'a point encore oublié à Londres, malgré les trente-sept années qui se sont écoulées depuis, les bruyans débats qui s'élevèrent contre cette cession. La France ne s'en repent pas ; et peut-être l'Angleterre ne s'en console-t-elle pas encore, quoique la sagesse se soit fait des alliés de ses anciens sujets.

Telle fut la politique de M. de Choiseul, que M. de Bouillé appelle *intrigue*. Les Anglais le haïrent en raison de l'estime qu'ils lui portaient; et c'est chez cette nation loyale et généreuse que j'irais chercher les plus glorieux témoignages à la mémoire de M. votre oncle.

Sans doute, le principe de la guerre maritime, déclaré en 1778, se rapporte au traité de 1763; mais l'honneur ou le blâme n'en peut être attribué à un homme hors du ministère en 1770. Je ne répondrais même pas que cet homme eût voulu moissonner aussitôt que l'ont fait ses successeurs, et de la même manière.

Voilà, mon cher neveu, ce que j'ai à dire sur la singulière inculpation que M. de Bouillé fait à mon mari, concernant les troubles de l'Amérique; je souhaite que vous soyez satisfait de cette explication, je la signe pour vous autoriser à en faire l'usage qui vous conviendra, et à publier la réfutation que je lui adresse directement.

La duchesse douairière DE CHOISEUL.

FIN.

TABLE

DES PIÈCES JUSTIFICATIVES.

Nota. Les principales Pièces justificatives originales sont déposées pendant six mois chez M. Champion, notaire royal, rue de la Monnaie, n° 9.

FIN DE LA TABLE.

www.ingramcontent.com/pod-product-compliance
Ingram Content Group UK Ltd.
Pitfield, Milton Keynes, MK11 3LW, UK
UKHW021045220726
13924UKWH00005B/2025